善哉问

伦理学的十一场对话

[英]亚历克斯·福尔霍夫 著

王康予 夏子明 译

conversations on ethics

上海文艺出版社

ALEX
VOORHOEVE

目录

中文版代序　001
引言　009

第一部分　伦理与直觉　027

弗朗西斯·卡姆：挖掘道德的深层结构　029
彼得·辛格：我们都没有贵贱之分　065
丹尼尔·卡尼曼：我们能信任自己的直觉吗？　097

第二部分　德性与人的繁盛　123

菲莉帕·富特：善之为善的法则　125
阿拉斯代尔·麦金泰尔：自足的迷思　157

第三部分　伦理与演化　185

肯·宾默尔：公正的起源　187
阿兰·吉巴德：道德的实用主义证成　218

第四部分　一致与分歧　247

托马斯·斯坎伦：经济适用的目的王国　249

伯纳德·威廉斯：多猜的动物　271

第五部分　爱与道德　297

哈里·法兰克福：爱的必要性　299

大卫·魏勒曼：看见真实的彼此　326

鸣谢　363

译后记　367

中文版代序

我衷心感谢新版中译本的译者，王康予和夏子明。他们付出了诸多努力，将本书中的对话呈现给中国读者。鉴于本书问世已有多年，我最初也并未料想到会有中文读者，康予与子明随即提出通过一篇短小的对话作为新版的引言。我在书中与一流哲学家和社会科学家对话时通常扮演"安全"的批判提问者的角色。但是在这篇对话中，我也要去面对充满挑战性的问题了。我欣然同意。

*

译者：自从您进行书中收录的访谈以来，世界在很多方面都有了变化：科学与技术，政治与经济，以及文化与生活方式。遗憾的是，您的对话者中有几位已然离世，包括菲莉帕·富特、丹尼尔·卡尼曼、伯纳德·威廉斯与哈里·法兰克福。让我们重读与他们的对话并思考他们看待世界的方式。假如再有一次与他们见面对谈的机会，您希望告诉他们什么？您会再问他们什么？

福尔霍夫：你们的问题让我想到了文学作品中那些角色得以与死者对话的情节，例如在《奥德赛》的第十一卷中，尤利西斯降入冥界，与阿喀琉斯对话。那么，如果能再遇见我的哲学英雄们的英灵，我会对他们说些什么呢？

我会希望他们知道，他们的洞察对我而言有多么珍贵，而我至今仍会时常与他们在访谈中提出的观点进行交互。例如，丹尼尔·卡尼曼曾提到，人们都会面临他们在道德案例中产生的直觉与他们认为有吸引力的道德法则之间的冲突。他还阐述了，在何种情况下，我们得以透过反思来调整观点以达成一致性，而在何种情况下，我们无法达成那种一致性。这些想法启发了我与一位博士生，维罗妮卡·卢普塔科娃（Veronika Luptakova），展开的一个仍在进行的研究项目，探讨在何种条件下人们会承认自身的道德不一致性（moral inconsistency）并愿意改变他们的看法。[1]

我还想告诉他们，他们做哲学的精神仍在鼓舞着我。

---

[1] 参见维罗妮卡·卢普塔科娃撰写的题为《道德不一致性》的博士论文。该篇论文将在 2025 年于伦敦政经学院提交。——作者注

中文版代序

举例而言，菲莉帕·富特如此描述自己在学术生涯早期参加哲学研讨课的经历：

> 一般而言我是根本无法在与她的争论中取胜的。但即便如此，我还是会照常出现在她的下一节课上，照常与她争辩。这就像在那种很古早的儿童漫画中，会有这样一个情节：一辆蒸汽压路机从漫画中的某个角色身上驶过去，然后它会被压平——只剩一个轮廓在地上——但在下一集里还是这个角色，你感觉它就像毫发无损一样，再次出现。

数年来，我都会用这一段向学生解释什么是接受批评时的正确态度，并且每当我自己在论证上输掉之后，我都努力将这段牢记于心。

此外，我还有一件想和这些伟大的思想家的英灵探讨的事，即新的科技如何改变了我们接收信息和同他人辩论道德与政治议题的方式。我还想向他们报告，我对于这些新的科技会给已有的探讨方式构成威胁的看法。在我与伯纳德·威廉斯的对话中，他已然对在当代社会保持对于真理与真诚的投入的能力表示悲观，我想，他会发现自己的悲观得到了印证。但我想和他探索的是，他在《真理与真诚》这本书中所论证的，由真诚的规范所维护的那些利益，是否能被用来重建自由、诚实与开放的探究实践。我也很想同富特讨论我们对于美德的认识应当怎样演变，从而使其适用于我们新的生活方式，并帮助我们抵御所面临的新诱惑，以免让生活陷入窘境。

译者： 如果您可以再一次采访那些仍健在的思想家，相较于最初的访谈，您会在哪些方面做得有所不同？

福尔霍夫： 我在本书出版后才意识到一件事，那就是当我的对话者们反客为主，以苏格拉底式的方式开始向我发问时，这样的戏剧性时刻是多么宝贵。他们揭示出我自己的答案中有哪些自相矛盾或令人困惑之处，使我得以开始欣赏他们的思考方式的价值。菲莉帕·富特和阿兰·吉巴德都这样做了，并且效果显著。博弈论学者肯·宾默尔也在一些时刻直接挑战了我的想法。我希望自己能邀请对话者们更多地以这种方式交互。此外，尽管我希望自己能时常挑战他们的观点，从而迫使他们给出一套强有力的辩护，或者承认他们的观点在某些方面有所缺失，但回过头来看，有时我太专注于单纯理解他们的观点了。所以，如果有再次采访的机会，我会做出更多批判性的质疑，正是这样的时刻最能澄清问题中观点背后的逻辑、思想家们的特质，以及伦理学探讨的本质。

译者： 近几十年来，最受到关注的事情之一就是中国的崛起及其文化受到的尊重。然而本书探讨的绝大多数话题都根植于西方的哲学传统。此外，书中提出的许多论证都依赖某些道德直觉，这些直觉也许并不被普遍接受。考虑到本书视野的局限和那些对于以西方为中心做哲学的方式的批评，为何书中的讨论值得中国读者关注？

福尔霍夫： 确实，我在书中对谈的思想家，以及我个人的观点，主要源自欧洲和北美的哲学传统，这一点是对的。在对话中被检验的思想，主要来源于亚里士多德的美德伦理学、康德的义务论、边沁的后果主义、休谟的演化道德方法，以及尼采所代表的怀疑传统的启发。

但我坚决不同意声称本书中讨论的想法因而就是狭隘的或者只和接纳了西方传统与文化的人们有关的任何主张。首先要注意到，所谓的"西方传统"本身并非单一的整体，它包含了众多彼此竞争的视角。进一步而言，这些传统产生的背景各不相同：古代雅典、18世纪的苏格兰、19世纪的普鲁士等。这些传统的创始人认为他们在揭示关于道德的普世真理。事实上，不同时代与文化背景下的许多人，包含了书中采访的当代思想家们，持续从这些思想中获得灵感，这正表明了它们的意义远超其最初产生的境况。

我还认为，驱动着本书中许多探究的三个问题——我们能信任日常的对错判断吗？道德是客观的吗？我们有什么理由遵守道德？——在任何时代与地方都会被懂得思考的人想到。所以，我希望读者们会对其他思想家尝试回答这些问题的方式感兴趣。

不过，如果我有机会扩展本书并囊括新的思想家，我会优先与一系列非西方的哲学传统进行对话。我希望能探索这些传统与书中被检验的传统之间存在的相似与差异。举例而言，我很想多多了解中国和其它地区的思想家们是如何从公元前430年左右的墨子的思想——在西方被称为Mohism——之中汲取灵感的。依据我的理解，墨家提供了也许是最早版本的后果主义论证——即认为人们行为的对错完全取决于行为带来的结果的好坏，或是其行为所遵从的规则带来的结果的好坏。[1] 另一个很吸引我的点是去对照亚里士多德传统和儒家传统对于美德的理解。[2]

伯纳德·威廉斯在《伦理学与哲学的限度》中曾提出，伦理学面临的真正问题不是思想的过剩，而是缺乏多样和有意义的观点。我认同，这也是为什么学习更多来自中国的哲学传统对我而言是如此有吸引力。如果我们的中国读者也认同这一点，那么接触一些对于他们来说显得陌生或

---

[1] 我对墨家观点的理解来自克里斯·弗雷泽（Chris Fraser）在斯坦福哲学百科全书（*The Stanford Encyclopedia of Philosophy*）上撰写的"墨家"的词条。Chris Fraser, "Mohism", *The Stanford Encyclopedia of Philosophy*（Fall 2024 Edition）, Edward N. Zalta & Uri Nodelman（eds.）, URL = <https://plato.stanford.edu/archives/fall2024/entries/mohism/>. ——作者注

[2] 例如，参照信广来（Kwong-loi Shun）与黄百锐（David B. Wong）编辑的《儒家伦理：关于自我、自治和社群的比较研究》（*Confucian Ethics: A Comparative Study of Self, Autonomy, and Community*）一书。剑桥大学出版社，2004年。——作者注

令人惊讶的观点，或许也能够使他们的思考更加丰富。

译者：就算人们能够被道德动机驱使，他们同时会被利益因素驱动。而且人们可能并不会真诚地诉诸道德价值，而是仅道德用作为其自私行为的辩护。当我们意识到，每个人都会时不时变得不真诚，我们也许会就发现，极难弄清楚一个人到底是真的出于善意行事，还是仅仅在人生舞台上扮演最有利于他们的角色。然而，如果我们将绝大多数人视为不真诚的人，我们可能会变得过于苛刻并且陷入厌世的情绪中。相信人性——相信人们能够并且时常会出于正当的理由做出正确的事情，并避免陷入厌世情绪——到底有多难？

福尔霍夫：你们的问题呼应了康德在《道德形而上学的奠基》的第一章中的观察：因为人们的动机并不透明（甚至对自己而言也不透明！），我们也许永远也无法确定一个行为的动因到底是真正的道德动机还是某些潜藏的自爱动机。你们（和康德）认为我们应当时常对人们的动机抱持怀疑的态度，这本身当然是对的。然而，如果这样的怀疑是出自某种绝对确定他人动机的要求，以及对什么能算作真正道德动机的过于严苛的界定，那我认为这种怀疑就被过分夸大了。康德为人熟知的观点是，只有出于义务而行动——即基于正确地认识到我们的行为在道德上是必须的，并且独立于其它任何支持性的动机——才具有道德价值。相较而言，书中收录的对话让我逐渐认为，我们应当将众多不同的动机都视为真实的道德动机。这些动机包括认识到为了成功在社会生活中找到方向，我们需要发展并遵守一套共同的道德规则（肯·宾默尔与阿兰·吉巴德都讨论了这种动机）。另一种常见的动机（彼得·辛格所强调的）是对于所有具备意识的存在的福祉表示同情和关心。有趣的是，这些多元的道德动机中也包含了一些被康德启发的动机。其中一种是对于人们理性自主性及其自主权的尊重（大卫·魏勒曼和弗朗西斯·卡姆对此给出了富有启发性的新解读）。另一种是对于人们彼此之间关系平等的关心。托马斯·斯坎伦的观点是，当我们以不被允许的方式行事时，我们会与他人产生隔阂——我们以一种无法向他们证明正当性的方式与他们相处，而这将我们置于一种或明显或隐微的与他人的对立关系中。与之相对地，当我们保证自己能正确行事——即以能向他人证明正当性的方式行事，在我们都遵循共同接受的原则的意义上——我们投入在一种有吸引力的社会联合体中，当我们每个人都依循所有人都合理接受的原则行事，这种联合体由此产生。

尽管这些关于道德动机的理论看似在彼此竞争，但经过反思后，我发现它们都至少对了一部分。这种认为我们有许多种类的道德动机的观点允许我们有一种乐观倾向。但这本书也囊括了许多对于这种抱有希望的态度的有力挑战。我邀请读者们倾听我们的对话，并做出自己的判断。

引言

苏格拉底：文字写作有一个坏处在这里，斐德若，在这一点上它很像图画。图画所描写的人物站在你面前，好像是活的，但是等到人们向他们提出问题，他们却板着尊严的面孔，一声不发。写的文章也是如此。你可以相信文字好像有知觉在说话，但是等你想向它们请教，请它们把某句所说的话解释明白一点，它们却只能复述原来的那同一套话。还有一层，一篇文章写出来之后，就一手传一手，传到能懂的人们，也传到不能懂的人们，它自己不知道它的话应该向谁说，和不应该向谁说。如果它遭到误解或虐待，总得要它的作者来援助；它自己一个人却无力辩护自己，也无力保卫自己。

斐德若：这话也顶对。

> 苏格拉底：此外是否还有另一种文章，和上述那种文章是弟兄而却是嫡出的呢？我们来看看它是怎样生出来的，以及它在本质和效力两方面比上述那种要强多少。
>
> 斐德若：你说的是哲人的文章，既有生命，又有灵魂。而文字不过是它的映像，是不是？
>
> 苏格拉底：对极了，我说的就是那种。[1]

《斐德若篇》讲述了斐德若和苏格拉底间的一次讨论，当时他们在伊利索斯河畔的悬铃木影下休息。在这篇对话靠近结尾的地方，苏格拉底提出了关于做哲学最好的方式是什么的问题。他提出，写下来的哲学文本无法带来真正的理解，因为写作难以与读者产生共鸣。苏格拉底指出，文本无法把握读者的误解或者在感情上对文本信息的抵制，因此也无法对这些问题做出回应。此外，文本也无法应读者的需求做出澄清，或者针对写作时未曾预料的反驳给出辩护。最后，写定的文本容易导致读者产生惰性，因为它无法鼓励读者批判性地检视文本中的论点，比如说引导读者拷问论证的前提，或者推出不讨喜的推论。于是，

---

[1] 此处的译文选用的是朱光潜译《斐德若篇》，见人民文学出版社1963年出版《柏拉图文艺对话集》第170—171页。——译注

引言

读者可能轻易就接受了这些论点,却没有完全掌握它们。苏格拉底接着表示,倘若方法得当,对话就上述诸方面而言是优于写作的。他的结论是,想在智识上启迪他人的人应当放弃写作,转而当一个善于对话的人(dialectician),"拣选那些适合栽培的灵魂,在其中播种下携带着智识的话语——这样的话语……绝不会是空疏的,而是会成为能够生长出更多的这类话语的种子"。苏格拉底保证说,"这样的话语可以使得智识的种子得到永生,而保有这样的种子的人则会收获最高的快乐。"

作为一颗被本书采访的这十一位知识渊博的人播种过的灵魂,我希望苏格拉底说的是对的。但是我有点怀疑,不仅是因为我到目前为止还没有收获那种最高的快乐。也是因为,相比于对话而言,写作有一些明显的但是被苏格拉底忽视掉了的优势:写作可以阐释更复杂、更详细的论点,可以让我们有机会慢下来反复思考,还可以让我们更清楚地表达我们的思想,比如说,找到更精准的词语、更抓人的示例和更一击致命的反例,而我们在对话中往往是想不起来这些的。最重要的是,我们并没有机会在某个夏日与苏格拉底站在河边闲谈。要想接近那些最伟大的心灵,书本是我们仅有的途径。

尽管如此,苏格拉底的论点还是让我们注意到,哲学家和对谈者的对话相对于其他书写文本确实具有的一些优点。至少，如果每当读者想提出一个问题的时候，却发现这个问题已经在对话中提出了，那么这样的文本就不再是"肃然沉默"的了。此外，提出想法的人还能有机会澄清他（或她）的想法，使之免遭误解，同时答复一些反对意见。最后，对话可以让与哲学家对谈的人提出一些普遍的抗拒感受，让提出观点的人有机会帮他们克服这些感受。当然，上述目的在通常的写作中也不是不可能实现，作者自己就可以提出问题和反对意见，并给予回应，可以预想一下读者可能存在的担忧，提前加以消解。但是，精彩绝伦的对话之所以充满生气、发人深省，其原因恰恰在于，提出想法的人在对话中无法左右提出的问题与遭遇的反对，不得不回应一个独立思考的发问者。

但是只有当对谈者关注的点同时也是读者关注的点时，对话才会具备这些优势。因此，我似乎应当在这里简单阐述一下，促使我与这些一流伦理学思想家展开对谈的三个主要谜题。我认为这些难题对于读者来说应当不陌生，因为它们都产生于对我们日常的道德实践的反思中，并且是自柏拉图的众多对话录以来伦理学探讨中的重点问题。不过，以前的人阐述这些问题的方式不太一样，而且解释一下我如何理解这些问题，对读者应该是有帮助的。

第一个谜题关系到我们的"日常道德感"，也就是我

引言

们运用对具体情景的直觉反应，配合某些初步的普遍原则，来得出道德判断的能力。我们以这种方式获得的判断经常带有很强的信念，并且这些判断往往能给人以有力的行为动机。比如说，如果我们觉得一个行为是错的，我们通常就会避免这样做，倘若自己或者别人犯了这样的错，我们就会产生非常强烈的情绪——包括愤慨、憎恨和罪责——反过来说，对于我们认为正确的行为，我们会效法、钦佩和自豪。然而要说清楚这些道德判断背后的缘由，这就很困难了。比如，我们来看看这个案例：2008年，加利福尼亚的器官移植医生罗兹洛夫受到控告（最终被判无罪），原因是他试图加速一名弥留患者的死亡，以便在这个患者的器官衰竭之前将其移植给别人。（这名患者登记过愿意在逝世后捐献器官，但是从未同意过意图致使他加速死亡的干预行为。）我们中的大部分人可能会判断，这样的行为是错误的，哪怕我们肯定这名医生有可能瞒着所有人干成这件事。但是仔细考虑一下就会发现，我们的这个反应并不容易得到证成。毕竟，那些等待器官移植的病人能获得的收益，要远远大于这名原本就没有几口气了的患者蒙受的损失；若想弄清楚，在这个情景案例中到底是怎样的道德考量（如果有的话）压倒了上述的得失计算，并不是很容易。尽管如此，我们中的很多人还是会坚持认为，反对杀死患者的这个最初判断是对的，哪怕我们知道自己暂时还无法为这个观点说出一个道理。这个现象引发了一系列问题：隐藏在我们日常道德判断背后的决定因素究竟是什么？这些决定因素在多大程度上与道德上真正重要的考量隐秘相关（因而是可靠的），又在多大程度上受到其他不相干因素的影响（因而并不可靠）？

第二个谜题是这样的：我们的许多道德判断看起来都是客观的——如果有人跟我们判断不一致，我们就会觉得他们错了。为了证成道德判断的这种客观性，我们需要设置一些超越个人偏见的标准来判断什么是好的道德判断以及如何做正确的道德考察；我们还必须论证，持错误观点的人没有达到这个标准。但是问题似乎在于，即便是足够严肃的道德考察，充分运用了清楚阐述道德原则及其推论的能力，且能够充分中立和共情同样是严肃的考察者，也有可能得出大相径庭的结论，即使他们都考虑了相同的信息和相关立场，仅仅因为不同之人"看待"某些基本规范问题的方式是不一样的，就有可能得出不同意见。比如在那个弥留病人的问题中，我们经过审慎的考察后断定，加速他的死亡是错误的，因为未经同意杀人从而把这个人当作实现他人目的的工具，是导致一个行为在道德上错误的重大要素。再比如说，还有一些人，经过同样审慎的考察，认为只有牵涉这个事情的人的福祉才在道德上有相关性，所以杀了这个病人是正确的。那么，这种分歧究竟意

引言

味着什么？

当然，没有一种道德考察是完美的，我们总是可以找到更多能纳入考量的情景和观点，并且我们也许会认为，这样更加广泛深入的考量最终能告诉我们，哪一种被考察的观点是正确的，或者它们都是错的。不过不论如何，我们必须确定该怎么对待好的（尽管并不完美的）道德考察之间的分歧。我们大概有三种选择，但是每种选择都有其问题：首先，如果我们承认那些作出跟我们不同的道德判断的人同样是经过足够好的思考作出了足够好的判断，那么思维的一致性会要求我们认为他们的观点同样有一些分量。毕竟，我们究竟凭什么就觉得自己开了天眼呢？这样的分歧由此就会要求我们比先前对待他们的态度更加温和。但是这个结论可能有让人难以接受的后果——难道我们真的能仅仅因为一些人看起来头脑清醒就合理地走向接受那些我们认为极度令人厌恶的立场吗？为了避免这个结论，我们有可能考虑第二个选项，选择抬高我们对于什么是好的道德判断的门槛，从而把那些对于我们所关心的问题无动于衷的人清除出去。但是这看起来是颇不公道的作弊手段——仅仅因为其他人不同意我们的立场就剥夺他们的观点得到公正对待的资格，这胜利得也太廉价了。这样我们就只剩下了第三个可能：我们可以选择在这样的问题上放弃对于道德判断的客观性的信念，选择以某种方式承认在这样的问题上并没有什么问题是究其现实本质而言错误的。总之,这样的道德分歧迫使我们思考以下问题:上列三个选择已经把我们逼到山穷水尽了吗?如果确实如此,我们该选择哪个呢?

第三个问题来自这样一个事实:道德给我们以相当重要的行为理由——比如说,如果一个行为是道德上错误的,我们就有一个不要去这么做的理由,这个基于道德的理由似乎通常会比其他的考量都更重要;而如果一个行为是道德上值得称道的,这就给我们一个充足的去这么做的理由。然而我们并不是很看得明白这些理由究竟是什么。这个在我们思维架构中的断裂非常重要,因为很多时候我们会被号召为了道德目的而去牺牲我们自己的快乐、我们自己的计划乃至我们所爱的其他人的利益。但是当我们做出这些牺牲之前,我们应当能够确信这样的道德行为值得我们作出相应的牺牲,毕竟这要触及一些对于我们来说非常重要的利益或者价值。比如说考虑下面这个稍加改动的案例:假设令嫒不幸是那个等着器官移植救命的患者,而您现在有机会偷偷潜入这个人的病房悄悄调大他的镇静剂用量,秘密杀掉这个已经失去意识并且举目无亲的弥留之际的病人。让我们假设,您的判断是这样做在道德上是错误的。但是即便您作出了这样的判断,您是否有在此刻遵从良心的理由呢?这样的理由是否能压倒要不惜一切救孩

引言

子的命的理由呢？

写作本书的意图就是展示一系列试图回答以上三个问题的各有千秋的洞见：关于我们日常道德判断的可靠性、关于伦理的客观性以及关于我们做有道德的人的理由。我邀请十一位杰出的思想家解释并且辩护他们在上述问题以及相关话题上的立场。这十一位受访者是按照我的个人标准来选择的：我邀请的专家各自持有的观点都极其敏锐而颇受争议，他们的观点还以各种微妙的方式相互颇多冲突。尽管其中大部分都是职业的哲学家，其中一些人在科学领域也有重要的贡献，而在那些领域的洞见在我看来对于回答上述问题也有帮助。举一个例子：关于直观判断的心理学研究能够帮助我们理解当我们试图作出发自肺腑的道德判断时在面对的究竟是什么，而这对于确定这样的判断是否可靠非常重要。

几乎每位受访的思想家都同时分享了关于上述三个问题的思考。因此本书的各个部分并不是根据受访者分别回应了哪个问题来划分的，而是在反映不同的受访者最直接关切的是什么问题。在第一部分"伦理与直觉"中，我采访了两位哲学家和一位心理学家，他们彼此对于我们的直观的道德判断的立场有着强烈的冲突。弗朗西斯·卡姆对于我们的日常道德感非常严肃，试图揭示潜藏在这些道德判断背后并且可以引据来证成这些判断的道德原则和价值。彼得·辛格则是另一个极端,认为所有这些直观判断往往都是受到不相干的因素影响的,包括简单的摆弄人的技巧、从已经淘汰的宗教世界观中遗留下来的思维定势还有各种偏见。他主张一种包含着激烈的重新审视的道德观念,而这种道德观念建立在确凿无疑的基本价值之上。第三篇是对丹尼尔·卡尼曼的采访,他因为在人的直观判断的决定因素方面的研究获得了诺贝尔经济学奖。卡尼曼简述了我们的直观道德判断可能不可靠的几种原因,并且讨论了在多大程度上这些问题有可能通过反思加以克服。他论证道,尽管我们的一些明显错误的直觉可以通过反思来得到矫正,有一些直觉却是反思无能为力的。他的结论是我们无力甩掉所有缺乏充分支持的判断,并且这种伴随着甚至强烈地策动着我们行为的道德感在一定程度上会推动我们按照我们所不愿赞同的情绪行事。

第二部分"德性与人的繁盛"收录了与两位哲学家的对话,这一部分试图从德性伦理学的角度切入上述道德问题。菲利帕·富特关注到,我们对于众生有一种特殊视角下的评判,将生灵看作各自物种的或圆满或残缺的成员。比如说,鹿就其自然来说应当是敏捷的,否则就是有缺陷的。富特论证道,我们对于德与恶的认定,就是这样一种本于自然的评判,在这种评判下,一个人的意志要么符合人由其本性之所应然,要么就是有所欠缺的。比如,人的

引言

本性对于性情温和的品德有所需要，而如果人性情有失温和，这就是一种缺陷，正如趔趄或者迟缓对于鹿是一种缺陷一样。富特的结论是我们对于何为德、何为恶的规范是客观的，因为这些规范是关乎我们每个人能否作为我们这个物种的一员而维持天然本性的规范。

阿拉斯代尔·麦金泰尔因为他对于当代道德话语的大加挞伐而出名，他认为这种当代道德话语把我们诓到了无休无止的聚讼之中，尽管大家看起来都好像在讲道理。尽管如此，他同样论证道，如果我们将亚里士多德关于人的telos或者说"生活目的"的观念加以重新阐发，这种再诠释的理解可以为我们提供一个能理性地作出道德评判的立足点。我们的对话聚焦在他如何理解究竟什么是人的生活的目的以及如何由此推出人的各种德性的概念。

第三部分"伦理与演化"探讨我们的一些道德感情以及道德评判是怎么来的，在当下又有什么作用。肯·宾默尔是演化博弈论领域的顶尖研究者，他勾勒出了我们对于公正的感受如何通过引导我们用特定的方式分享合作果实来帮助我们与他人建立互惠的合作关系。他同样论证道，这种合作基本就是我们对公正的感知所能鼓动我们去做的全部了，除了极少数例外，公正感仅仅能推动我们按照符合我们的利益的方式行事。比如，在一般情况下，公正的感觉无法促使我们违背自己的利益而给别人提供直接的援助或者资源。宾默尔的结论是我们对公正的感知应当被从它那看起来高贵无比的虚饰中剥离出来，呈现出其本身的样子。

阿兰·吉巴德也认为我们的道德的一部分基础确实是来自互惠合作行为的需要，但是并不愿意从这一点出发做太过颠覆性的断言。他论证道，这样一种对于道德的来源和当下作用的理解确认了我们道德生活的两个重要方面：我们寻求伦理问题上的共识，并且对于不义的行为会感到愤慨、憎恨和罪责感。吉巴德解释道，我们必须与他人展开关于规范性问题的对话，因为这样的对话对于确定社会生活的规则至关重要。而一旦我们开启了这样的讨论，对于彼此在道德问题上作出裁断的权威性的认识就会在思维一致性的推动下将我们引向接受一些共同认可的规范。吉巴德进一步论证，我们的道德义愤和道德罪责的感受对于督促彼此执行这样的规范来说是相对有效率的，因此我们有理由庆幸，人们能够感受到这样的情感。第四部分"一致与分歧"将托马斯·斯坎伦把道德整合起来的观念的尝试与伯纳德·威廉斯对于所有此类尝试的质疑放在一起对比。斯坎伦论证道，关于"我们彼此负有什么义务"的道德认知统摄了一整套原则，而每一个人都应当同意这一套规则，只要他们都有意找到这样一套其他同样有意于此的人无法合理地反对的规则。就此而言，做正确的事，就是

引言

做那些其他人无法合理地反对的事；而作恶就是做其他人可以合理地反对的事。斯坎伦论证道，这种对于道德观念的把握本身就像我们揭露了为什么要遵守道德：通过遵守道德，我们将自己置于一种良好的与他人的关系中，在这种关系中我们的行为可以在他人面前得到证成，而如果我们做错误的事情，就会破坏这种关系。这种尊重对彼此给出证成的需求的关系在斯坎伦看来对于古今东西的所有人都是有吸引力的。斯坎伦进一步论证，此种最基本的关系是各种其他有价值的关系比如友谊和亲爱的关系要想成立所必需的。斯坎伦的结论是这样的关系应当在我们的生活中有重要的地位。

威廉斯解释了他为什么对斯坎伦以及其他人的这类将道德观念予以理论化并且寻找单一立足点的尝试存疑。他同样解释了为什么虽然他不认为我们有可能找到一种理想化的、整合起来的道德图景，一种历史的和谱系学的探究方式依然能够帮助我们更真实地理解道德，或者按他的话说，"让一些关于伦理道德的事情多少能说得通"。

最后一部分"爱与道德"着重处理道德理由与爱的理由之间的关系。哈里·法兰克福论证说，对于"人应当如何生活"这个问题的答案，我们不应该在空对空的道德思考中去找。与此相反，他主张这个问题的答案在我们的意志的结构中，我们应当去揭示我们所持有的欲望，尤其是我们最热切地希求保持和实行的那些。在这些欲求中，好的欲求并不一定是最突出的。在我们执着地渴望和追求的诸多对象中，法兰克福单拎出来我们所爱的那些。法兰克福认为，说我们爱谁，意味着我们不能自已地渴望和追求之，比如说父母对于子女的幸福的不能自已的追求。按照法兰克福的观点，说我们意识到我们爱某个对象，就是在说我们不可动摇地执着于追求这个对象。他的结论是，当我们知道我们所爱为何的时候，我们就知道了如何生活。

大卫·魏勒曼认为法兰克福误解了爱。他认为，与其把对一个人的爱理解为对这个人对无解的欲求的某种结构，不如理解为对于某个人作为一个人的价值的清楚意识，这种意识可以解除我们在情感上的防御。在剥离了我们通常面对他人时将自己封闭起来的心理倾向之后，我们面对诸如同情和失望这类情绪就变得脆弱起来。尽管如此，当我们爱一个对象的时候，我们并不一定想要成为这个对象或者想要就此做什么；但是按照魏勒曼的话说，我们可能会"在乎（care about）这个人而既非渴望（care for）这个人亦非想要关照（care of）这个人"。

魏勒曼同样强调，在爱和道德情感之间是有亲缘性的。在他看来，爱和道德感同样都是在回应一个人之为独立的个人的价值。他的结论是，我们对于其他人的爱并不会威胁到我们对于道德的执着。相反，他认为爱通过让我们生动地意识到个人的价值而给我们提供了一种道德教育。

在一开始，我提到了我对苏格拉底关于通过哲学话语获得的智识可以给我们带来人类的无上快乐这一断言的质疑。但是我们究竟能寄希望从伦理学话语中获得什么，依然是一个有趣的话题。至少，我们可以期望矫正一些我们通常倾向于犯而不察的错误。有许多道德论断，即使是于漫长的历史中在人们的日常道德观念里占据核心地位的那些，目前来看都是明显错误的：对于奴隶制的辩护，对异邦人、异族人、女性、无神论者和异教徒的轻贱，对同性恋的罪化，对侵略战争的正当化，等等。抚今追昔，唐突地以为我们今天的日常道德观念就不会在某些方面包含错误，看起来是很幼稚的。然而即使当我们的日常道德判断是正确的时，我们依然可以期望找到对于这些道德判断的更深层的证成，据此我们就可以有更大的信心来为善去恶。

我们同样有理由期望我们的道德情感在未来将会渐渐吻合我们经过反思而接受下来的道德判断，但是我们不能视之为理所当然：经验告诉我们，确信一种行为不对但是却改不了去做这件事，这是很普遍的；经验还告诉我们，即使我们可以理解某种行为没有什么问题这个结论，可能依然很久都不能克服对于这样的行为流露反感。只要我们的情感依然跟我们的道德判断存在冲突，这些情感对于我们来说就还是某种跳脱的东西，而在最严重的情境中，这种情感的跳脱可能会让我们感觉对自己失去掌控。在我们的道德判断与情绪反馈之间协调得越好，我们就越是内在统一的、自己对自己有所把控的道德行为者。

关于伦理学的客观性，我希望我们能够得到初步的结论，理解为什么人们应当一起进入对于伦理的共同探索，即使不同的参与者抱有迥然对立的观点。既然我们不得不确立一些共同生活的准则，那么假如我们能通过与他人共同推究道理来找出这些准则，这就比仅仅是通过压迫、哄骗和劝诱让他人遵从我们看问题的方式来得更有吸引力。

最后，我认为我们有理由期望，我们的探讨将阐明道德感的重要性。当然，道德有可能让我们感觉到过分束缚，有时我们希望挣脱道德顾虑的"绑架"并从伴随着我们的过失的罪责感的蜇痛中将自己解救出来。尽管如此，我并不认为断言道德对我们毫不重要对我们来说就意味着解放。相反，我认为那会带来一种根本上迷失方向的体验，这将让我们迷失自己的真实面目。从更积极的角度讲，发现一种当好人、做好事的理由，将会把我们从试图响应道德号召而为此需要付出牺牲的时候感到的困惑中解脱出来。当我们按照经过深思熟虑而得到认可的道德感召行事的时候，我们能够更加全心投入并且展现更强的

引言

信念。

　　写作这本书的体验为我留下了一种乐观态度，我相信至少可以为我们的伦理学困惑找到某种解决方案，即使并不完全彻底。本书中提到的一些答案在我看来是至少部分正确的，而所有这些解答都展现着我一开始未曾预料的洞见。尽管如此，我对于这种伦理考察的美好希望是否能在未来得到落实并不敢打包票。但是对于我们中那些真的被伦理问题紧紧抓住的人来说，这些问题的潜在答案是否振奋人心并不重要，我们必须抓紧这些哲学论证本身，不论它们会把我们带往何方。

参考文献与扩展阅读

　　选自柏拉图的《斐德若篇》的段落由亚历山大·内哈马斯与保罗·伍德鲁夫共同翻译（Indianapolis: Hackett, 1995），具体可参见275d–276a与276e–277a。关于罗兹洛夫医生的那起案件，可参见：Jesse McKinley, 'Surgeon Accused of Speeding a Death to Get Organs', *New York Times*, 27 February 2008。

第一部分

伦理与直觉

弗朗西斯·卡姆
挖掘道德的深层结构

弗里德里希·尼采在《快乐的科学》中提出，一种哲学思考唯有当其发源于深切的执念时才有可能取得成就。他写道："伟大的问题总是要求思考者有着盛大的炽爱。"他接着说道：

> 对于一个思考者来说，最大的差别莫过于此：这个思考者是对其所研究的问题有着为己的关怀，是在这些问题中找寻着自己的命运、苦闷同时还有极致的幸福，还是只跟这些问题发生毫无人情味的联系，也就是说只是抱着那冰冷的、好奇的念头伸出触手来碰到这个问题。如果是后一种情况，就不要指望有多大的成就了。因为纵使伟大的问题可以听任这些人拽着

自己，也绝不会允许自己沦落到这种蟾蜍般湿冷的、精神空乏的人手中。

尼采接着表达他的不满，据他所知，还没有人如此对待道德哲学：

> 既然如此，为什么我还从没有遇见过一个人，即使遍览群书也找不到一个人，能够以这种为己的方式来对待道德的问题，能够把道德的问题作为是自己的毕生苦闷、折磨、肉欲和激情呢？

然而任何人只要稍微熟悉弗朗西斯·卡姆关于道德哲学的作品，就不会认同尼采的抱怨。在她的两卷本作品《道德与有死性》(*Morality, Mortality*)中，以及她关于道德理论和应用伦理的其他作品中，卡姆细致入微而富有想象力地分析了一个又一个道德难题，想要洞悉我们基本的道德概念和原则。她追求这一目标的坚忍不拔，来自她与这些她研究的问题之间的个人羁绊——她在《道德与有死性》第二卷的献词里提到"道德的爱"，便反映了这一羁绊。

卡姆作品的中心是她对于一种非后果主义的伦理体系的发展和辩护。后果主义认为，我们行为是对是错，仅仅取决于这些行为的后果，或者这些行为所遵从的规则的后果，在预期中究竟是好是坏。按照后果主义的说法，做正确的事，就是按照一心只求让预期后果最好的方式去做事。相应地，没能这么做，就是做错了。

非后果主义者反对这样的看法。为了支持这种否定意见，许多非后果主义者提出，这样的后果主义观点与我们在具体案例中的直觉判断不一致。标准的例子就是所谓的"桥上问题"：想象你站在一座桥上，身边有一个身材高大的陌生人，桥下有一条电车轨道。你发现一辆失控的、无人驾驶的电车正沿着这条轨道冲向五个被卡在轨道上无法脱身的人，眼看着就要撞死他们。然而在撞到这五个人之前，这辆电车会先经过你所在的这座桥。你想到，能救这五个人的唯一办法，就是把这个高大的陌生人推下去，摔到轨道上，电车会撞上他，把他撞死，然后在撞到那五人之前刹住车。依据后果主义，既然把这个陌生人推到电车轨道上能够让死的人最少，那么你就应当把他推下去。然而，很多人直觉上会判断这么做是不能被允许的。当然，这样的直觉判断本身也是需要证成的。也就是说，要用这一套来批驳后果主义的人必须找到一些原则来解释这些反对后果主义的判断。他们必须证明，这些原则在道德上有重要价值。

这些都是艰巨的挑战。比如，考虑一下下面这个尝试是否能给出一条足以解释为什么把这个身材高大的人推下去绝不能允许的原则：杀死一个人要比仅仅是眼睁睁看着人死更坏，坏得多，因而杀掉一个（本可以不用死的）人来救五个人是不能允许的。然而，还有一个案例，也就是所谓的"岔路问题"，可以显示出这个原则似乎有问题：假设同样是一辆失控的电车在主干轨道上飞驰，马上要撞死五个人。救这五个人的唯一办法是扳动一个道岔，将这辆电车引到一条前面被封死了的岔路上去，电车会撞死岔路上的另一个人。在这个案例中，大多数人会觉得，把电车引向这个岔路是可以允许的，尽管跟"桥上问题"一样，都是杀掉一个人来救五个人。所以，只是提出杀人和任人死去之间的区别还不行，我们需要诉诸其他的东西来解释这两个问题中截然不同的判断。

哈佛大学的哲学教授弗朗西斯·卡姆是这方面的领头人物，一直想要提出能够解释和证成我们在这些和其他各种各样的案例中的道德判断的原则。2003年1月，我们在伦敦见了一面，讨论她以情景为基础的方法，她关于伤害他人和帮助他人免受伤害的道德问题的思考结论，以及她关于人类的道德地位的看法——她认为这一看法支撑了她的上述结论。

*

福尔霍夫：最初是什么把您引向哲学的？

弗朗西斯·卡姆：挖掘道德的深层结构

卡姆：高中的时候我上了一所专注音乐和艺术的学校。学校里的人都对存在主义尤其是萨特很感兴趣，所以我就开始阅读欧陆哲学。我发现我还蛮喜欢思考哲学问题的。接着，等我到了伯纳德学院（哥伦比亚大学的女子学院），我上了罗伯特·沃尔夫的哲学入门课。当然，那门课跟二十世纪欧陆哲学毫无关系，讲的是笛卡尔《沉思集》。但这门课好在你可以就只看一两页书，然后一连好几个星期都思考这几页内容。我当时对历史和文学也很感兴趣——我上了一门很棒的课，专门讲托尔斯泰和陀思妥耶夫斯基的。但是这门课需要读太多书了！老师跟我们说："三天看完《卡拉马佐夫兄弟》。"问题是我就想看上几页、想上几页。

我曾经想去读医学院，但是这个梦想破灭了，因为尽管我蛮喜欢医学理论，在实验室里却光剩下闯祸。那帮人居然会专门带人来看我做实验找乐子。所以我当不了一个实验室工作者。我还考虑过当一个精神病学家，但是在暑期的一次精神病方面的社工实习中，我发现我连面对病人的耐心都不够。于是我就下决心搞哲学了。

我去麻省理工读了研究生院，因为我当时想做心理学哲学，而麻省理工的研究生项目打通了哲学、心理学和语言学。但是我到了那里之后，却没有感觉到在这个领域特别有动力。然后我就在哈佛选了罗伯特·诺齐克的伦学课程——这才是会心一击，我发现他搞的学问实在是有意思。你知道，大概在诺齐克去世之前一年半，他来到我在纽约大学主持的伦理学研讨会上讲过一场。介绍他的时候，我说我在过去二十年中所做的一切只不过是在完成诺齐克的课程期末论文。我研究的大部分课题都在他的课上了：伤害和拒绝帮助的区别呀，故意伤害某人和伤害了某人但仅仅是作为预见到却并非有意的副产品之间的区别呀，堕胎的问题呀，等等。

福尔霍夫：诺齐克的课上有什么竟然勾起了您的奇思妙想？

卡姆：首先我得说，我们当时都被朱迪斯·汤姆森的奇思妙想抓住了。她是麻省理工的教授，但是当时她并不讲授她论文所写的东西，那些东西倒是包括在我们在诺齐克的课上所讨论的道德理论方面的话题中。在汤姆森的课上，我们会在摩尔的《伦理学原理》(*Principia Ethica*)的三四页上花上半个学期。我简直要疯了！那时候，这还完全不对我的路子。当然，这依然是令人大开眼界的经历，领教了她处理摩尔的作品时小心、精细和严格到了何种地步。我当时干不来这个。然而诺齐克却在处理我感兴趣的话题，他的课堂把我引向了这种以案例为基础的道德分析方法。所以说，当时勾起我的奇思妙想的，是我发现了全新水准的严格性和想象力，以及这种将案例或者思想实验运用在伦理学中的方法——这两者的结合。我感觉自己能干得来这个，而且自从发现我干不了别的事以后，我就想，"好吧，我或许不是一个文艺复兴式的人物，但是我还有这一点小才能，我喜欢干这个，而且这个工作似乎也是这个世界希望有人去做的。所以，我不如就干这个吧？"

福尔霍夫： 您说"这些工作似乎也是这个世界希望有人去做的"，这是什么意思？

卡姆： 我是说，我可以靠干这个弄一个博士学位！您一定得搞明白，我远远不是一个被大家最看好可以在哲学上取得成就的人。有一段时间我感觉特别绝望。我花了不少时间才找到自己要走的路。我回到了纽约，又在哥伦比亚晃悠……我的导师芭芭拉·哈曼（Barbara Herman）特别有耐心，她拯救了我。

话虽这么说，我确实认为，道德哲学非常重要，即使道德哲学有时候并不牵涉公共政策事务，它也很重要，尽管可能世人更关心的是公共政策。我认为，时至今日，人们意识到了哲学并不只是在注解渊博的文本或者不知所云的话语，而是更强调严格和清晰——好吧，至少英美哲学是这样的。于是人们来到哲学门下寻求实践中的指点，生命伦理学（bioethics）肯定也是。现如今我们在病房都有哲学家了，他们戴着寻呼机，回答医生们的问题："快来告诉我我应不应该把这个病人的管子拔了？"我从没做过这个。我尝试过在纽约大学的医学院讲课，但他们更感兴趣的是在真实生活中的具体情景下应该怎么做，而我更感兴趣的是与具有实践重要性的问题相联系的理论问题。

福尔霍夫：但是凭什么哲学家在这种问题上说了算呢？

卡姆：怎么说呢，哲学家跟宗教思想家的不同之处在于，哲学明确拒斥诉诸神圣的文本，而且也不会宣称他们获得了来自更高权威启示的答案。我的意思是说，哲学家仅仅是试图对于一些特定的判断给出所有人都能懂得的理由。（当然，在宗教传统中也有一些人尝试做类似的事情。比如说阿奎那就认为，自然的理性可以给我们很多事情的答案。）我认为哲学家在这方面往往比其他人做得好一些。当我看到那些由业余的伦理学爱好者们——他们不是哲学家，而是比如说文学教授，或者在天主教或犹太教传统中饱受赞誉的学者——给出的关于战争、堕胎或者干细胞克隆的论点时，我的观感是接受过哲学训练的人通常能把文章写得更好，并且更能判断他们自身立场之外的立场是否可靠。我觉得受过分析训练的人就是具备更好的论辩技巧。

福尔霍夫：哲学家的与众不同之处，是否部分在于他们愿意探究各种可能的判断、想象和考虑其他人会觉得过于古怪的案例或者论点？

卡姆：有意思，我还挺同意这个说法。实际上，我在

弗朗西斯·卡姆：挖掘道德的深层结构

纽约大学任教时候的同事彼得·昂格尔（Peter Unger）曾经管我叫哲学中的"保护主义者"（preservationist），因为我很少得出与人们的日常道德全然相左的结论，由此可见一斑。后果主义者是这样一群人，他们愿意接受任何能把好的后果最大化的事情，不论这个事情多么背离我们的日常道德思考——比如说把一个健康人大卸八块摘取器官来救五个急需器官移植的人。我的路径则不然，我通常会坚持我们的普通道德判断。我也有这些判断，而且我对待它们非常严肃。

还有一些后果主义者提出，我们在帮助他人方面有着严苛的义务，拒绝提供帮助在道德上就等同于施加伤害，但这些后果主义者自己却不会按照这些要求来生活。我认为，这些后果主义者并没有真的理解自己的论点。你不可能一方面真的相信你应该捐出几乎所有财产来帮助其他得不到这笔捐助就会死掉的人，并且相信如果拒绝提供这样的帮助就跟杀了这些人一样，可另一方面在我们问你为什么自己不这样做的时候，你却回答："哦，我太弱了。"因为如果你为了省下一千块钱在大马路上杀了一个人，你就不会只是说一句"哦，我太弱了！"。你会意识到你做了一件大错特错的事情。你会不遗余力地避免自己变成一个会干出这种事情的人。而**这个**才能显示你相信你在道德上有义务不杀人。然而如果有人说"我的理论意味着，你应该捐出一千块钱去救另一个人的命,如果不这么做就等于是杀人",同时又说"我不会捐这一千块钱,因为我太弱了!",那我无法相信这个人真的认为他有帮助其他人的义务,真的认为不帮助别人就等同于杀人。你能想象这个人说"我刚为了一千块杀了一个人,因为我太弱了"吗?别扯了吧!这太荒唐了。要么是这个理论有什么毛病,要么是支持这个理论的人有什么毛病。

但我承认,当你把一些直觉的判断摆在一起的时候,有时候你会得到一些出乎意料的结论。比如说,或许许多人都反对安乐死或者医生协助下的自杀,而且认为只有哲学家会觉得这样做是可以接受的。但是我在我的文章《人有权选择死亡吗?》("A Right to Choose Death?")里就列举过人们通常会接受的一些观念,还展示了这些观念有着出乎意料的推论。[1]

所以有时候你会吓到你自己。有时候你会感觉很惊喜,你知道吧。你有时会有一种"嘿瞧这个!"的感觉。就连我自己,有时候从一些特别日常的观点出发,仅仅是通过仔细地思考,也会发觉自己得出了令人大跌眼镜的结论。在某种意义上,这就像是艺术家的工作,从平素无奇

---

[1] 该文论证,当一个人自己求死,并且他的死亡相对而言是比较小的恶,而从他的痛苦中解脱出来则是比较大的善的时候,为了让他解脱于痛苦而故意让这个人死亡,可能是道德上可以接受的。——原注

的色彩和形状中创造出令人称奇的作品来。

福尔霍夫：是不是可以把艺术评论家讨论一幅作品与伦理学家讨论一个道德案例进行类比？当一位艺术评论家遇到一位不觉得某幅杰作好看的观看者时，可能会将观看者的注意力引导到特定的层面上，由此对其呈现究竟为什么这幅杰作是美的。同样，如果有一位观看者认为这幅画是美的，但无法清楚说出他做出这个判断的理由，评论家也可以为其指明要害。类似地，当一个观察者面对一个道德问题的最初直觉并不确定，或者他有着坚定的直觉判断，但找不到理由支持这个判断时，伦理学家或许就可以把这个人的注意力引导到该问题的诸多层面上，在这些层面上可以找到能为道德判断提供支持的理由。

卡姆：没错。或许只有我个人是这样，但是如果我没有在视觉上经历一个道德情景的话，我就没法就其做出深思熟虑的判断。我必须运用开放的想象力，设想自己身处某个具体的情境中。这就像是摒除任何成见地去观看某事物一样。你必须全神贯注，然后各种东西就会蹦到你面前。首先你可能只会有一个直觉判断，看看在某个想象的情境中你到底会怎么做。然后你就会琢磨，"我为什么会得出这个结论呢？"然后你内心的眼睛就会聚焦到那个促使你做出这个判断的因素上。我觉得看画的时候情况也是类似的。确保你真的专注在它上面，摒除杂念。你就会开始聚焦于它真正的美妙之处。这可能得花上一些时间。你可以发展出一整套理论，解释究竟是什么导致了你做出一个审美判断，而道德情景中的判断可以说也是这样的。

福尔霍夫：我们就是"看到"或者"直观到"对于道德情景的正确反应，这种观念似乎意味着这样的判断要么仅仅是个人的情绪反应，要么是我们有某种神秘的官能使这种判断成为可能。而您不认为应该这样解释我们对道德情景的判断。这是为什么呢？您会怎么解释？

卡姆："直觉"这个词渊源悠久。当你用这个词的时候，人们往往会觉得你在说的是一种瞬间的、对于某种不可化约的实体的把握。但我说的直觉判断不是关于某种事物的不可化约的结构——我说的只是对于一种情景的判断。这些判断可能是错的，而且我们得能为这些判断给出理由，这理由不能只是我们的情绪反应。我说的意思是，为了就某个情景给出一个判断，你真的得让自己置身于这个情景中。比如说，想象一辆失控的电车，它将撞死五个人，除非一个旁观路人将它引到一条岔道上，而且这个路人事先知道被引到岔道上的电车会撞死一个人。你必须把这个案例想象得非常细致。比如说，你得问自己，"这条岔道开往什么方向？岔道会不会是个环线？因为如果是这样的话，就算你把电车引上了岔道，它绕一圈还是会回到主干道上，从另一边撞上那五个人，除非它上了岔道以后撞到（当然就也会杀死）岔道上的那一个人以后停了下来，那五个人才能得救。"你必须扎进这些细节里面去，而非仅仅是拍脑门子说，"哦，这就是一个一比五的问题，所以你当然要牺牲那一个"，或者说"哦，这个岔路还会绕回去，所以……"，你得真正扎到这个情景里面去！

我觉得这就是朱迪斯·汤姆森在她那场关于"环路问题"的著名讨论中想让我们做的事。在这个"环路问题"中，有些人马上就会掏出一个普遍原则，比如"别把人当作纯粹的工具！"[1] 那些马上就援引这个原则的人会说，"在环路问题中，撞击到那一个人和拯救那五个人存在必然的因果关系，所以如果我们把电车引向那一个人，我们就是在利用他，把他纯粹作为一个实现更大的善的工具。因此这是不能接受的。"但是我理解朱迪斯·汤姆森的意思是："别管那个原则了！设身处地想想，如果你真的在那里，你会怎么想？"然后令人惊讶的是，人们通常会说，"好吧，我确实认为把人当成纯粹的工具是不可接受的，但我也觉得在这个情景中把电车引上岔路是没问题的。"这就是一

---

[1] 这条原则很吸引人，因为它符合之前提到的案例中的一般判断。在"桥上问题"中，这条原则会禁止将桥上的人推到车轮下，因为这会涉及将此人纯粹地用作拯救更多东西的工具而且会伤害这个人。相反，在岔路问题中，那一个旁人的死亡，并不是拯救五个人的一种工具，尽管将电车从五个人那里调开会带来可以预见（但是并非故意）的后果。由此，在这个情景中，本原则不会阻碍把电车引到岔道上去。——原注

例，你有可能会为自己对像这样的情景的反应感到很意外。

福尔霍夫：然而不能把人纯粹当作为其他人的目的服务的工具，这个原则还是挺重要的，它似乎抓住了某种在道德上非常关键的观念，因为它禁止非自愿的、有伤害性的利用他人的行为。我们为什么要仅仅因为我们对一个空想出来的、我们全无经验的环路问题的（或许并不可靠的）反应而摒弃这个原则呢？

卡姆：嗯，环路问题或许并不是说你应该摒弃这个原则，而是说在这个问题中，把电车调离那五个人的方向，并没有真正触犯这个原则。环路问题表明的或许是，仅仅是因为车会撞到人所以调开电车，与把人当作纯粹的工具，这二者之间存在道德上的差异。在环路问题中，你将电车从这五个人所在的方向调开的目的（不论是最终目的还是直接目的）不是为了去撞上那一个人，你的直接目的是制止那五个人正在面临的威胁——被电车直直撞上。但是桥上问题则不一样，在那个问题中，你的直接目的就是要把那个陌生人推到轨道上。[1]

---

[1] 当然，在环路问题中，一旦这个人把电车调开了那五个人的方向，以此消除这五个人面临的第一个威胁，他们就又需要面临另一个威胁——从另一个方向被绕路过来的电车撞上——而这一威胁仅仅是因为岔路上的那个人在那里等着被撞才不会成真。而这个人将电车离开那五个人的方向，仅仅是因为她知道这个旁观者将被撞击致死这件事会消除掉第二个威胁。不过卡姆认为，这个行为者最初的目的并不包括旁观者的死，而这或许是道德上存在差异的关键。——原注

弗朗西斯·卡姆：挖掘道德的深层结构

因此我认为，我们要想真的理解一个原则究竟把握的是什么，得先思考这个原则可能适用的各种情景。但是我还认为，我们对于其他情景的反应，可能会削弱禁止将人单纯作为工具这个原则的正确性。在《道德与有死性》的第一卷中，我思考了一个情景：我们不得不选择是用唯一可以移植的器官去救一位医生还是去救一位清洁工。让我们姑且假设，这个医生可以带来比清洁工多得多的善：他被救活之后可以再救五个人。在这个情景下，我的真实想法是："不行，我们不能给这个医生优先权，即使他可以再救五个人。"这似乎倒蛮符合所谓"不能把人当作纯粹的工具"这一原则的。但是我又考虑了一个情景：我有不止一枚器官可供移植分配。其中一枚器官可以拯救甲和乙中的一个，这两个人和我都在一条河的同一侧，我自己是无力过河的。剩余的这些器官可以用来救活河对岸的五个人。假设我把那枚器官给了乙，她就可以恢复力量渡河，而甲即使得到了器官也没有能力渡河。那么在这个问题上，我会想，"啊，这就有意思了，我觉得在这个案例中，把待移植的器官优先给乙在道德上是可以允许的，但是我不同意优先把器官给医生而不是清洁工——如果甲的能力关乎我对我手上的资源的分配，那就是可以的。由此，甲乙二人在工具性上的差异就成了在分配时给予相应差异对待的可以接受的基础。另一方面，那个医生是对需要他的人有用，而不是对需要**我**必须分配的资源的人有用。"这立马就让我明白了，问题并不仅仅是纯粹把人当作工具来使用。

福尔霍夫：我没听懂这些情景跟不许把人单纯当工具使用的律令究竟有何关系。因为如果我们优先乙，我们并不是把她单纯当作工具——我们也把器官移植可以救乙的命这个事实视为把器官给乙的理由。并且，乙很可能同意被如此"利用"。因此倾向于拯救乙的生命并不会触犯那个律令。对于那个医生来说，如果我们决定优先救他，那么情况也是这样，他并不是单纯地、非自愿地被用作工具。

卡姆：您得从那个因为自己没用而被拒绝给予器官移植的人的角度来考虑这个问题。就拿甲来说：他之所以被当成一个单纯的工具，是因为我们考虑的就是他对我们的目标来讲是否有用，我们拒绝为他移植器官，就是因为他不够有用。所以我认为，我们应当优先把器官给乙这个决定触犯了那条律令。不过我得承认，在这么论述的时候，我依赖的是我的一个观感，那就是一个人即使没有在因果链条上真的发挥作用，依然可以被当作是单纯的工具。

福尔霍夫：那么请您看看我这样解释您的判断怎么样——如果这样解释是正确的，就会削弱您认为的这些判断拥有的权威性。在现实的情境中，我们的知识是有限的，对于自身行为的全部后果进行周详考虑的能力是有限的，再加上专业化带来的各种优势，导致了一种道德上的分工和一种伴随而来的分责。这种对于责任的划分大概是说，在这种划分中，你只要考虑你拥有的资源，考虑你能如何最好地利用这样的资源。所以，如果一个人被救活之后可以继续做的事情关乎你对你的资源的利用时，你就会把他可以做的这部分事情纳入考量。但你不会整体性地考虑自己帮助的人活下来以后会做的所有事。您在这些情景中给出的道德直觉，源于您被教育去践行这样一种责任划分。但是由于这种责任划分的前提并不存在于您空想的情景中（在您设想的情景中，我们知道也能考虑到人们活下来以后会做的所有事），这些道德直觉可能并不可靠。

卡姆： 听上去您的解释是这样的，"好吧，一般说来，我们不知道医生们被我们救活之后会做什么，所以我们干脆忽略这个问题——我们把这些医生以后做的事看作毫不相干的好事就是了。但是在空想的情景中，我们确实知道这些。"但是我并不觉得这个解释充分理解和表现了我们讨论的问题。在我们的空想情景中，我可以假设我明确知道，这个医生一旦被治好了就会马上跑去做手术救只有他才能救下的那五个人。就算我这样设想，我还是认为这两个情景[1]是不一样的。但您或许又会想，"你有这种源于

---

[1] 指前面说的那两个情景：先救医生还是先救清洁工，和先救甲还是先救乙。——译注

日常生活的、根深蒂固的倾向；你是在用习惯的模式进行理性思考。我知道你设想自己相信医生被救活了会这样做，但你习惯的思维模式是：'谁知道会发生什么？我要把那个医生会做什么抛到脑后。'"我只是不认为我们基于情景的理性思考能力会像这样被习惯反应限制。

然而，我得承认我是担心的：我的同事、心理学家马克·豪泽（Marc Hauser）在一场研讨会上告诉了我一件事——人们在不同版本的电车难题中做出的道德区分，在不同的文化中都得到了体现，也就是说，不同文化背景中的人们都会在岔路问题中把电车引向那一个人来救下那五个人，但是不会在桥上问题中把那个无辜的旁观者推下去挡在电车前面来救五个人。同样让我感到担忧的是一位著名的发展心理学家告诉我孩子们也会做出这样的反应。因为，尽管我确实认为许多直觉性的判断反映了某种结构性因素，它们藏得很深，深到许多人可能难以完全察觉，而且我认为这些结构有可能是普遍存在的，但是我还是会觉得："啊这太可怕了！到头来我不过是在表达一些习以为常的反应而已！如果就连婴儿也会这么想的话……"

福尔霍夫：婴儿？

卡姆：嗯好吧，小朋友。

福尔霍夫：但是为什么这会让您担心呢？

卡姆：这倒是并不真的让我担心。但是我就是想说，

弗朗西斯·卡姆：挖掘道德的深层结构

这种普遍性对于我们想要解释和证成的原则并不一定有帮助。许多人都这么想，并不意味着这个事情就正确。这并不能支持这些判断有着规范性的权威。马克·豪泽本人是知道这一点的。但是当时研讨会上有一个他的同事，在听到这些经验性的数据时说，"哦这可太棒了。你们还需要什么更多的支持呢？"而让我感到担心的当然是**所有人都有可能会犯错**。比如说，丹尼尔·卡尼曼（Daniel Kahneman）和阿莫斯·特沃斯基（Amos Tversky）对于在风险下做决策的心理学研究表明，每个人在根据事情发生的概率做决定时，都会犯某些错误。也就是说，每个人在做决定时都好像有某种根深蒂固的概率理论，但这并不意味着他们运用的这种理论是正确的！

不仅如此，我还担心如果甚至连非常小的孩子都会做出这样的反应，那么在这个问题上起作用的就是生理性结构原有成分的某些残留之物，而不是理性思考的能力——尽管有些人可能对我的担忧不以为意，认为："这不是好事吗！或许道德就是比我们想象的要更普遍。即使**爬行类动物**也有这样的道德；它们也可能会甩动尾巴，把电车导向一只蜥蜴，救下五只蜥蜴，但是不会把一只蜥蜴推到那辆电车前面。"

福尔霍夫：我不明白为什么仅仅因为某种特别的反应是根深蒂固的你就会感到担忧。比如说，吸血蝙蝠通常会倾向于日复一日地跟同样的邻居一起休息。当一只吃饱了的蝙蝠狩猎归来回到蝙蝠们栖息的地方时，它通常会把自己吸的血反刍出来，吐到还饿着肚子的邻居嘴里。这样的互动会长期持续，喂食邻居的蝙蝠反过来也会在其他时候得到邻居的喂食。如果一只蝙蝠未来能否获得这种投喂，取决于它是否在需要的时候投喂自己的邻居，那么这种互惠利他的倾向就会得到进化压力的青睐。假如我们也有着同样根深蒂固的互惠利他行为的倾向，这并不意味着我们在反思之后就会反对这样的倾向。

卡姆：我想您是可以给出一种解释，解释这种根深蒂固的、与道德相一致的倾向是我们有理由遵守的东西。但是我们不仅想知道理性生物确实发展出了道德，我们还想要知道，道德是不是理性的生物可以选择发展出来的东西。关键在于，我们在各种电车问题中给出某种反应这个事实本身，并不能为我们指明我们有很好的理由遵循这个反应。这并不解决关于规范性的问题。

福尔霍夫：您宣称，如果我们能找到一些原则来解释我们在情景下的判断，表达具有道德重要性的观念，那么这个关于规范性的问题就可以得到解决。但是如果最能解释我们这些情景判断的原则也不能体现具有道德重要性的观念，该怎么办呢？

卡姆：嗯，我想一旦你找到了是什么在背后驱动所有的道德判断，最终你**可能**就会拒绝这些判断。但是我必须承认，当我找到了一个似乎可以解释我在某个具体情境中的判断的原则时，我的反应是"**这**有什么重要的？"，然后我的下一个反应是，我应该把这个原则思考得再深一些，因为我肯定是忽略了什么东西。它**可能**是这样的：当我把所有涉及的因素都考虑到之后，我会想"这肯定不对啊"。但是相比于一些主张使用反思性平衡方法的人而言，我非常不情愿放弃我的直觉。[1]

尽管如此，对于我来说，这些直觉并不足以证成道德判断。我感兴趣的是弄明白我们的日常道德意识，但我也愿意接受另一种可能的情况：一旦我们明白了那些根本的原则究竟是什么，我们就会断定，我们在特定情景下的那些直觉判断并不值得坚持。

福尔霍夫：您能不能举一个例子，对于一个抓住了我们某些直觉的原则，该怎样考察它的道德重要性？

卡姆：假如我为了解释我的判断而提出了这样一个原则——更大的善本身就可以导致更小的恶，但是实现

---

[1] 反思性平衡的方法强调翻来覆去地思考我们对于具体问题的判断、我们认为的指导这些判断的原则，以及我们认为的支持我们接受这些判断或原则的考量，只要有必要就可以修改所有这些元素，以求这些元素达到可以接受的融贯性。当上述这些想法达到了一种可接受的融贯性时，我们就达到了反思性的平衡。——原注

这种更大的善的手段则不能。[1]然后我就问，"这话凭什么是对的？既然那两个情景中的那个人都是因为更大的善而死的，那么究竟是实现这种善的手段涉及伤害某人，还是这个伤害就产生自这种更大的善本身，这个问题有意义吗？"我还必须追问，"这样一种限制对于人之为人而言意味着什么？"在《道德与有死性》的第二卷中，我提出了基于这样一种观念的答案：一个人（人贵为以自身为目的的存在）的命运与其他以自身为目的的人的善相冲撞，和他与一系列事件（这些事件本身不具价值，但是达到善的目的之手段）相冲撞，这二者是不一样的。当然，再回头去看这件事时，我还要问自己，"这意味着什么？"但是我的意思是，如果你没法找到像这样的东西，那么整个道德系统都会非常有问题。

我还想说，当我看待这些情景的时候，或许有时我会冒出一些完全新颖的念头，跟把人当作目的或者跟人的价值完全没有关系的念头。我可能会意识到宇宙的某些未曾被领略过的层面。在阅读康德的时候，很多学生都会有这

---

[1] 这是卡姆的"可被允许的伤害原则"的一个简略版本。在最初级的大概意义上，这个原则认为，为了拯救更多数量的人而伤害其他较少的人是可以被允许的，仅当这些对较少人的伤害是救活更多人这件事本身所带来的。一个人可以去做某件大好事，尽管这种善事本身可能同时带来一些另外的伤害。但是，一个人不可以去伤害其他人，以此带来对于其他人的善。把这个原则对号入座到我们在岔路问题和桥上问题中的直觉是很容易的。——原注

样的体验（我当然也有！）——就好像道德宇宙的一个崭新的维度向你敞开了，但它是所谓"先验的"，而不是通过经验方法认识的。这就是为什么康德这么难以理解。有时候我会感觉，相比于康德那样的存在，我是何其原始的一种人呀。正如康德所说，"我们拥有理性并不是为了创造愉悦，因为天资更适合做这件事"——我不知道这是不是真的——"（我们拥有理性）是为了创造一种意志，这种意志本身就是善。"你懂吗，一种本身就是善的意志！**这就是我生命的意义？**在遇到康德之前，我从来没有想到过用这样一种尺度来衡量自己的生命！我教过一门康德的课程，然后我觉得，"我到底在干什么呀？"但是你会感觉到这里有金子可挖。这关乎一种对于你的生命意义的完全不同的理解。我们应当永远保持开放的态度，相信生命可能还有一些我们未曾意识到的维度。

好吧，不是所有人都在这个问题上都同意我的看法。巴鲁克·布罗迪（Baruch Brody，莱斯大学的一名哲学教授）曾经对我说：

> 我同意你凭借直觉的分析，但是为什么你总是在追寻一些更深层的原则呢？我们认为把一个原本可以活着的人大卸八块摘取器官来救五个人的命是不可接受的，认为把一个高大的旁观者推到电车轮下是不可

接受的，但我们认为让电车改道则是可以接受的，哪怕车会撞上这条死胡同岔路上的另一个人。后果主义者们认为我们的判断展现了某些肤浅的不理性因素，而我们能意识到我们的判断并非如他们宣称的那样不理性，这是很重要的。但是我们需要展示的只不过是在后一种情景中，较大的善导致了较小的恶，在前一个情景中是较小的恶导致较大的善，你已经展示出了这一点，这就够了。这样的直觉用一种直观呈现的方式表明我们的看法是正确的。为什么你对这些直觉不如对关于人、关于人与人之间关系的某种更深层次的潜在理论更有信心呢？我反而不怎么相信这类理论的正确性，更信赖直觉。

我不是这样看这个问题的，尽管我承认，我们可能永远也不会像相信直觉一样相信理论。

*

我们之所以不能只是停留在我们极为相信的、思考中的情景判断上，或者停留在解释这些判断的、相对浅表的原则上，是因为这里还有一个有待进一步回答的问题：为什么我们的道德判断告诉我们应该怎么做，我们就应该怎么做？毕竟，坚守道德要求可能有非常高的代价——我们可能不得不牺牲我们的目标、我们的生命甚至其他人的生命，才能满足道德的要求。我们要想批判性地理解道德，就要明白这些解释我们的情境判断的道德原则所展示的究竟是哪些价值，要能判断这些价值是否值得尊重或者发扬。

揭示我们的日常判断背后的深层道理，这么做的必要在讨论非后果主义者提出的免于被伤害的权利时尤其明显（这些权利约束了其他人对于一个人可以做什么样的行为，因此也通常被称为"约束"）。这些权利是出了名地难以证成，因为当侵犯一种权利的行为可以保护更多同样类型的权利免于侵犯的时候，禁止这样的行为似乎就是非理性的。为了更好地说明这一点，我们可以把桥上问题改得更具谋杀色彩：一个人满怀恶意地发动电车朝向五个人驰来，蓄意要谋杀他们。非后果主义者认为，即使在这样的情况下，将一个无辜的旁观者从桥上推到电车轮下杀死他，即使这是阻止那五个人被杀的唯一办法，也是不能允许的。但是如果保护权利不受侵犯这么重要，那么为什么保护一个人的权利不受侵害，竟然会比保护五个人的权利不受侵害更加重要呢？

为了回答这个问题，卡姆试图阐述一套关于人类地位的观念，说明这样的权利表现了人的地位，以及如果允许以最大限度地减少权利侵害的数量为目的而行动,人的这种地位就将遭到损害。

*

福尔霍夫: 您能不能解释一下您关于人类地位的观点,谈谈这个东西是怎么和对伤害的约束相关联的?

卡姆: 我发展出来这套观点的时候,是在跟所谓的"道义论的悖论"(paradox of deontology)斗争,这个"悖论"说的是:如果你关心的是权利,是人们不要以某种方式被伤害,那么如果你可以通过伤害一个原本不会受伤害的人来保护五个人免于被伤害,为什么你不这样做呢?这大概就是一种关于权利侵犯的后果主义。好,参与这个议题的大多数人,比如伯纳德·威廉斯(Bernard Williams)和托马斯·内格尔(Thomas Nagel),尝试采用一种以行为者为中心的视角来解决这个悖论——他们说,"如果**我**为了阻碍那五个人的权利被**别人**侵害而侵害那一个人的权利,那就成了**我**在实行这种侵害了,而如果**我**什么都不做,那就是**别人**在侵害他们的权利了。"于是我想,"如果**我**自己制造了这个威胁,比如说,如果**我**放了一个会炸死五个人的炸弹,而**我**阻止这枚炸弹爆炸的唯一办法就是杀掉一个不同的人,那么**我**为了将**我**侵害权利的权利尽量减少而杀死这个人，就是可以允许的吗？"我觉得答案是否定的。

所以我开始从另一个角度来考虑：不去关注那个违反了约束的行为者，而是考虑因为约束被侵害而可能受害的那个人。因为我想，"如果现在的情景**确实是**我可以杀死那一个人来阻止五个人被杀死呢？这意味着某种与**我们所有人都相关的推论**，意味着**我们所有人都可以以某种方式被利用**。"您看，这里面存在一种地位，这个地位是根据对人而言可以允许的行为来界定的。衡量人的价值，一种办法就是我们认为可以允许对人做什么。确实，如果我不伤害那一个人来阻止虐待那五个人的行为，那五个人就会被虐待。但即便他们因此遭到了虐待，他们也依然是**不应被如此对待**的存在——他们是**不可侵犯**的，也就是说，以某种方式伤害他们是**错误**的，即便伤害他们是为了实现更大的善，是为了最大限度地减少这种伤害。如果杀死一个人以拯救更多人的行为是可以允许的，那么将**没有人**——不论是那一个、那五个还是其他所有人——享有这种作为绝对不可侵犯之存在的地位。所以，这一约束体现的正是这个价值。没错，这种约束阻碍了人们拯救更多生命、防止更多的错误发生。但是它表达了一个事实：个体的自然本质就是我们必须要用某种方式来对待她，我们不能用其他方式来对待她。

福尔霍夫：那么，我们的自然本质之中究竟是什么创造出了这些要求呢？

卡姆：我不知道，但是我猜想这可能跟我们是理性的存在有关。不过这不是我想证实的东西。我关心的是这个"道义论的悖论"。我意识到，答案藏在这一事实中，那就是道德体系表现了个体的人的价值，人越是不可侵犯，个体的人的价值就越高——因为可以允许打破的约束更少了。并不是只有发生在人身上的事情才重要，人的自然本质要求我们怎样对待人，同样很重要。后者决定了人的价值。

福尔霍夫：您看我这样回应"道义论的悖论"怎么样？跟您的回应不太一样："如果你关心权利，那么为什么不最大限度地减轻对权利的侵犯呢？"这个问题的力量或许来自一个观念，即关心某事（比如说，关心人们的权利要被尊重）总是意味着一个人有理由在其他条件相当的情况下去促进这件事的发生。但这种只要我关心它，我就应该促进它发生的逻辑，并非在所有有价值的事情上都成立。比如说，我重视友情，但是这并不意味着我就得"促进友情的发生"，尽可能增加朋友的数量或质量。如果我断绝了一段相对占用时间的友谊，借此交了两个新朋友，这并不表明我很重视友谊。友谊如此，权利或许也是如此。

卡姆：尽管这放在友谊上可能是对的，但是放在权利上是说不通的。拿一个情景打比方：一个人和五个人的权利都正要被侵犯。假设我们必须决定从一个人和五个人之间选一方，保护他们的权利免于侵犯（我们没法六个都救）。在这个情况下，我们应该救那五个人，保护他们的权利不受侵犯。所以当我不必虐待某个人的时候，事情对我来说很清楚，我应该让最多的人的权利得到尊重。所以让最多的人的权利得到尊重是重要的。

福尔霍夫：这真有意思……

卡姆：（笑）我竟然说了些有意思的事情！真是不敢相信呀！

我的意思是，另一种回应方式是宣称一个人的性命跟任意数量的人的性命同等宝贵，这等于是说，在你面临着一个选择，要么救一个人，要么救一百万个人的时候，你应该掷硬币决定。但是我觉得我主张的观点，也就是道德约束的重要性决定着人类地位的观点，并不会像这样拒绝算数。

您知道，我很高兴您看起来很感兴趣。因为这就是这个事情的意义。我是说，我们是在干很重要的事情。每当我听到有人说"啊，这是场很好的讨论，很好玩"的时候，我都会感到很惊讶。我会想，"好玩？**好玩儿**？这是个严肃的问题！"你千辛万苦地想找到正确的方法讲述道德场景中的道德现象，而把它正确地讲出来，和做一场自然科学实验或者其他艰难的智识活动一样重要。如果我们是在搞一个美国航天局的火箭，火箭成功发射了，我们不会说"哦这个挺好玩儿的！"这个东西真是令人赞叹——这才是正确的说法！

福尔霍夫：那么您怎么看谢利·卡根（Shelly Kagan）对您关于道德约束能强化人的地位的观点的质疑呢？卡根指出，我们的不可侵犯性变高了，为了尽可能增加善、减少恶，施加到我们身上的恶减少了，因此我们的道德地位提高了，但是这同时意味着我们降低了"可拯救性"（saveability），或者说为了救我们而必须实施的行为变少了。而"可拯救性"也是我们道德地位的标志……

卡姆：我并不总是惦记着批评者提出的各种反对意见，因为……好吧，因为我很多时候不知道要怎么回答，也因为对于相信自己走在正确的道路上的人来说，继续往前走是很重要的。但是让我在这个问题上说几句吧。卡根提出的一个人的"可拯救性"是从这样的事实里推出来的：当这个人属于一群能够被拯救的人时，有必要为了救他而做多少事。但是"可拯救性"作为一个人地位的标志，似乎仅仅标志的是这个人作为一个个人，你会做多少事去救他。而一个作为个人的人的地位，是由任意的个体之人的真实情况来决定的。所以卡根考虑的情况并不能指向一个作为个人的人的地位。我想对于"可拯救性"的检验标准是这样的：如果有人溺水了，你会让另一个人蒙受多大的损失（不至于死亡）来救这个溺水的人？这才是"可拯救性"表明一个人的价值的一种论证方式。而这跟"为了救一千人的性命，你会杀死多少人"这个问题是不一样的，因为这个问题的答案取决于待拯救的整个群体有多大。您看，假设您家里有一个非常珍贵的罐子，和一大堆小装饰品，由于小装饰品太多了，您或许愿意牺牲掉那个罐子来保住所有这些装饰品。但是这并不表明这些小装饰品中的每一个地位很高。

福尔霍夫：尽管如此，既然涉及的小装饰品的数量决定了您会牺牲掉这个罐子，那么这个事实或许就揭示了每个小装饰品的价值。同样地，为了拯救至少二十个人的生命才能推翻我免于被杀的权利，相比于为了拯救仅仅两个人的生命就能推翻我免于被杀的权利，我的不可侵犯性似乎确实更高。

卡姆：必须有多少人命悬一线，我们才能考虑伤害你来拯救这些人——这个人数是否取决于你的不可侵犯性并不十分明确。比如，朱迪斯·汤姆森认为，当问题是通过侵害一些人的权利来帮助其他人的时候，你必须对称地考虑，这个拥有权利的人因为我们侵害权利的行为所蒙受的损失，和其他每一个人因此免于承受的伤害。你必须去问，如果这个有权利的人的权利受到了尊重，这些其他人中的每一个人将蒙受多少损失。这样一来，一个人的权利的可侵犯性就取决于，如果你不破坏这样的权利，另一个有待拯救的人的命运会有多悲惨。如果就"可拯救性"这个问题找一个类似的说法，那就是你必须**每次**只考虑**一个人**；就是要想想，比如说，我为了拯救一个人，可以从另一个人身上拿走多少。

福尔霍夫：假如不可侵犯性是人类的地位的象征，我们为什么不让自己变得更加不可侵犯——也就是给我们自己更高的地位——比如直接禁止在岔路问题中把电车从五个人引向一个人？

卡姆：我不觉得我们可以让自己成为怎么样的。我不觉得是我们自己建构了道德，并不是我们自己让我们拥有了某种地位。我们是什么样的存在，这是已经给定的，我们要么有这样的地位，要么没有。我相信，一旦给定了人的一种特定的概念，其他的则就随之而来了。

福尔霍夫：即使您本人并没有关于人的这种概念？

卡姆：我目前还不知道它是什么。但是我有。我有。这个毫无疑问，因为我必须有，毕竟我有表达这种概念的直觉。

福尔霍夫：然而您说不明白……

卡姆：对，我说不明白。它就在那里，但是我不知道它是什么。即便我想办法把它说出来，可能也会像是你读康德的时候碰到的某种启示。关键问题是，我持有的信念不符合后果主义的模型。我认为我就是不应该把一个高大的旁观者推到电车前，即使这是能阻止电车撞上五个人的唯一办法，而他会被撞到瘫痪；但我可以把电车从五个人那边引到一个人那边，杀死那个站在死胡同岔道上的人。有许多种方法都可以得出这样的结论，但这结论不能规定下来。或许你会说，"为什么我们不直接放弃这种限制，启用其他的规则？"不是这么一回事，它是一个整体。它就像是一套语法理论。一旦你把握住了核心，剩下的部分就随之而来了，成千上万的句子就都跟着出来了。可你不能说，"我们找五个句子，然后改变一下这些句子里副词的用法。"这是不可能的。道德体系的结构坚不可摧、不可变通。它不是某种我们拼凑起来或者可以随便鼓捣的东西。你必须弄清楚，为什么道德是这样地不可变通。

福尔霍夫：为什么您在《道德与有死性》第二卷的献词里把这一卷献给了"道德的爱"呢？

卡姆：在我写这本书的时候，我完全沉浸其中。翻来覆去地过这本书，会让你彻底将自己与其他人隔绝开来。然后这种关于道德的结构就从你的存在深处浮现出来。有时候，我就坐在我的卧室里，这是我能找到的最安心的地方，我拿着一大包薯片和一大包爆米花，然后试着把整个作品一口气读一遍。我必须在脑中一下子把握这整个东西,才能看到它是不是能够和谐运转。您还记得,我说过当我考虑那些我必须去琢磨的案例时,我需要让自己整个沉到其中去感受。而当我面对整个理论结构的时候,我试图尽我所能地深刻思考——我可不是索尔·克里普克(Saul Kripke)!——然后我就感觉,它就得是这样,不能是其他的。我认为我发现的这个道德的结构在我看来就是生活本身。而在我看来,对于这些事情的关心,是如此不同寻常——我认识的大多数人似乎都没有把握这些原则。这就像是一片新世界,我洞见到了,别人则还不知道。于是我把我这本书献给了它,因为我感觉我被迎进了这个新世界里。

参考文献与扩展阅读

弗朗西斯·卡姆的作品大多都收录在她所著的两卷本的《道德与有死性》(Oxford: Oxford University Press, 1993, 1996)与《复杂的伦理学》(*Intricate Ethics*, Oxford: Oxford University Press, 2006)之中。除此之外,她还是《生育与堕胎》(*Creation and Abortion*, Oxford: Oxford University Press, 1992)的作者。对话中提到的关于安乐死的文章是由弗朗西斯·卡姆所著的《人有权选择死亡吗?》(*Boston Review*, Summer 1997,可在网上阅读)。由迈克尔·大冢(Michael Otsuka)所著的《卡姆关于杀人的道德性的论述》('Kamm on the Morality of Killing', *Ethics* 108 [1997], 197–207)批判性地总结了卡姆的核心观点,颇具可读性。彼得·昂格尔在其所著的《朱门酒肉臭,路有冻死骨》(*Living High and Letting Die*, Oxford: Oxford University Press, 1996)中坚绝批评了卡姆研究人们的道德直觉的方法,

将卡姆的这种方法称为"保护主义"的方法。卡姆在她所著的《复杂的伦理学》当中作出了回应。

尼采的引文来自尼采所著的《快乐的科学》(*The Gay Science*, ed. Bernard Williams, trans. Josefine Nauckhoff, Cambridge: Cambridge University Press, 2001), 第 345 则。菲利帕·富特在她的《堕胎的问题和双重效应学说》('The Problem of Abortion and the Doctrine of the Double Effect') 中首次构想了多种电车难题, 这篇文章收录在她的《美德与恶习》(*Virtues and Vices*, Oxford: Oxford University Press, 1978) 之中, 见第 19—33 页, 后来朱迪斯·汤姆逊进一步提出了更多的版本, 见《制造死亡、放任死亡和电车难题》('Killing, Letting Die, and the Trolley Problem', *The Monist* 59 [1976]: 204–217)、《电车难题》('The Trolley Problem', *Yale Law Journal* 94 [1985]: 1395–1415) 以及《让电车转轨》('Turning the Trolley', *Philosophy and Public Affairs* 36 [2008]: 359–374)。汤姆逊在她的《权利的边界》(*The Realm of Rights*, Cambridge: Cambridge University Press, 1990) 中讨论了权利相关的问题。人们对于电车难题的各种反应, 见马克·豪泽所著《道德心灵》(*Moral Minds*, New York: HarperCollins, 2006) 以及约书亚·格林 (Joshua Greene) 的文章《康德心灵的神秘笑话》('The Secret Joke of Kant's Soul', *Moral Psychology. Volume 3: The Neuroscience of Morality: Emotion, Disease, and Development*, ed. Walter Sinnott-Armstrong, Cambridge, Mass.: MIT Press, 2007) 文中还附带了约翰·米哈伊尔 (John Mikhail) 和马克·蒂蒙斯 (Mark Timmons) 的讨论。石黑一雄在小说《莫失莫忘》(*Never Let Me Go*, New York: Knopf, 2005) 构想出了一个世界, 将健康的人类处死以获取可供移植的器官, 是这个世界中的常态, 由此到处将人当作达成目的之纯粹手段的当今世界提供了一种观察的视角。

卡姆提到的关于在压力下进行决策时的心理机制的研究, 见在《不确定性下的判断: 摸索式方法和偏误》(*Judgement Under Uncertainty: Heuristics and Biases*, ed. Daniel Kahneman, Paul Slovic, and Amos Tversky, Cambridge: Cambridge University Press, 1982)。关于吸血蝙蝠之间的互利性, 参见威尔金森 (G. S. Wilkinson) 的《吸血蝙蝠之间的食物共享》('Food Sharing in Vampire Bats', *Scientific American* 262 [1991]: 64–70)。

在道德理论中使用反思性平衡的方法, 首先是由约翰·罗尔斯 (John Rawls) 《正义论》(*A Theory of Justice*, Oxford: Oxford University Press, 2nd edn 1999) 第一章第四节提出的。还可参见诺曼·丹尼尔斯 (Norman Daniels) 的文章《反思性平衡》('Reflective Equilibrium', *The Stanford Encyclopaedia of Philosophy Online* [2003])。

卡姆引述的关于康德与良善意志的段落，可参见《道德形而上学的奠基》(*Grounding for the Metaphysics of Morals*, trans. J. W. Ellington, Indianapolis: Hackett, 1994, Akademie page nos 395–396)。

罗伯特·诺齐克（Robert Nozick）首次注意到了道义论的悖论，可参见《无政府、国家和乌托邦》(*Anarchy, State, and Utopia*, New York: Basic Books, 1974)第30页。卡姆提到伯纳德·威廉斯的相关内容，见斯马特（J. J. C. Smart）和伯纳德·威廉斯合著的《功利主义：赞成与反对》(*Utilitarianism: For and Against*, Cambridge: Cambridge University Press, 1973)第93—100页以及托马斯·内格尔的《本然的观点》(*The View from Nowhere*, New York: Oxford University Press, 1986)第175—180页。谢利·卡根讨论了在一个人不可侵犯性与可拯救性之间的取舍，见《对我的批评者的回应》('Replies to My Critics', *Philosophy and Phenomenological Research* 51 [1991]: 919–920)。

彼得·辛格
我们都没有贵贱之分

河岸街的辛普森家是一家以其烤肉闻名于伦敦的餐厅，它们家会将老式的银质圆顶手推车推到顾客的餐桌旁，并在手推车上将烤肉切好。2006年春天的一个清晨，英国的政客和商业领袖们聚集在这家餐厅里的一个木板镶边的房间里，参与一场关于全球贫困问题的早餐论坛。论坛的发言人之一是普林斯顿大学的教授，彼得·辛格，他是当世最有影响力的支持效用主义的道德哲学家之一。效用主义[1]认为每个有感知能力的生物的福祉（或"效用"）都同等重要，并且当我们在考虑由上述那样的生物所构成

---

1 由于"功利主义"一词在中文中另有非学术的使用方式，这里遵从中文哲学界近年来的偏好，将utilitarianism翻译为效用主义，将utility从众翻译为效用。——译注

的一个特定群体时，只有一个至高的道德原则：最大化该群体内各个成员的效用之和。如果将这个道德原则应用于全球的贫困问题，将推出如下结论：每一个人都应该捐献出自己的一部分资源以缓解别人的贫困问题，直到把剩下的财产留给自己比捐给别人能产生相对更高的效用为止。该道德原则还会推出另一个结论：对于那些斥资买奢侈品的人，如果这些钱本可以用来挽救某些人的生命（而缺了这些钱他们就活不下去），那么斥资买奢侈品的人应该因这些人的死亡而负担良心上的责任。当辛格在论坛上发表上述观点时，我一边听，一边扫视着早餐的菜单。菜单上的头牌叫"十宗罪"，它里面包含坎伯兰香肠、五花肉、猪肝、羊肾、炸面包，以及各式做法的鸡蛋。这道菜的定价是20.95英镑（在当时大约相当于37美元），而这笔钱已经足够为一个非洲家庭提供三顶经过杀虫剂处理的蚊帐了，可以极大降低这个家庭中的成员因感染疟疾而死亡的风险。如果辛格看到这道菜的菜名，他定会认为这菜名取得十分恰当。

除了为上述这种异常苛刻的助人义务做辩护，辛格之所以著名，还因为他试图在两个问题上改变大众常识里的伦理观念：动物的地位问题以及处在边缘上的生死问题。在《动物解放》（*Animal Liberation*）这本动物权利运动的经典著作中，辛格强有力地论证我们应该对人类之外的动物的权益和同等的人类权益在道德上一视同仁，并认为我们应该因此停止目前饲养和利用动物的许多方式。在《实践伦理学》（*Practical Ethics*）和《反思生与死》（*Rethinking Life and Death*）中，辛格认为堕胎和在自愿的情况下实施安乐死是可被允许的；对于所谓的杀婴罪来说，即使它确实是恶劣的，其恶劣程度也远不及杀死一个年轻人；而如果一个新生婴儿生来就患有重度残疾，其父母应该拥有在其出生不久后让其无痛死去的权利，如果这是出于对新生婴儿自身利益的考虑（当新生婴儿的先天残疾已经严重到一定程度时，这样做是为了避免让其忍受本就不值得度过的一生），或者如果这是出于对整体家庭利益的考虑（因为抚养一个患有严重先天残疾的婴儿会给其父母以及其余家庭成员带来严重的负担）。

辛格是个很会写书的人：他懂得如何在不过度简化一个复杂论点的情况下，将这个复杂的论点写得简单易懂，并且他懂得如何从即使对于非效用主义者来说也通常是合理的前提出发，推出他想推出的极其有力的结论。他的作品所展现出的清晰性、易读性和启发性，以及作品中所探讨的那些不容忽视的道德伦理命题，使得他自己或许成了读者最广泛的当代伦理学家。但他所提出的许多结论也遭到了激烈反对。尤其是，他认为让患有严重先天残疾的婴儿死去是可允许的，对此，一些人认为这个观点不仅有误导性，而且极具危险性，因为（这些批评者声称）这样的观点贬低了残疾人的地位。结果，一些大学在压力之下拒绝辛格在其学校进行演讲，而辛格也曾在他的讲座上遭到严重的抗议。例如，1989—1999 年，辛格原定要在德国的几所大学举行讲座，但均遭有组织的示威而被取消，还有几次，他的讲座在中途遭到了野蛮的打断。（现在德国反对辛格的力量似乎式微了；在过去的十年间，他已经成功在德国进行了数次演讲，全程无人打扰。）1999 年，辛格前往普林斯顿大学任职，也遭遇了强烈的抗议，当时一个名为"还未死去"（Not Dead Yet）的残疾人权利保护组织的成员将自己用铁链绑在普林斯顿大学的行政大楼上，以示抗议。

而聚集于辛普森家这间餐厅的贵宾们对于上述这种针对哲学观点的强烈反应想必是十分陌生的，在听到辛格一五一十地列出他们的生活方式背后的巨额代价时，其中的一些人仅仅是在座位上不安地动了动。一位听众提问：按照辛格的观点，未能将自己收入的一部分捐出来救人是否就等同于是在杀人呢？这位听众接着问：如果是这样的话，辛格的观点岂不显然就是错误的吗？因为未能救人和杀人在道德上显然是不能画等号的。辛格经常被人问及这个问题，他是这样回应的：

彼得·辛格：我们都没有贵贱之分

我难道真的会认为，一个人想买一件新的毛衣，尽管这件毛衣对他来讲并不是必需品，他因此没有将这一百英镑捐给乐施会（Oxfam）的人，于是他在道德上就和一个跑去非洲蓄意杀害当地农民的人是等同的吗？当然不是。我们可以用以下几种方式来有效地将二者区分开。一种方式是，这两个人在动机上是完全不同的——一个人仅仅是想显得时髦一些，而另一个人充满恶意。此外，如果一个人会不远万里跑去非洲杀人，这个人对社会的危害应该是远大于其他人的。最后，一般而言，让一个人不去杀人，相比于让一个人致力于去救助那些处在贫困中的人，要容易得多。所以，那个蓄意杀人的人在道德上一定比那个把乐施会的募捐信扔掉然后去购物的人要败坏得多。考虑到我们社会的组织方式，前者已然违反了可接受行为的最低标准，而后者的生活方式在大多数人看来是没问题的。可是，对于一个死于饥饿或是疾病，而这饥饿或疾病本可能因为那一百英镑而被避免的人来说，他是因为缺乏别人的救济而死，还是死于蓄意谋杀，是没有分别的。所以，即使在人们的常识当中，斥资买奢侈品因而未能救济别人和蓄意谋杀在道德上当然不是等同的，但如果像很多人一样就因此认为我们没有义务将收入的一部分捐出来让别人免于苦难，这样的想法就是错误的。救助别人不仅仅是值得尊敬的,更是一种义务。

在辛格的回答中,他在未能救济和蓄意谋杀之间提出的那些区分,尽管在上述的具体案例中确实存在,但并非二者之间的关键差异。我很好奇,对于那些只涉及关键差异的案例,辛格会作何回应。所以,早餐论坛结束后,我们一起走过几个街区来到我在伦敦政经学院的办公室,我和他讨论了一番。我首先问了他由弗朗西斯·卡姆提出的一对案例。

*

福尔霍夫: 假设现在有一个司机,他要开车回家,在他面前有两条山路,他必须从中选择一条开回去。一条路弯弯绕绕,很有可能会发生致命的事故,另一条路则很安全。现在有两种场景,在第一种场景中,那条很危险的路上有一个急需援救的人,如果司机走这条路,就可以救下这个人;如果他走那条安全的路,这个人就会死去。(让我们假设,那个急需援救的人位于那条路上有危险的路段之前,所以只要司机开上这条路,就一定能够救他。)在第二种场景中,在那条弯弯绕绕的路上并没有人等着司机去救,但如果司机选择开上那条安全的路,就会引发山崩,砸死一个住在路边的居民。

在这两种场景中,我们可以假设司机想做的仅仅是安全开车回家,尽管这都必然意味着给另一个人带来极大的伤害。以及,对于司机来说,在这两种场景中选择那条安全的路的困难程度都是一样的。尽管如此,这两种场景在直觉上仍然存在着一个重要的不同点:在第一种场景中,我们也许会认为司机选择那条安全的路是情有可原的,即使这意味着司机无法去帮助那个急需援救的人;而在第二种场景中,如果司机选择那条安全的路而导致住在路边的人被落石砸死,我们似乎会认为这是不能被允许的。

当然,我们的这些直觉确实可能是有问题的。但这并不能够否认针对具体案例所产生的直觉判断通常是可靠的。举例而言,如果一句话让一个受过教育的、说这门语言的母语者觉得语法上不通,这通常意味着这句话确实存在语法问题。同样地,如果一个人让别人产生了"他不太可信"的第一印象,那么通常(虽然并不必然)就可以表明他确实不太可信。或者再举一个例子,如果一个国际象棋大师在对局时突然感觉不妙,那这就很有可能预示着本局大势已去。那么,我们岂不是应该把我们在这两种道德案例中的不同直觉,视为未能救济和蓄意谋杀之间存在显著差别的证据吗?

辛格：唔，我认为我们之所以会产生那样的直觉，可能是因为我们从小到大所接受的伦理规范一直教导我们绝不能蓄意杀人，但一般不会要求我们投入很多时间精力去帮助别人。并且我认为，社会当中之所以有这样的伦理规范绝非偶然，而总体而言人们倾向于遵守这些伦理规范。社会的稳定运行建立在人们普遍接受绝大多数杀人行为都应该被限制的基础上，但这种稳定不那么依赖人们有很强的动力救济远方的陌生人。因此，人们厌恶蓄意杀人，这是很重要的。可尽管我们有这样的直觉是可以理解的，但我并不认为这样的直觉能够指向那两个案例之间在道德上的区别。道德向我们提出的要求是，我们必须站在一个客观中立（impartial）的角度来看问题，而从这个角度看，不管这个人是因为缺乏救助而死还是被落石砸死，都是一样糟糕的。

福尔霍夫：我承认，对于致人死亡为什么比任人死亡更糟糕这个问题，我们很难找到一个完全具有说服力的解释。但这并不意味着这二者之间在道德上没有差别。难道我们不应该认为常识判断背后存在着更深层的道理，而我们只是暂时还没有找到这些道理吗？所以当某个道德理论和我们的直觉判断产生重大冲突时，难道我们不应该对这个理论有所怀疑吗？

辛格：我们当然应该持一定程度的怀疑，但我并不确定您到底想说什么。您是不是说,因为我们有理由对道德理论中的一些结论持怀疑态度,所以我们只要服从我们习得的那些社会规则就可以了?这可说不通啊!

福尔霍夫:我是说,如果没有认真思考我们直觉反应背后潜在的道理,就直接严重偏离我们的道德常识,这样的态度似乎是很傲慢的。拿陀思妥耶夫斯基的《罪与罚》来举例,这本书讲的故事似乎就说明,因为某种道德理论而推翻"蓄意谋杀罪大恶极"这样的常识是极其荒唐的。[1]

---

1 在该书中,拉斯柯尔尼科夫,一名穷困潦倒的大学辍学生,在一家酒馆中无意间听到另一名学生针对一个年老吝啬的当铺老板做出了如下论述:

> 成百成千件好事和倡议都可以利用老太婆往后捐助修道院的钱来举办和整顿!成千上万的人都可以走上正路,几十个家庭可以免于穷困、离散、死亡、堕落和染上花柳病——利用她的钱来办这一切事情。把她杀死,拿走她的钱,为的是往后利用她的钱来为全人类服务,为大众谋福利……死一个人,活百条命——这就是算学!(译文参考岳麟译《罪与罚》,上海译文出版社2011年版,第61页。——译注)

这一基于效用主义的分析让拉斯柯尔尼科夫感到震惊。他知道,对于一个有着正常情感的人而言,杀死当铺老板这件事想想就可怕,所以要以这种方式来超越日常的道德界限,就要求当事人对自己所秉持的这套道德理论的正确性怀有非同寻常的信心,并且有钢铁般的决心。拉斯柯尔尼科夫十分钦佩拥有如此品质的人,于是他出于人道主义的考虑,同时也因为想要证明自身的意志力,用斧头袭击了当铺老板,将她杀死,并拿走了她的钱财。在这之后,他陷入了一种极度不安的状态,他在脑中反复思索自己犯下的罪行,因此被持续不断地折磨着。最后,他向警方坦白了他的所作所为,被判送往西伯利亚服苦役。在这本书的最后,陀思妥耶夫斯基以拉斯柯尔尼科夫的自我救赎作为结尾:因为在监狱遭受的种种痛苦经历以及一位虔诚的女性对他的爱,拉斯柯尔尼科夫变得有所敬畏了,接受了传统道德的约束。——原注

辛格：我认为《罪与罚》是一部优秀的小说，极好地反映了我们的某些经验：不能杀害他人的法则对人存在着某种莫名的约束力——这个法则是有权威性的，可与此同时，这个权威性的来源却是神秘的。陀思妥耶夫斯基对于拉斯柯尔尼科夫心理的分析扣人心弦。可是，我不认为这部小说在道德上传递的信息是好的——因为在小说里，只有当拉斯柯尔尼科借助信仰臣服于那些道德规则时，他才获得了救赎，他自身不能借助理性思考来证明这些道德规则的合理性。

如果一个人站在效用主义的角度，也许他会说，拉斯柯尔尼科夫的错误在于，他太过看重他对于自身行为的潜在后果所做出的独立判断。一些效用主义者认为，在通常情况下，我们应该遵守别人在社会中都在遵守的那些规则，因为我们有理由相信，在社会发展的过程中，人们会倾向于遵守相较之下能产生更好效果的那些规则。因此，我们应该认识到，当我们认为在一个具体情境中打破社会生活中的例行规则似乎更好的时候，我们的想法可能是错误的。

我一定程度上能够理解为什么有人支持这样的观点。有人也许会说，这个故事揭示了一个道理：拉斯柯尔尼科夫错误地认识了杀人这种罪行会给他自身带来的影响，也没有意识到他犯的罪会驱使着他去警局自首，而不是用抢来的钱做好事。他也未能考虑到其他恶果——比如说，杀人通常来说会危及人的安全感，也会让人更难信任别人，而这些因素对于社会生活来说都是必不可少的。但是，我不会因此就推断说，即使我们确实了解自己的行为会导致的全部后果，并且效用主义的思考计算告诉我们应该打破社会中的日常规则，我们也仍然应该坚持遵守这种规则。设想一下，如果拉斯柯尔尼科夫打心底里知道，他拿到当铺老板的钱后，一定会将其用于做善事，并且除了店铺老板的死之外，杀人这个行为不会产生其他任何恶果，那么他杀死当铺老板就是正确的。

我知道，我说到这里，一定会有人惊恐地挥着手说："你刚刚说我们应该杀死一位老妇人，抢走她的钱，还妄图以此救人！"我对此的回应会是：没错，我是就一个虚构的世界这么说的。并且我认为这些人的惊恐并没有太大的意义；他们之所以会惊恐，是因为误以为我要将这个结论应用于**现实**世界，而事实上并非如此。

福尔霍夫：可是，在某些情况下，您的确认为人们应该改变自己的惯常行为，而这些改变在许多人看来是反直觉的——例如您关于人们应该如何对待动物和先天残障婴儿的观点。在这两种案例里，您也抛弃了我们的直觉判断。为什么您会提出这样的观点？如果不诉诸我们对具体案例的判断，您认为我们应当如何从事伦理学思考？

辛格：我并不认为针对具体案例的这些判断有多么重要，因为它们的来源可能是靠不住的。我们从小到大逐渐形成的思维习惯与传统，完全是被宗教系统所形塑的，而且即使我们已经不再将这些宗教系统视为道德权威的来源，我们可能仍然会发现，要想根本性地摆脱那些我们从父母、师长以及文化的大环境中所汲取的关于人类生命神圣性的宗教观点，会是极其困难的。而这也许就使得我们关于诸如堕胎、自杀以及自愿安乐死等议题的直觉是全然不可信的。我们所处的文化环境过去一直压迫和虐待女性、同性恋者以及其他种族的人，还建构出所谓的理由来为这种压迫辩护。对于那些从事压迫和虐待行径的人来说，他们的"道德直觉"是被偏见所扭曲的；很多人凭"直觉"认为，让动物承受完全不必要的痛苦也没有问题，我认为这样的"直觉"也是被偏见所扭曲的。有许多其他判断都是源于一些缺乏道德依据的社会惯例，比如我们认为可以根据自己的意愿和喜好来支配自己的收入。最后，还有一些道德判断可能仅仅源于人类的演化遗传——例如我们认为互利互惠是重要的，这可能有一些生物学上的源头，欠缺深层次的合理解释。因此，我认为不要看重那些特定而具体的道德判断是比较好的。

福尔霍夫：那我们应该怎样做？

辛格：我认为应该从某些具有直接吸引力的基本道德

观念出发。可什么是具有直接说服力的基本道德观念？这是个很难回答的问题。对此，我认为应该诉诸所有理性人都不得不接受的、不证自明的原则，依据这些原则得出道德判断。我不确定这类原则是否存在；但我认为这样的观念还是非常有说服力的：第一，站在道德的角度来考虑，所有具备感觉能力的生物（sentient being）的利益都应被一视同仁。第二，弄清楚如何对这些生物一视同仁的正确方式是，考量每一种利益时都要把它当成你自身的利益——也就是说，如果从利己的角度讲，你会追求自身利益的最大化，那么从道德和客观中立的角度讲，你就应该追求所有生物利益的最大化。这里有一个很有趣的点，对所有人的利益一视同仁这样的广泛利他主义（altruism），并不是演化产生的想法。所以，当我们以这种方式思考事物时，我们似乎就不仅是在反映我们的直觉，更是对我们认为有价值的事物做出的一个经过理性思考的反应。

福尔霍夫：然而，似乎人们可以只接受第一条基本观念——站在道德的角度考虑，一切生物的利益都应该被一视同仁——而不接受第二条——一视同仁的具体方式是最大化满足某个特定群体的总体利益。因为如果仅仅将目光聚焦在总体利益的最大化，这会导致人们忽视这些利益在不同个体之间的分配方式——而后者似乎是一个重要问题。设想这样一种情况，现在有两名病人，一名是轻度残疾者（例如，只能进行短距离的行走），另一名是重度残疾者（例如，基本上处在卧床不起的状态，需要别人的帮助才能起身）；我们能且只能救治这二者中的一个。让我们进一步设想，相比于救治那名重度残疾者，我们救治另一名轻度残疾者能够带来略微更高的福祉提升：救治轻度残疾者可以让其完全康复，而救治重度残疾者则只能一定程度上减轻其症状——在接受救治后，这名重度残疾者能够自行起身了，但仍然需要别人的帮助才能走动。在这种情况下，对于一名效用主义者来说，就只能得出应该救轻度残疾者的结论。但这个结论似乎是有问题的；既然无论救治哪个人，对他们的福祉提升的程度几乎都是一样的，那么那名状况更糟的重度残疾者似乎更有权要求得到救治。

辛格： 我并不认同这个案例里那名状况更糟糕的病人更有权要求得到救治。我认为，我们对这类案例有这样的直觉反应，是因为边际效用递减定律[1]在人们的心中作祟。我们会想："嗯，如果那个轻度残疾者状况较好，那么改

---

[1] 这则"定律"是关于资源如何作用于个体效用的经验概括。它的意思是，一个人对某种资源的占有量越少，提升他对该资源的占有量（假设提升幅度是给定的）对这个人来说就更重要。这条法则在金钱上的体现是最明显的：举例而言，现在有两个人，一个人手里已经有一百万英镑了，另一个人手里只有一千英镑，如果这两人都同时又收到了一百英镑，那么这笔额外的钱对于前者来说的重要性，通常来说要远小于对于后者来说的重要性。——原注

善他的行动能力为他带来的福祉提升幅度就相对较小，而对于那个状况更糟的重度残疾者，治疗能更显著地缓解他的症状。"所以在某种意义上，我们难以接受的是您对这个案例的描述，因为您说的是，救治那名轻度残疾者所带来的福祉提升是要略高于救治另一名重度残疾者的。如果真的想要弄清楚治疗给这两个人带来的收益大小，正确的方式是站在无知之幕[1]背后来决定谁应该得到救治。在这道幕布后，我们心里清楚，一旦幕布被揭开，我们将会是这两个人中的一个，并且我们清楚，我们是甲还是乙的概率是均等的，都是50%。如果您对案例的描述是正确的，那么我们在这样一道幕布后，在不知道自己会是哪个人的情况下，就会认为应该将治疗的机会给轻度残疾者，因为

---

[1] 无知之幕是20世纪著名的政治哲学家约翰·罗尔斯提出的一个思考范式。他认为，当人们在现实世界当中思考社会运作和资源分配应该遵循何种正义原则时，很容易受到个体处境和身份等因素的影响，因而更倾向于选择那些有利于自己所属的阶级、种族、社群的原则，而这和正义是背道而驰的。因此，需要拉起一道无知之幕，让这道幕布将上述那些关于个体的处境和身份等信息遮盖起来。在幕布背后，人们不知道自己在现实世界中会处在哪一个阶级，不清楚自己会属于哪一个种族，而这才能促使人们定出更加公正和公平的正义原则。但请注意，辛格这里提到的无知之幕，跟罗尔斯的无知之幕有两点严格意义上的不同：首先，罗尔斯假设无知之幕背后的人不知道自己处于各种情况的概率，而辛格假设两种情况的概率都是50%；其次，罗尔斯的结论是人们会关心的是尽可能改善处境最差者的最终状态，而辛格的结论是人们会关心预期的改善的幅度。因此实际上辛格的前提和结论都跟罗尔斯完全不同，他并不是按照罗尔斯的观点思考这个问题的，见后文讨论。——译注

这会使得预期收益最大化。[1] 如果事情确实是这样，那我就不认为人们会觉得将治疗机会给予轻度残疾者是不正确的。

福尔霍夫：然而，许多人会认为，用这种无知之幕的方法决定如何在不同的个体之间分配资源是不妥当的，因为这个方法是设想一个同时面对两种同等可能的未来道路之人（一种是他变成那名轻度残疾者，另一种是他变成那名重度残疾者），用这个人的视角作为模型，来衡量牵涉两个不同个体——一名是轻度残疾者，另一名是重度残疾者——的道德主张。这似乎是不妥当的，因为当我们在考虑同一个人的（预期）福祉时，"什么是'好'的"这个问题对于这个人而言是存在一个统一视角的，但对于不同个体来说就不存在这种统一视角。用约翰·罗尔斯的话说，效用主义将这些不同的个体当作同一个体在未来的各种同等可能的情况，等于是忽视了人的独立性。

举例而言，设想这样一个人，他现在身体很好，但我们知道，他不久后要么会变成一名轻度残疾者，要么会变成一名重度残疾者，这二者的概率是一样的，都是50%。

---

[1] 换而言之，同样是 50% 的概率，当且仅当我们是轻度残疾患者时，我们接受治疗获得的收益比当且仅当我们是重度残疾患者时接受治疗而获得的收益更大；相同的概率，治轻度残疾者的收益大，治重度残疾患者的收益小，所以我们选择治轻度残疾患者。——原注

让我们进一步设想，这个人能且只能接受这两种治疗中的一种，并且他倾向于接受针对轻度残疾的治疗，因为这种治疗预计会带给他相对更多的收益。如果我们让他接受针对轻度残疾的治疗，但是随后他便落下了重度残疾，我们仍然可以主张，让他接受针对轻度残疾的治疗在我们看来是给他带来最大化预期收益的做法。这似乎就可以证明，让他接受针对轻度残疾的治疗是完全合理的。然而，对于两个不同的人来说，当我们拒绝为那名状况更糟的重度残疾者提供治疗，而将治疗机会给予那名状况更好的轻度残疾者时，我们不能对那名重度残疾者说："我们这么做是为了你好。"而且，那名重度残疾者似乎有理由反问："他身体状况本来就比我好，接受治疗之后，只会比我更好；我接受了同样的治疗，能获得和他接受治疗一样的好处，而且治疗之后，我的身体状况仍然比不上（没有接受治疗的）他——在这种情况下，你们怎么能治疗他而不治疗我呢？"

这绝不只与我们就具体案例产生的道德直觉有关。它也关乎道德和中立视角的本质：如果从这一视角出发，似乎就并不存在所谓统一的（预期）福祉总量。存在的是独立的个体们，每个个体都有其自身的（预期）福祉。并且，当这些独立的个体想要争夺同一项资源时，这项资源最终分给谁不仅要取决于它能够给每个人带来多大的收益，还取决于所有个体相比于他人处境是好是坏。

辛格：我不同意。首先，我认为确实存在一个统一的视角供我们评估各类收益对不同人群而言的重要性。而且，我认为人们能够轻易理解这个视角下的观点。假设我是那个有重度残疾的人，您是那个有轻度残疾的人，如果我换位思考，站在您的角度来考虑，我是能够认识到，这唯一的治疗机会能给您带来的福祉提升比给我带来的更高，如果认为我们俩同等重要的话。

而至于您方才提到的观点，即我们应该额外重视那些处境已经较差的人的福祉增长。我向持这种观点的人提出的问题是："你们想给那些处境已经较差的人多大程度的优待呢？"您先前提到了罗尔斯——他认为我们应该给这些处境已经较差的人**彻底的**优先关照，即便一件事带来的益处再小，只要对处境已然较差的人有益，那就应该做；而即便一件事带来的益处再大，如果是只对那些过得好的人有益而无法帮助那些过得比较差的人，就仍然不该做。这个想法听上去并不讨喜；按照罗尔斯的观点，在您提出的案例中，就意味着我们得将治疗机会给予那位重度残疾者而非轻度残疾者，即使这样做只能给重度残疾者的情况带来并不显著的改善，而如果治疗轻度残疾者的话，能让其完全康复。所以按照罗尔斯的观点得出的判断一定是错误的。那么，到底我们应该给那些过得不好的人多大程度的优待呢？事实是这个程度完全是任意的，没有原则性的答案。

福尔霍夫：嗯，我认为我们必须在收益的大小和两人福祉的相对水平之间寻求某种直觉上的平衡。

辛格：我认为直觉上的平衡基本上是靠不住的。我刚才说了，您在论证当中搬出了人们某方面的直觉，而这方面直觉的成因是，人们会天然地更加关注那些过得更糟的人。而我们之所以会更加关注那些过得更糟的人，是因为我们将拥有的特定资源给予这些人，能产生最大化的效用。所以，我认为人们的直觉总体而言在现实当中是正确的，但我并不认为产生这类直觉的原因必然是您方才所说的那种更深层的考虑。

福尔霍夫：现在我想将讨论转向您对于人类与其他动物的利益的认识，以及您基于对这些利益的刻画所得出的道德结论。您认为，一种生物的利益取决于这个生物拥有的能力：如果一种生物只能感受即时的快乐与痛苦，例如对于一只鸡来说（假设鸡只有刚才所说的那种能力），那么它就应当拥有享受即时快乐和规避即时痛苦的资格，因为它拥有这项能力。然而，因为它无法理解自己持续存在于时间之中，"持续存在"这件事就并不构成鸡的利益（毕竟鸡没有一个统一的意识来意识到"活得更久"是有意义的）。相比之下，如果一种动物能对自身的持续存在产生意识，例如类人猿（至少它们看起来对此是有意识的），那么"持续存在于一个适宜的环境下"这件事就构成它的利益，因为它能因为"活得更久"而获益。最后，您认为，对于一个拥有持续性自我意识和能够理性考量自身需求的生物（例如大部分成年人类）来说，其利益取决于其自身的偏好——即在拥有充足信息的情况下，他们/它们经过慎重的考虑后决定的在生命过程中追求的事物。

在您的观点当中，有一个方面令人感到震惊：您认为一种生物的利益的唯一决定条件就是其拥有的能力；您宣称，这种生物未来可能发展出的各项能力与其利益是毫不相干的。由此可以得出，对于一名只有感受快乐和痛苦的能力，但尚无理性能力，也未能对自身的持续存在产生自我意识的新生婴孩来说，构成他/她的利益的就只有感受即时的快乐和规避即时的痛苦；他/她的自身持续存在不构成他/她的利益。因此又可以得出，对于一名新生婴孩来说，如果刚生下来就不受痛苦地被夺去生命，那就并没有对其造成伤害。进一步而言，从效用主义的角度来说，杀生这个行为是不是错的，全然取决于该行为是否造成了伤害，由此我们又可以推出，无痛苦地夺走一名新生婴孩的生命对其来说并无问题（尽管该行为可能会伤害关心这名婴孩的人，因此对于这些人来说，该行为是错的）。但这样的观点真的有可能是正确的吗？毕竟，我们在谈论要做的这些事情，关乎的可是新生婴孩，这些事情牵涉到婴孩未来的健康发展能否被保障。我们通常谈到婴孩的时候，会说他/她以后还有一个很长远的未来。那么把这种未来的可能性从婴孩那里夺走，难道不算是伤害他/她吗？

辛格：我认为，这样思考与婴孩相关的问题是可理解的，但有误导性。想生孩子的父母，自然对他们的孩子未来会成为什么样的人有所期待，自然总是希望他们的孩子能成器。但新生的婴孩毕竟还不是这样一个人；他/她只是这个未来之人的生物学基础而已。一些哲学家也提出过与您相近的说法。举例来说，唐·马奎斯（Don Marquis）就认为，堕胎和杀婴都是错误的，因为不管是胚胎还是婴孩都有一个他所谓的"有价值的未来"——如果他/她以后会有一个完整、美好的未来，那么，如果人们实施堕胎或者杀婴，他们就是在剥夺胚胎和婴孩未来生命中的价值。但是，我刚才说过，我认为不管是胚胎还是新生婴孩，在与这个问题相关的意义上，都不等同于其未来会成为的那个人。比如说，我并不认为我一生下来就是**现在的我**了；现在的我是后来才有的，是变成了现在的我的那个新生婴孩发展出了特定能力后，才存在的。

何况，如果有人因为胚胎具备所谓"有价值的未来"就认为胚胎就等于它将来会成为的人，那就会得出一些奇怪的结论。例如，设想一个具有八个细胞的试管胚胎。在这个阶段，这些细胞是全能干细胞（totipotent），如果其中的一个细胞与其余细胞分离，分离出来的任意单个细胞都有潜力发展成为一个完整的个体。现如今，我们的科技已经能够将这八个细胞全部分离为独立的细胞，把每一个被分离出来的独立细胞放进培养皿加以培养后，就可以将其分别植入女性志愿者的身体中。如果每一个细胞都等同于它在未来会变成的人，这似乎就意味着我们应该将这八个细胞全都分离，并且找到八个志愿者代孕，直到把它们分娩出来，如果不这样做的话，就意味着我们未能给予这八个细胞具有价值的未来。

福尔霍夫：我承认，想找到一个讲得通的观点来解释究竟为什么胚胎和新生婴孩的未来可能性在道德上是重要的，是有难度的。可是，您的观点也会导致充满问题的推论。设想这样一种情况，在火场中，有一名刚生下来不久就变成孤儿的婴孩（没人对他特别关心），还有两条狗，我们只能救一方，要么救新生的孤儿，要么救两条狗，没有获救的那一方就会痛苦地葬身火场。您似乎会主张，如果葬身火场对这三个生物来说是同样地痛苦，那我们就应该救那两条狗，因为救狗能防止更多的痛苦。

辛格：这我不能确定。我们是不能像这样孤立地讨论案例的。也许会有人想要关心和照顾这名孤儿，或者收养他/她，这就会让问题变得很不一样。

福尔霍夫：但如果不去考虑别人对这名孤儿的感受的话……

辛格：[顿了顿]如果不考虑别人的感受……如果我们真的假设没有任何人特别想要照顾这名孤儿，并且我们想假设这个世界有多少人，它就有多少人，那么**也许**我是会得出我们应该救狗的结论。但在这样生死攸关的场景当中，我认为，如果不救那名孤儿的话，我们在情感上是极难接受的。可以理解为什么我们会产生这样的情感。所以总体上，我的建议是我们应该尝试割舍这样的情感……虽然我并不是很想给出这个建议。但是，如果有一个人在火场中选择了救狗，并且辩解道："对于我来说，让我放弃那两条狗在情感上和让我放弃那名孤儿一样难以接受，因为我很喜欢狗。"那么我会认为，对于那个人来说，救狗就是一件可以接受的事情。

福尔霍夫：您的理论是否已经涵盖了在婴孩这个案例当中所有在道德上相关的要素，我们暂且不论，我好奇的是，您基于利益的理论是否涵盖了所有事关成人的道德相关要素。比如说，您的理论当中似乎并没有涵盖自主性（autonomy）的价值。

辛格：唔，自主性之所以有价值，是因为它能帮助你满足你的偏好。

福尔霍夫：但是，一个人可能既是自主的，同时还做出某些并未完全满足其经过思考、完全知情的偏好的行为。举例而言，一个人可能完全自主地服用致幻的蘑菇，他知道这蘑菇对自己是有害的，他只是一时兴起。而如果我们尊重他的自主性，我们似乎就不应该在此情况下去干涉和改变他的意志。所以，自主性的价值似乎不仅体现在它能够帮助人们满足自身偏好这一方面。

辛格：我并不认同您的说法。如果我们认为人们通常利用他们的自主性做一些并不利于自身福祉和未来发展的选择——如果我们是这样认为的，那这样的自主性就不是好东西，就需要被限制。所以我们会限制孩童、精神病患者等人群的自主性。

福尔霍夫：但是，似乎对于一个理性的成年人来说，他对自己的生活有着特别的责任。我们认识到了他对自己的这种责任，因此尊重他在做出只牵涉自身的决定时的意志，即使他并不总是会做出最好的决定。也正因如此，如果一个人受到的某种伤害是在他知情同意的前提下做出的选择，那么他为受到这种伤害而要求援助的权利主张，就不如他为自己在无法选择的情况下受到伤害而要求援助的权利主张那么有分量。例如，假设我们正在考虑要如何使用明年的医疗预算。我们知道，在我们所处的社区中，每一年都会有一个人因为（合法）食用致幻蘑菇而生病，还有一个人会因为先天缺陷而肾衰竭。这两个人的疾病，如果都不接受治疗的话，是一样严重的。我们现在进一步假设，我们只能买入一台医疗设备：要么买一台能够救治那名因服用致幻蘑菇而中毒的人的设备，要么买一台能够让那名肾衰竭患者接受肾移植的设备。在其他条件都相同的情况下，我们似乎应该买那台器官移植设备，因为那个因为自己的选择而受到伤害的人要求得到救治的主张没有那个无法避免受到伤害的人的主张有分量。（这并不意味着那个自愿接受伤害的人就不能要求得到救助，也不意味着他活该受罪。）您不认为人们对他们的自身福祉有这样的特别责任吗？

辛格：显然，我认为鼓励人们对自身的福祉负责是一件好事，因为如果不这样的话，人们就会伤害自己，而这种伤害就得由别人来弥补，鼓励人们对自身福祉负责，可以减轻别人弥补这类伤害的负担。并且我至少接受约翰·斯图尔特·密尔（John Stuart Mill）在其著作《论自由》（*On Liberty*）提出的一些论点，他认为，对于政府出于"为民众着想"而干涉个人生活的行为，应该予以限制。但毕竟密尔是一名效用主义者，他的论点建立在限制政府对个人判断自身利益横加干涉能带来好的结果这一基础上。然而，我并不认为这条原则是绝对的。

但除了这些基于效用主义的考量，我还想否认"选择"这个概念的一个基本作用——也就是认为一个做出了某种行为的人本来也可以做出另一种行为。而这就涉及一个在我们的对话中尚未被提及的概念,即某种深层意义上的自由意志。我对我们是否真的有自由意志表示怀疑。我的意思是,我们越是了解人类行为背后的成因,就越难相信自由意志的存在。以沃尔特·米歇尔(Walter Mischel)所做的一项著名的研究为例,在这项研究中,研究人员召集了一批四周岁的孩子,给每人发一颗棉花糖,然后告诉他们,他们可以选择现在就把这颗棉花糖吃掉,或者也可以等研究人员办完事回来后再吃,如果选择等一会儿再吃,就可以拿到两颗棉花糖。随后,每个孩子各自都被送到一间屋子里,手里拿着一颗棉花糖,独自在屋子里等最多二十分钟。有些孩子一进屋就把手里那颗棉花糖吃掉了,有些孩子则一直等到研究人员回来。在此之后,米歇尔进一步调查了这些孩子在他们十八岁时的表现。他发现,这些孩子在四岁时的表现在很大程度上能预测出他们在十八岁时的表现:比如说,那些愿意等研究人员回来的孩子,他们在学校里的表现比那些立刻就把棉花糖吃了的孩子要好很多。在我看来,这项研究的结果与您讲的那个吃毒蘑菇的案例是有紧密联系的,因为这项研究表明人们能否做出理智的决策其实依赖于外在的运气因素。对我来说,那位一时兴起吃了毒蘑菇的人,和那位患有先天性疾病的人是一样的，都只是运气不好而已。

当然，我说这些并不表明效用主义是建立在自由意志不存在的前提之上的；一个人可以既是一名效用主义者，同时也相信自由意志的存在。但我认为如果一个人不相信自由意志的话，他和效用主义会更契合。

福尔霍夫：在这次对谈的最后，我想请教您的是，人们需要依循效用主义的要求行事的原因。您先前提到过，效用主义的基础是一种对所有人一视同仁的广泛利他主义。但日常当中人们并不会对所有人都有同等的利他情感，而如果要践行效用主义的道德，似乎就得要求人们做到对所有人一视同仁。大卫·休谟（David Hume）关于人类特征的观察似乎是很正确的，他认为通常来说人们都会把自己的幸福看得比任何其他人的幸福更重，并且会把自己身边人的幸福看得比遥远的陌生人的幸福要更重。即使对于您这样的效用主义者来说，您的行为似乎也印证了休谟的观点是正确的：尽管您是一名素食主义者，并且您也将您的很大一部分收入捐给了慈善基金会，但和我们绝大多数人一样，您也没有做到效用主义所要求的全部。我们真的能受到激发、从效用主义的角度行事吗？

辛格：您说的对，很少有人甚至没有人对所有生灵的利益的关心能强烈到成为影响我们行为的主导因素。但我认为这种关心是可以培养的，它的激发力也是可以增强的。当我们让人们关心世界上那些本可被避免的苦难时，我们就培养了这种关心，增强了它的激发力。在我们的人性中存在着某种东西，能够在单纯地意识到世界上有和我们一样的人类正在受苦时做出反应。

然而，我并不认为必须认可效用主义、从效用主义的角度出发去行事，才算是合乎理性的——这种角度被效用主义哲学家亨利·西季威克（Henry Sidgwick）称作"统观全局的角度"（the point of view of the universe）。我也认同西季威克的另一种说法，即相比陌生人的利益，更看重自身的和身边之人的利益，也是合乎理性的。（而这并不是说从道德角度出发去行事就是不理性的，因为合乎理性的行事方式不止一种。）

但是，即使道德考量不一定高于非道德考量，我认为这两种考量不一定总是对立的。因为我们的心理就是这样，当我们不只是关注自身的幸福和自我实现时，我们往往会活得更加开心与充实。这就是古老的"享乐主义悖论"（paradox of hedonism）：如果想要拥有快乐的一生，通常而言你需要在意自身快乐以外的事物。其中就包括，你可以去在意如何减少世界上的苦难，以及如何增进别人的福祉。我在《生命，如何作答》（*How Are We to Live?: Ethics in an Age of Self-Interest*）这本书中就写过，我认为，将注意力聚焦在善待动物、减轻普遍存在的营养不良、减少本可以轻易治好的疾病导致的死亡等问题，是让我们觉得人生有意义的一个很好的方式。这是因为，通常来说，你越去思考这些事情的价值，你就越会发现它们真的很有价值。我认为这一点放在很多别的事情上并非总是真谛，例如赶时髦或者是开一辆更好的车，你可以就这些事逐一拷问自己，从一个更加普遍和中立的视角审视它们，拷问它们是否真的那么重要。我的意思是，如果你一开始是从纯粹的个人目标出发对自己说："我真正想要的就是充满快乐的，能开上跑车的生活。"那你可以反思一下这一点，问问自己，这些东西是否真的有价值，自己一生都执着于这些东西是否真的有任何意义。如果我们这样做了，部分由于我们有从客观中立的角度出发去看待事物的能力，对于这些灵魂拷问，通常来说我们的答案会是："不，没有。"与之相反，如果你选择一生都从事社会活动，你就可以对自己说："我已经为一个更美好的世界尽了自己的一份力。"

所以我认为，我们的自我反思程度还不够，所以我们才常常追求那些自认为有趣和有意义、实际并没有的事物。我还认为，如果我们选择过道德的一生，将一生奉献给某些重要的事业，我们这一生也就圆满了。然而，还是有很多人对我说："我真正在乎的群体很小，就只有我的家人和朋友，以及我的足球俱乐部。"而且确实是这样，这是他们反思过后说的。所以尽管道德生活是一种达成完满的方式，它当然不是唯一的方式。当然，道德生活有时也会令人非常沮丧，因为一旦你从客观中立的角度出发看问题，你就会发现要做的事太多了。所以我认为，"过道德的一生符合我们的利益"这个观念，它的论据并没有像我希望的那样坚实有力。

福尔霍夫： 正如您所说，通常来说，与我们所爱的人之间的亲密关系往往是使我们的生命变得有意义的构成之一。但拥有这类亲密关系就意味着我们不能做到客观中立，而这似乎与效用主义是不兼容的——那么亲密关系在一个认真的效用主义者的生活中可以拥有一席之地吗？

辛格： 我们的幸福与快乐中的很大一部分必定来源于亲密的、充满爱的关系，这一点我同意。心理学的研究已然表明，这种良好的关系是人们满足感的主要来源。人类就是这样一种生物；如果缺了这类关系，我们是没法生活的。但是，如果有人认为道德和人性中的某些元素相冲突，我觉得也并不奇怪。康德就认为，道德是我们的理性本质对于我们经验性和欲望性本质的反抗。我不想把问题思考得那么深，因为我认为道德与对特定关系的需求之间并不一定总是存在深层的冲突。既然这类关系对于人类福祉有益，我们就有道德上的理由去培养这类关系。而且我认为，如果处在这种关系中的人们能尊重各自相信的价值，认识到各自的自尊与其所认定的值得追求的事物紧密相关，这种关系就会更加坚固。但康德说的确实有一定道理。我会认为，我们的理性本质使我们能够意识到，我们与他人没有什么不同；意识到，从客观中立的角度出发，没有理由把我们自身和与我们亲近的人不那么重要的利益，看得比陌生人更重要的利益还重。但亲密关系要求的就是，你要更看重与你亲近的人的利益。所以当然，这两者之间是存在冲突的。

参考文献与扩展阅读

彼得·辛格在伦理学理论、生命伦理学以及应用伦理学等领域著作颇多，他还为一些思想史上的重要人物及其思想写过介绍。在他的著作当中，最为著名的有《动物解放》（New York: Random House, 2nd edn 1990）、《实践伦理学》（Cambridge: Cambridge University Press, 2nd edn 1993）、《生命，如何作答》（Oxford: Oxford University Press, 1997）以及《反思生与死》（Oxford: Oxford University Press, 1995）。他有一本文集《伦理生活文集》（New York: Ecco, 2000）。在《你可以拯救的生命》（*The Life You Can Save*, New York: Random House, 2009）这本书中，他展开了他的观点，即我们有义务帮助世界各国的贫困人口。如果想要进一步了解辛格的观点，可以从这两本书开始：《辛格及其批评者》（*Singer and His Critics*, ed. Dale Jamieson, Oxford: Blackwell, 1999）和《彼得·辛格被集火攻击》（Peter Singer Under Fire, ed. Jeffrey Schaler, Chicago: Open Court, 2009）。关于辛格对直觉在道德理论中的运用的批评，可见《西季威克与反思性平衡》（'Sidgwick and Reflective Equilibrium', *The Monist* 58［1974］: 490–517）和《伦理学与直觉》（'Ethics and Intuitions', *Journal of Ethics* 9［2005］: 331–352）。

效用主义不尊重个人的独立性这一有力论述是由约翰·罗尔斯在《正义论》提出的，见该书第五章、第六章与第三十章。如果想要进一步了解个人独立性在道德理论中的应用，见托马斯·内格尔《平等》('Equality', *Mortal Questions*, Cambridge: Cambridge University Press, 1979: 106−127）以及迈克尔·大冢和亚历克斯·福尔霍夫合写的文章《为何一些人比另一些人处境更糟是事关紧要的》('Why it Matters that Some are Worse Off than Others', *Philosophy and Public Affairs* 37［2009］: 171−199)。辛格提到的模型"无知之幕"是由夏仙义（John Harsanyi）首先提出的，见他的文章《福利经济学中的基数效用和风险承担理论》('Cardinal Utility in Welfare Economics and the Theory of Risk-taking', *Journal of Political Economy* 61［1953］: 434−435)。还可参见他的《理性行为与博弈和社会状况之中的商讨均衡》(*Rational Behaviour and Bargaining Equilibrium in Games and Social Situations*, Cambridge: Cambridge University Press, 1977)，第四章。在《正义论》的第三章，罗尔斯提出了一个不同版本的"无知之幕"。若想进一步了解关于这一概念的讨论，可参见该书第六章。

辛格关于新生儿的利益和应当允许杀婴行为的观点借鉴了迈克尔·托雷（Michael Tooley）的《堕胎与杀婴》('Abortion and Infanticide', *Philosophy and Public Affairs II*［1972］: 37−65)。辛格也提到了唐·马奎斯关于堕胎的相反观点，见其文章《为什么堕胎是不道德的》('Why Abortion is Immoral', *Journal of Philosophy* 86［1989］: 183−202)。关于辛格的作品是如何被残障人士回应的，参见哈丽雅特·麦克布赖德·约翰逊（Harriet McBryde Johnson）的文章《难以言表的对话》('Unspeakable Conversations', *New York Times*, 13 February 2003)。

"棉花糖测试"见于尚田（Y. Shoda）、米舍尔（W. Mischel）和皮克（P. K. Peake）的文章《从学龄前延迟满足预测青少年的认知和自我调节能力》('Predicting Adolescent Cognitive and Self-regulatory Competencies from Preschool Delay of Gratification', *Developmental Psychology* 26［1990］: 978−986)。休谟在《人性论》(*Treatise of Human Nature*, ed. P. H. Nidditch, Oxford: Oxford University Press, 1978）中讨论了利他动机，见第三卷第二部分第二节。西季威克在《伦理学方法》(*The Methods of Ethics*, Indianapolis: Hackett, 1981）第二卷第五章讨论了必须做道德的人的原因及其与利己的行为理由冲突的原因。

丹尼尔·卡尼曼
我们能信任自己的直觉吗？

丹尼尔·卡尼曼是当今世界研究人的认知能力局限会如何影响人的判断方式的佼佼者。自 1960 年代末以来，他的研究便聚焦于人的直觉判断，其中大部分工作都是与已故的阿莫斯·特沃斯基（Amos Tversky，1937—1996）紧密合作的。在研究这类判断时，卡尼曼和特沃斯基钟爱的方法之一是就各种案例向被试者询问相对简单的问题。其中一个案例就是著名的"琳达案例"，被试者先是被告知关于案例主角的描述：

> 琳达是一名 31 岁的单身女性，性格坦率，非常聪明。她主修哲学。在学生时代，她深切关注歧视和社会正义问题，并参加过反核示威。

随后，研究人员给被试者一张列有八个选项的清单，这些选项描述了琳达现今的就业和活动情况。在一系列可能的就业选项中（如小学老师、精神科社工等），包含了下列两种描述："琳达是一名银行柜员"，以及"琳达是一名热衷于参加女性主义活动的银行柜员"。接着，研究人员让被试者自行判断这些描述为真的概率，并依据概率大小对这些描述进行排序。大多数被试者的回答都是"琳达是一名银行柜员"的概率要低于"琳达是一名热衷于参加女性主义活动的银行柜员"。这是一个明显的错误，因为琳达同时具备属性 X 和 Y 的概率不可能高于她具备属性 X 的概率。对于大多数被试者犯下的这个错误，卡尼曼的解释是：被试者隐隐地在用一种摸索式（heuristic）的方法，一种思维捷径，来完成自己的判断。在这个案例中，被试者使用的具体摸索式方法是将问题所针对的属性（描述为真的相对概率）替换为一种更容易被想到的属性（描述与琳达的介绍的相似性）。换言之，被试者是依据琳达现今工作状况的描述与琳达的介绍之间的相似程度，来快速判断该描述为真的概率。

这个琳达案例说明了关于直觉判断的几个方面：直觉判断通常不怎么需要动脑筋就会迅速自动地出现在脑海之中，并且即使在面对与直觉相冲突的证据时，也很难被控制或修改。（生物学家斯蒂芬·杰·古尔德［Stephen Jay Gould］就琳达案例写道："我知道［正确答案］，但有个小人一直在我脑子里上蹿下跳，对我喊道：'但她不可能只是一个银行柜员，看看她的介绍啊！'"）此外，尽管产生这种直觉判断的摸索式方法一般可能是有用的——能节省我们大脑有限的计算时间和能力——但也可能让我们误入歧途。

著名的是，卡尼曼和特沃斯基还注意到人的直觉判断可能不符合理性原则的另一种情况：如果对各种情况的描述做一些无关紧要的改变，可能也会引发直觉判断的改变，因为每一种描述都会引出对于各种情况的不同直觉心理表征。一个例子是他们所用的"传染病案例"（Asian Disease Case）：

> 假设美国正在准备应对一种罕见传染病的爆发，这种疾病预计会导致 600 人的死亡。人们提出了两种不同方案来应对这种疾病。假设对这两种方案各自导出的结果的准确科学测算如下：
>
> 如果实施方案 A，200 人将得救。
>
> 如果实施方案 B，有三分之一的概率这 600 人都能得救，三分之二的概率没人能得救。
>
> 你会支持上述哪种方案？

面对这样的问题,绝大多数被试者都支持实施方案A。而另一批被试者,给他们的那段背景介绍是完全一样的,但选项描述不同:

如果实施方案 A*,400 人将会死亡。
如果实施方案 B*,有三分之一的概率所有人都不会死,余下三分之二的概率是这 600 人全部死亡。

当给出的是上述这两种选项,大多数被试者都支持实施方案 B*。当然,方案 A 和 A* 在结果上是一模一样的,方案 B 和 B* 在结果上也是一模一样的。尽管如此,当选项描述将重点放在得救的生命而非死亡的生命时,被试者会明显更倾向于选择 200 人确定会得救而余下 400 人确定会死亡的方案,而不是另一种更具风险的方案。

卡尼曼和特沃斯基对上述行为模式的成因给出了这样的解释:人们的直觉倾向于将各样的结果基于他们脑海中想象出的一条基准用"收益"或"损失"来代表,并根据这些结果最后是被划归为"收益"还是"损失"而采用相应的不同决策规则。这个传染病问题的第一种描述将被试者的注意力引向了得救的生命上,而这会引起"收益"印象的产生,相对于所有人都死亡的基准线。该问题的第二种描述将被试者的注意力引向失去的生命上,而这会引起"损失"

印象的产生，相对于所有人都活下来的基准线。在考虑"**收益**"的时候，人们通常是**风险厌恶型**（risk-averse）的：他们往往会选择确定能挽救一定数量的生命的选项，而不是进行了加权概率求和后总体收益一致但是有风险的选项。这就使得能确定挽救 200 人生命的方案 A 相比于有三分之一的概率挽救 600 人生命而有三分之二的概率根本挽救不了任何生命的方案 B 更有吸引力。（方案 B 中加权概率求和后能挽救的生命共有 $1/3 \times 600 + 2/3 \times 0 = 200$ 人，这就等于 A 方案中确定能挽救的生命。）然而，在考虑"**损失**"的时候，人们通常是**风险爱好型**（risk-seeking）的：为了避免某种损失，他们往往选择那个相对更具风险的方案，即使这个方案在加权概率求和后会损失的生命和另一个更具确定性的方案中会损失的生命是一样的。这就使得像方案 B* 这样，有三分之一的概率无人死亡而有三分之二的概率 600 人死亡的方案，比有 400 人确定会死亡的方案 A* 更有吸引力。卡尼曼和特沃斯基将这种人的偏好差异称为"构造效应"（framing effect）：用不同的方式呈现和构造同一决策问题，会让人们产生不同的反应，尽管按照理性来说应该给出相同的反应模式。

卡尼曼和特沃斯基对于各种摸索式方法和"构造效应"的研究，以及关于人们在风险处境中会如何做选择的创新理论，催生了一个心理学与经济学的庞大研究项目，也让卡尼曼获得了 2002 年的诺贝尔经济学奖。自 20 世纪 80 年代中期以来，卡尼曼和别的学者们也研究了道德判断中摸索式方法的使用和"构造效应"的存在。这项研究和道德理论是紧密相关的，因为探讨道德问题的一个常见程序是采用反思性平衡（reflective equilibrium）的方法，这涉及在我们从具体案例中产生的直觉判断与我们认为统摄了这些直觉的原则之间来回思索，必要时去修正这些元素中的任意一项，以使得它们之间达到一种我们可以接受的融贯性。当我们从案例中产生的直觉判断和道德原则相一致，并且其中的一些判断和原则支持或者很好地解释了其他判断和原则时，我们就达到了反思性平衡。对于采用这种反思性平衡方法的人来说，找出这些从案例中产生的直觉判断什么时候容易出错，以及如果它们容易出错，我们怎样才能纠正这些错误，显然是非常重要的。

2006 年 9 月，我与卡尼曼在伦敦会面，探讨这些问题。我立刻就被他的活力和他在谈到他的研究时那种兴奋感所打动。我们约好在一个举办于伦敦市中心的智库研讨会结束后见面，研讨会在下午进行，但比预计结束得晚了些。大部分参会者从拥挤而令人窒息的房间里挤出来，看上去筋疲力尽，但卡尼曼出现的时候却显得步伐轻松，足下生风。我们穿过科文特花园，朝我在伦敦政经学院的办公室走去，一路上他热情洋溢地谈及他早些时候与一位名叫贝内德托·德·马蒂诺（Benedetto De Martino）的博士生在附近影像神经科学系欢迎仪式上的会面。德·马蒂诺研究了人们在做选择时大脑的活跃区域。他发现，对于那些非常容易受到那种收益/损失的"构造效应"影响的被试者，他们大脑中与情绪处理相关的部分（即杏仁核）会更加活跃；而对于那些不太容易受到"构造效应"影响的被试者，他们大脑中与分析处理相关的部分（前额叶皮层的区域）会更加活跃。因此，德·马蒂诺的这项研究为如下观点提供了一些支持：卡尼曼和特沃斯基揭示的直觉判断过程是在大脑中一个独特的部分运作和发生的，除非这个判断被进一步的仔细推理所推翻。我们正要穿过宽阔而热闹的金士道时，卡尼曼向我解释着他为德·马蒂诺就其后续研究方向提供的建议。在人行横道的中间，他突然停了下来，没注意到向他驶来的车辆，大叫道："该死！我给他提的建议错了，我必须立刻给他发邮件！"几分钟后，卡尼曼火急火燎地写好了一封简短的邮件，发给了德·马蒂诺，我开始了与卡尼曼的访谈。头一个问题是：他是怎么对道德问题产生兴趣的。

*

卡尼曼：我年少的时候对哲学问题很感兴趣——上

帝存在的问题，为什么不能去做人们认为是错误的事情。但我很早就发现，相比于人们相信的事物本身的正确性，是什么导致人们相信了他们所相信的事物，才是让我更感兴趣的问题。比如说，相比于上帝是否真的存在，我对是什么导致了人们相信上帝这个问题更感兴趣，所以相比于道德哲学本身，我更专注于研究人们道德直觉的来源。

福尔霍夫："直觉"是一个很模糊的词汇，您会怎么定义它？

卡尼曼：我对于"直觉"这个词的使用也不总是一以贯之的。我第一次在出版物中使用到这个词是在我与阿莫斯·特沃斯基合作的一篇关于"小数定律"（The Law of Small Numbers）的论文中。[1] 在那篇论文中我们写道，"大数定律不是人类直觉的一部分。"我们在那篇论文中提到的直觉是指一个第三方观察者对于一个个体在具体案例中做出判断时看上去遵循的规则的描述性概括。并且这个由第三方观察者做出的描述可以是准确的，即使这个做出判

---

[1] 这里首先需要解释一个概念：大数定律（The Law of Large Numbers）。它指的是对于一个具备有限期望值的独立同分布随机变量样本，这些观察值的平均值将接近并最终逼近期望值。这里的"期望值"（Expected value）不是日常英语中所说的意思。它的意思是所有可能的值乘上它们各自发生的概率，进行加总后所得出的结果。比如说，如果一个人掷一枚标准的骰子，那么最终结果的期望值就是 (1+2+3+4+5+6)/6 = 3.5。大数定律的预测是，当掷骰子的次数逐渐变多时，掷出来的平均值会稳定在期望值（3.5）左右。而**小数定律**则是一种将小样本视为大样本的心理倾向。—— 原注

断的个体本人考虑了这条规则后可能会否认自己践行的是这条规则。

我还用"直觉"这个词描述过直觉**系统**，意思是我们产生直觉判断的方式。这个系统的运行通常是自发、快速、不费力、联想式的，并且经常是情绪化的。通常来说，我们做出直觉判断的时候是不会进行自省与反思的，并且这类判断很难被控制和改变。这种直觉系统会自发产生无意识的印象，就像感知一样。直觉判断在不经过理性系统的修改下直接反映这些印象。理性系统的运作方式和直觉系统很不一样，它是一步一步来的，速度缓慢，需要花费精力，更有可能被意识所控制，并且是灵活的。

福尔霍夫：您说的直觉判断，即直觉系统的产物，和哲学家们用来建立以及测试道德理论的、从具体案例中所产生的判断，好像不太一样，尽管后者有时也被哲学家们称为"直觉"。哲学家们对直觉这个概念的认识通常是：反思型案例判断（considered case judgements），即在反思了具体案例以及我们做出判断的理由后所达成的判断，而您所说的那种直觉判断似乎并不涉及我所说的这种程度的反思。也许我们所说的两种直觉判断之间的关系是这样的：哲学家们从一个基于案例的、快速并自发产生于脑海中的判断开始，这种判断可能是充斥着情绪的——也就是您所说的直觉判断。随后，哲学家们会对这种判断进行检验，看看能不能找到合适的理由将它们判定为不可靠的或带有偏见的。如果没有找到这样的理由，那这个判断就会被推定为一个有效的针对具体案例的判断。而后，哲学家们会试图找出一些原则来解释这个判断，其中的一种方法是去进一步思考人们在面对特定问题后做出该判断的原因。在运用这种思考方式的学者中，弗朗西斯·卡姆是其中的代表人物，我之前和她对谈过，她是这样描述她的方法的：

> 如果我没有在视觉上经历一个道德情景的话，我就没法就其做出深思熟虑的判断。我必须运用开放的想象力，设想自己身处某个具体的情境中。这就像是摒除任何前见地去观看某事物一样。你必须全神贯注，然后各种东西就会蹦到你面前。首先你可能只会有一个直觉判断，看看在某个想象的情境中你到底会怎么做。然后你就会琢磨，"我为什么会得出这个结论呢？"然后你内心的眼睛就会聚焦到那个促使你做出这个判断的因素上。

您对于这种产生反思型案例判断的方法有何看法？

卡尼曼：嗯，确实存在这样一种非常有意思的差异，心理学家会这么想，哲学家则会那样想，而且这和哲学家能知道自己为何会得出这个结论有极大的关系。心理学分析中的一个基础假设是你会在一个给定的情境中先产生一个判断。接着当你在问自己为何会产生这个判断时，你会给出一种解释。但你给出的这个解释并不一定就是产生那个直觉判断的原因，因为往往你并不会知晓真正让你产生这个判断的原因。此外，卡姆在她的研究中似乎预设了引起她直觉判断的原因是认识到了某种被当作理由的东西。但这不见得一定是正确的。举例来说，心理学家戴尔·米勒（Dale Miller）和凯茜·麦克法兰（Cathy McFarland）做过一项研究，有一名男子在一起杂货店抢劫案中手臂不幸中枪，米勒和麦克法兰让一批被试者为这名男子决定适当的赔偿金额。其中一批被试者得到的信息是：这起抢劫案发生在受害者常去的 A 商店；另一批被试者得到的信息是：这起抢劫案发生在受害者那天首次光顾的 B 商店，因为他常去的 A 商店那天刚好不营业。第二种信息更令人心酸，因为相比于经常会发生的事件，对于偶发事件，人们更容易去想象它没有发生的情况。这两种信息在两批被试者身上引起了不同程度的悲伤情绪，导致他们定出的赔偿金额中位数相差了 10 万美元，所以悲伤情绪的程度显然是决定赔偿金额大小的原因。然而后续研究表明，被试者们并不认为，在这个案例中悲伤的程度是决定更高赔偿金额的一个好理由。所以我会非常明确地将卡姆所述的方法分成不同的阶段：在第一阶段，她明确了她将做出何种行动；在第二阶段，她深入思考了她这样做的原因，得出了一个理由。她思考后得出的那个理由，至少可能，并不是她做出判断的真正原因。

您知道，许多心理学家认为意识就是我们编织的关于我们自己的故事。并且在很多情况下，这个故事和现实是不相符合的。我的意思是，我们可以很轻易地创造一些情景，在这些情景中您会很清楚地知道这情景给出的故事并不是真的。我给您举个例子强调一下这个观点，有这么一类催眠后暗示（post-hypnotic suggestion）的实验，研究人员告诉被试者："我一拍手，你就起身下床，把窗户打开。"等到被试者醒来后，研究人员拍了拍手，被试者就起身下床并把窗户打开了。如果我们去问被试者："您为什么要打开窗户呢？"他会做出类似这样的回答："因为这个房间让我感到很温暖。"

福尔霍夫：但像这样的催眠案例仅仅是因为病理性的原因导致的吧？

卡尼曼：不，这类案例是最好的例证！它们厉害的地方在于：你清楚地知道被试者行为的动因。他们行为的动因是他们被给予了特定的指令，而后有人拍了拍手。但被试者关于自己为什么会做出这样的行为有着一套完全不同的体验。不仅如此，人们对于自己这样的行为总能给出一个理由。他们可以被催眠后暗示驱使着去做极其荒唐的事情。然而，当他们在做这些事情的时候，他们好像觉得自己的行为是有道理的。我从这类例子中得出的结论是，我们尝试为自己的直觉判断找出相应的原因，和这些直觉判断的产生，是两种非常不同的认知活动。这就引出了我与弗朗西斯·卡姆的核心分歧。对于我来说，她对于自己所述方法的信心，就和那些催眠后的被试者们声称自己知道为什么会打开窗户时的信心非常之像。

福尔霍夫：但像这类的催眠案例充其量仍然只能表明，我们不能总是相信我们对自身行为和直觉判断成因做出的内省判断；可这并不意味着我们永远都不能相信这类内省判断。并且卡姆等学者使用的那种方法不只是在一个个孤立案例中做出的关于直觉判断成因的简单内省判断。使用这种方法的哲学家会进一步思考，他们在一个具体案例中给出某种直觉判断的理由，是否也决定了他们在别的案例中的直觉判断。

卡尼曼：但这就会引出另一个方法论问题。有这样两种思考案例的不同方法，我称之为"单体被试者"（within-subject）方法和"群体被试者"（between-subject）方法。前者是指，针对单个具体的被试者，记录下她在考虑多种有所差异的案例时产生的直觉。后者是指，对于多个不同的被试者，记录下她们在考虑同一个案例时各自产生的直觉反应，并不涉及与其他案例的明确对比。这两种不同的方法可以让被试者们在对相同的案例进行思考后产生差异极大的直觉判断。所以，既然道德哲学的目标是找到可以适用于不同案例的同一原则，那道德哲学因其本质就只能适用"单体被试者"的方法。这就意味着，一位道德哲学家总是会对至少两个或两个以上的案例进行思考，并对多个案例之间的差异，以及这些差异是否会影响到她的反应产生直觉。所以，我认为这是道德哲学研究的一大局限性，因为人们在日常生活中每次只会碰到单个问题，所以她们的直觉也是针对这些每次只单个出现的问题的。而道德哲学家们的立场会妨碍她自己弄明白日常生活中的人们的道德直觉。也正因为此，群体被试者方法因为研究的是不同群体的被试者对于不同案例的看法，所以是更好的方法。

福尔霍夫：这就很有趣了……我想我明白了，人们对于同一案例会产生的反应取决于这个案例是被构造成"收益型"还是"损失型"——就像在那个传染病案例里——这种反应上的不同只可能出现在使用"群体被试者"方法的实验中。您能否再讲一讲这两种方法导致被试者做出不同判断的其他案例？

卡尼曼：我再给您举两个例子。第一个例子是我先前提到的，被试者在杂货店抢劫案这个情景中产生的直觉判断。这种直觉判断揭示出，受试者的痛心程度对受害者所能获得的经济赔偿的影响,只能用"群体被试者"方法来引发。因为如果单个被试者把两种情景放在一起考虑,受害者是否是在经常光顾的杂货店遭遇的枪击,就会显得无关紧要,所以也就不会影响到最终定出的赔偿金额。第二个例子来自我与卡斯·桑斯坦(Cass Sunstein)、戴维·施凯德(David Schkade)还有伊拉娜·里托夫(Ilana Ritov)共同开展的研究。我们让被试者思考,怎样惩罚商业欺诈行为较为合适,发现人们单独考量商业欺诈行为时所定出的惩罚力度,和他们在对比了商业欺诈行为与人身伤害等其他恶行后所定出的惩罚力度,是大相径庭的。我们对此的猜想是,针对一种行为的愤慨情绪会显著增进人们认为该行为应受处罚的程度。当人们单独考量某一例商业欺诈时,他们会在心里把这一例商业欺诈与其他商业欺诈案例做比较,所以他们的愤慨程度取决于这个行为相比于其他商业欺诈行为来说有多过分。因此,如果商业欺诈行为极其过分,他们就会认为应该严厉处罚。然而,当人们把商业欺诈行为和某类不同的恶行,例如人身伤害,拿来做比较的话,被用于比较的恶行种类也就因此会影响人们的判断。因为人身伤害一般被认为比商业欺诈更恶劣,这就导致同一例商业欺诈行为在经过与人身伤害的比较后显得不那么应该遭受严重的处罚了。

福尔霍夫: 但您所说的这些案例似乎都是在**证实**而非

动摇哲学家们采用的"单体被试者"方法。因为在这些案例中，采用"单体被试者"的方法来让单个被试者同时考量多个案例，似乎能够避免我们对每个案例都唯独只考虑它本身时会犯的错误。

卡尼曼：嗯，一定程度上我是同意的。在我与桑斯坦、施凯德和里托夫共同撰写的论文中，我们确实尝试论证了"单体被试者"方法的优势，即相比于考量单个孤立的案例，"单体被试者"方法往往更有可能帮助我们建立一个一以贯之的世界观，尽管这种方法并不总是奏效。但当我们在思考政策问题、思考应该向人们推行何种道德法则时，我们就要意识到他们会碰到类似"群体被试者"实验中那些被试者碰到的体验，仅仅考虑单个孤立案例。我们在同时考虑多种案例时所发现的无法忽视的道德问题，可能是只考虑孤立案例的人们完全不关心的，因而我们希望推行的法则与规则，在他们看来可能是无关紧要的。我认为这里存在一个真正意义上的困境，即我们既要推行融贯一致的规则，又不能向人们强加违反他们自身判断的原则。我们三个人的那篇论文提出了一个解决方案，部分程度上同时满足了这两种互相冲突的要求。我们的建议是先测量人们在孤立地只考虑某一项恶行时产生的愤慨情绪，然后将测量出的愤慨情绪当作决定惩罚力度的因素之一。我们不推荐像某些陪审团审判那样，仅凭借愤慨情绪来决定惩罚力度。我们认为，一项公共政策如果仅仅反映了民众情绪，那它就是荒谬的，但一项政策如果不关心民众情绪，是无法被他们接受的。所以公共政策应该将民众的情绪因素纳入考量，但不应该被其主导。我们能做到的就是这样的程度。这不是唯一的解决之道，但它认识到，针对具体案例的道德直觉既不能被完全相信，也不能被完全忽视。

福尔霍夫：您提出的这项解决方案似乎是将人们的直觉与判断视为直接给定的，但其实它们并不是这样。您也说了，诸如愤慨这样的道德情感是会随着人们的判断而改变的；我们愤慨的程度取决于我们对一种行为的恶劣程度的判断。所以如果人们的愤慨之感是基于对罪行恶劣程度的错误判断，那这个错误的判断就需要被纠正而不是接纳。

卡尼曼：我认为您说的这点非常棒，我也认为直觉在某种程度上是可塑的，在某些情况下是可以被后天教育改变的。我来举一个很好的例子。我们之前在加拿大的时候做了一项调查，我们发现当地有一种情况让人们感到很不适：人们购买的交通意外险费率取决于他们住在哪里，如果他们住的地方交通事故多发，他们所需支付的保险费率也就更高。人们起初认为这简直没有天理，因为他们认为保险费率应该只取决于司机的行为。但你可以通过教育来让人们认识到，这个直觉判断是错误的，让人们认识到他们应当支付的保险费率是与他们自己碰上交通事故的概率成正比的，即便这事故不是由他们自身造成的，并且还可以让他们认识到，他们住在哪儿决定了他们碰上交通事故的概率。但不是所有直觉判断都可以通过这种方式来改变。

福尔霍夫：您能不能举一个例子，说明我们的直觉不一定会随着我们的反思而改变？

卡尼曼：我就举道德哲学家们最爱的那对例子，电车难题。[1]在桥上站着一个大个子的那个案例中，我认为人们的直觉显然是遵循了这样一条法则：对于无辜的人施以直接的人身暴力是不可接受的，并且这个暴力越是直接针对人身，就越不可被接受。那么，经过反思后，这条法则似乎并不怎么好——因为它似乎并没有点出一个具道德

---

[1] 在岔路问题中，一辆无人驾驶的失控电车正沿着一条轨道冲向五个被卡在轨道上无法脱身的人，眼看着就要撞死他们。救这五个人的唯一办法是扳动一个道岔，将这辆电车引到一条通往死路的岔路上去，如果这样做，在岔路上的另一个人则会被撞死。绝大多数人在直觉上会认为将这辆电车引到岔路上是可以允许的，有些人甚至会认为我们有义务扳动这个道岔。而桥上问题与之不同，救这五个人的唯一办法是将一位大个子旁观者从桥上推下去，摔到轨道上，这个人足够沉，可以让车在撞到他以后停下来，那五个人就会活下来，但这个大个子旁观者则会被撞死。在这个案例中，绝大多数人凭直觉会认为，将这个大个子旁观者推下桥是不能允许的。这一对案例呈现出的直觉判断需要解释，因为不管是扳动道岔还是把旁观者推下去，都是杀死了一个人、救了五个人。——原注

意义的因素。但如果我们将其应用于一个个的案例，它在每个案例里都会发挥很大的影响力。您（或至少我本人）可能会责怪某个人没有将电车引到岔路上，但我想象不到有谁会责怪某个人没有把胖子推下去挡住电车。

福尔霍夫：如果大个子的这个案例是以传统的形式呈现的，我同意有害的直接物理接触也许会对人们形成把他推下去是错误的直觉判断产生一定作用。但我的猜测是，即使这个案例被描述为人们不得不扳动操纵杆来打开一扇活板门，从而让大个子掉到电车的轨道上，人们仍然会维持用大个子来停住电车是错误的判断。因此，我们对这两个形成鲜明对比的电车案例各自的判断似乎能被如下的一般性原则更好地解释：尽管为了追求更大的善而产生小一些的恶作为副作用也许可被允许（正如人们把电车转移到岔道上杀死那一个人所做的那样），以伤害性的方式将某人作为实现更大的善的工具是不能被允许的（正如人们用那位大个子来挡住电车所做的那样）。像这样的原则似乎比您所引用的"不要对无辜者造成直接的身体暴力"原则更有道理，因为我所说的这个原则内含了一个重要的道德观念：大体而言，在没有取得他们同意的情况下，无辜者不能以伤害他们的方式被当作实现别人目的的工具。

卡尼曼：我对于用这个观念来解释与正当化这个直觉判断的潜力表示怀疑。不愿大个子推下去，和对于因果的直觉有关——如果你把他推下去，你会感觉自己对于他的死亡起到了更直接的因果作用，或者是你扳动操纵杆让他朝着电车移动，相较于扳动操纵杆使得电车朝着他移动，对他的死亡起到了更直接的作用。当你将后面这个案例中那一个人的死亡称作一种无意为之的副作用时，你利用了某种关于因果性的直觉，而我并不觉得这在道德上有说服力。因此，我发觉自己很难相信这两个案例在道德上有区别。然而，既然那个大个子的案例唤起了某种极其强烈的直觉，你不应该有一条对其有所忽视的原则。这是在说，如果任何人有一套能够容忍将旁观者推下去救那五个人的体系，那么这个体系就是不可行的，也是不可被接受的。因为把他推下去就是让人极度无法容忍。当我这么说的时候，我并非在陈述一种道德知识，我仅仅在给出一条在社会学和心理学意义上的预测。

福尔霍夫：唔，在现实中——在找到一个人们都能接受并遵守的法则的意义上——怎样的方式会"奏效"是一个实用主义的问题。但我感兴趣的问题是，用大个子旁观者来救那五个人是否**真的**在道德上可以允许，以及我能否说服其他人接受我的观点。您在这里似乎认为，不存在一个正当的理由来解释人们对该案例的直觉判断，即认为以伤害大个子旁观者的方式将他作为工具来利用是不可允许的。您似乎也认为，桥上问题（将大个子旁观者推下去使电车停住）和岔路问题（将电车引到岔路上撞死那一个人）在道理上是别无二致的，因为两个案例中都是牺牲一个人的生命来救五个人。如果您也认为，我们在岔路问题中应该将电车引到岔路上是因为这样在结果上是更好的，那么我认为您应该直接改变您认为的在桥上问题中将大个子旁观者推下去是不可接受的这一判断。今后您若是碰见了像桥上问题那样的案例，您应该告诉自己："我应该克服自己非理性的抵触情绪，把这个大个子旁观者给推下去。"

卡尼曼：我认为这个说法是不可信的。我认为像后果主义这样告诉我们永远要追求最优结果的抽象理论，还不如我对具体案例的直觉有说服力。对我来说，后果主义只是一个说法罢了，尽管有些漏洞，但是个挺棒的说法。可这种说法并没有我们对具体案例的强烈直觉那样有力。

福尔霍夫：但与此同时，您也相信如果我们发现自己最初的道德直觉源于一些与道德无关的因素，就像在杂货店抢劫案那个案例中那样，我们是有动力抛弃最初的道德直觉的；或者当我们意识到自己的判断基于的是对相关信息不够充分的考量时，我们也会有这样的动力，就像在商业欺诈与人身伤害的案例中，以及交通意外保险的案例中那样。所以您也认同，人是有能力在反思性平衡的过程中改变针对具体案例的直觉判断的，至少在特定案例中是有能力的。那为何您认为在电车问题的案例中，人无法改变直觉？

卡尼曼：我并不否认我们应当尽力去达到反思性平衡。但我们是在我们的基本直觉看似前后矛盾的情况下才会去寻找反思性平衡。这意味着，我们是从牢固而基本的、伴随着强烈情绪反应的直觉出发，我们认为这些直觉是不证自明的，所以我们会相当天然地将这些直觉普遍化。然而，我们会发现，当我们将自己的直觉普遍化后，在某个节点，其他同样被天然地普遍化的直觉会让我们陷入彼此矛盾的结论之中。这一点在很多领域都会发生，包含对于概率的判断以及非道德的决策。所以我们要做的工作就是建构一些体系，最终能抑制一些像这样相冲突的直觉，而以其他一些直觉为基础。我对这项工作的预期是，并非只有一种合理的方式去建构这样的体系。话语、主流文化习惯等因素都将对我们如何开展这项工作起到至关重要的作用。一个体系在话语意义上的成功，部分源自它能够延续基于某些人的基本直觉所产生的确信，并且能从这些基本直觉中推出更普遍的东西，同时让人们不再注意那些互相冲突的直觉。举例而言，一个后果主义的理论体系的说服力极大程度上取决于你用于描述它的话语，以及它将你锚定在一些基本直觉上并从中生发出带有情绪性和激发性力量的能力，同时还要让你远离那些互相冲突的直觉。这样的方式是彼得·辛格等后果主义者的看家本领。

然而对我来说，很显然你可以从不同类别的直觉出发，并且你最后会得出怎样的结论也取决于你从哪类直觉出发以及你选取了怎样的话语。在某种意义上，这就使得我们所做的这项工作是永无止境的，因为永远没有唯一的正确答案。所以，考虑到我们拥有强有力的但充满许多冲突的直觉，并且对于解决这些直觉上的冲突也没有唯一且能让人信服的方案，我对于我们能否达至一种独一无二并且广为接受的反思性平衡就很怀疑了。

福尔霍夫：您是否是在说，如果我们已经非常清醒地认识到独一无二、广为接受并且内在融贯的道德思想是根本不存在的，我们就无从确认，将更加普遍的道德原则置于我们强烈的直觉之上是否正确？这是否也是您不愿意改变在桥上问题中得出的直觉判断（将大个子旁观者推下去不可接受）的原因，即使后果主义的普遍原则告诉我们杀一救五的行为总是好的？

卡尼曼：显然，我充分认识到了我自身的立场是内在不自洽的。但我不去追求自洽性是合情合理的，因为我相信我们不可能真的达成自洽。某一类道德困境会引得人们产生某种直觉，这种直觉背后是有理可寻的，岔路问题就是一个典型的例子。还有一类案例，人们产生的直觉是不讲道理的，而当这些直觉和真正的道理或其他直觉产生冲突时，这些直觉就会被我们弃之不顾（杂货店抢劫案就属于这类)。然而此外还有第三类案例，这类案例会引起我们强烈的直觉，这种直觉也是不讲道理的，然而它们并不会和其他道理或直觉相冲突。大个子旁观者的案例就是个极好的例子。我不相信人们认为不能把这个大个子旁观者推下去的直觉是源自某种道理，我也不相信人们可以发明某种道理去证明这种直觉是正当的；即便如此，我仍旧认为将大个子旁观者推下去这一行为是极度不可接受的。这第三类案例的存在也就意味着，我们的基本直觉中完全有可能存在一些不可调和的矛盾。我认为追求自洽性是令人敬佩的，人们也应该前仆后继地追寻。但我也认为，记住这种追寻必将以失败告终，也是极其重要的。

参考文献与扩展阅读

如想了解丹尼尔·卡尼曼的作品概述，可参见他的诺尔奖讲座，《判断和选择的视角：映射有限理性》('A Perspective on Judgement and Choice: Mapping Bounded Rationality', *American Psychologist* 58 [2003]: 697-720)。他的自传已在线上出版，见 http://nobelprize.org/nobel_prizes/economics/laureates/2002/kahnemanautobio.html。斯蒂芬·古尔德对卡尼曼的引用出自《霸凌雷龙：对博物学的思考》(*Bully for Brontosaurus: Reflections in Natural History*, New York: Norton, 1991) 第469页。对话中提到的脑成像研究是基于本内德托·德·马蒂诺、达尚·库马兰(Dharshan Kumaran)、本·西摩(Ben Seymour)、雷·多兰(Ray Dolan)联合撰写的科学报告《人脑中的框架、偏见与理性决策》('Frames, Biases, and Rational Decision-making in the Human Brain', *Science* 313 [2006]: 684-687)。

丹尼尔·卡尼曼：我们能信任自己的直觉吗？

反思性平衡在伦理学中的应用是由约翰·罗尔斯首先提出的，见《正义论》第四节。还可参见诺曼·丹尼尔斯撰写的《反思性平衡》。

关于将凄惨程度作为决定赔偿的因素的研究是基于戴尔·米勒和凯茜·麦克法兰共同撰写的科学报告《反事实思维和赔偿受害者：对规范理论的检验》（'Counterfactual Thinking and Victim Compensation: A Test of Norm Theory', *Personality and Social Psychology Bulletin* 12 [1986]: 513-519）。关于我们为自己的直觉判断构建错误的事后解释的讨论，见乔纳森·海特（Jonathan Haidt）的文章《情绪化的狗和它理性的尾巴：道德判断的社会直觉主义方法》（'The Emotional Dog and Its Rational Tail: A Social Intuitionist Approach to Moral Judgement', *Psychological Review* 108 [2001]: 814-834）。卡尼曼提及的关于直觉和惩罚的研究，见卡斯·桑斯坦（Cass Sunstein）、丹尼尔·卡尼曼、大卫·施卡德（David Schkade）和伊拉娜·里托夫（Ilana Ritov）共同撰写的《可预见的不融贯判断》（'Predicatbly Incoherent Judgements', *Stanford Law Review* 54 [2001/2]: 1153-1215）。其他关于道德问题中摸索式方法的使用的讨论，见：丹尼尔·卡尼曼、杰克·尼奇（Jack Knetsch）和理查德·塞勒（Richard Thaler）的《用公平限制逐利：市场上的应享权利》（'Fairness as a Constraint on Profit-seeking: Entitlements in the Market', *American Economic Review* 76 [1986]: 728-741）；卡尼曼的坦纳讲座《关于后果和道德直觉的认知心理学》（'The Cognitive Psychology of Consequences and Moral Intuition', unpubl. ms, 1994）；塔玛拉·霍洛维兹（Tamara Horowitz）的《哲学直觉和心理学研究》（'Philosophical Intuitions and Psychological Theory', *Ethics*, 108 [1998]: 367-385）；弗朗西斯·卡姆的《道德直觉、认知心理学和伤害/不帮助的区别》（'Moral Intuitions, Cognitive Psychology, and the Harming/Not-Aiding Distinction', *Intricate Ethics*, Oxford: Oxford University Press, 2006: 422-429）；以及卡斯·桑斯坦的《道德摸索法》（Moral Heuristics, *Behavioral and Brain Sciences*, 28 [2005]: 531-573）。人们对电车难题相关情景的反应，见马克·豪泽的《道德心灵》第三章。

第二部分

德性与人的繁盛

菲莉帕·富特
善之为善的法则

菲利帕·富特生于 1920 年，先是主要在家里接受私人教育，后来于 1939 年前往牛津大学的萨默维尔学院学习政治、哲学与经济专业。她于 1942 年大学毕业，在二战结束前为英国政府担任经济研究员，而后便返回萨默维尔学院攻读硕士。1949 年，她成了该学院的一名教研人员。1960 年代和 1970 年代，她是一位四处奔走的哲学家，在康奈尔大学、麻省理工学院、加州大学洛杉矶分校和伯克利分校，以及纽约城市大学担任客座教授。而后，她于 1976 年最终定职在了加州大学洛杉矶分校。她现今是萨默维尔学院的荣誉院士。

在我与她的对话伊始，富特对于她自己是怎样的一名哲学家这个问题进行了思考。"我一点也不聪明，"她这样评价自己,"我是一个脑筋转得极慢的人,真的。但我又确实很擅长辨认出那些重要的事物。尽管最好的哲学家是一定要兼具聪慧与深度的,我还是无论如何都会更希望自己是一个有辨别力的人,而不是聪明的人!"

富特将她自己的生涯描述为在两个问题上形成了独特思路的缓慢进程。这两个问题是:道德判断的本质与践行道德的合理性。起初,她反对的是道德主观主义的立场,这种思想认为道德判断仅仅是在表达个体的评价态度和行动意图,如果仅仅掌握关于一个具体案例的事实性的知识,是不足以产生道德判断的,人们必须还要对这些事实做出价值上的定位。激进的主观主义认为,任何案例中的事实部分,在经过考量后,都是完全无法限制人们做出价值评价与判断的。在富特起初撰写的文章中,她对这类"人皆有理"式的主观主义提出了反对意见,这些文章后来收录进了她的《美德与恶习》一书中。她认为道德讨论的规则就要求了只有和**人之善恶**相关的因素才能被纳入道德考量的范畴。而且,她还进一步动摇了主观主义者就事实层面与价值层面提出的区分,或者说"描述"与"评价"的区分。她通过对节制、勇气等道德概念的集中思考,认为道德判断中并不存在所谓描述属性和评价属性的区分。这是因为,这些道德概念本身就自带评价属性,但又与关乎人之善恶的事实以及一类特定事实情况的存在和人之意志的处理有着必然的联系。举例来说，勇敢这种美德的存在是因为，人们有时会发现，自己在所处的某些环境中必须与自身的恐惧抗争，不向其屈服。所以，勇敢这种美德就要求人们在已知存在威胁和风险的前提下仍然持之以恒地向着善的目标努力。因为受到了如下思想的影响，即像勇气这样的美德能为我们提供一种更客观地看待道德要求的途径，富特于是逐渐相信一套可靠的道德哲学理论应该起源于关乎美德与恶习的理论。

依照道德要求来行事的合理性问题也在富特的整个学术生涯中一直困扰着她。这个问题对于任何一种道德理论来说都是至关重要的，因为正如大卫·休谟所强调的，道德必然是实践性的，它的存在就是为了产生或阻止特定的行为。起初，富特认为每个人都有理由培养如节制、勇敢、智慧等起码的美德，因为无论每个人自身的利益和欲求是什么，拥有这些美德对人们来说都是一件有利的事情。在后来的学术工作中，她走上了另一条路，她认为就像人们可以既认识到礼仪对人提出的要求同时又没有理由去遵守这些要求一样，人们也可以既认识到道德规范的存在又没有理由依据其要求来行事。在她最近的学术成果——《天然的善》(*Natural Goodness*) 中，富特再一次对这种依照道德要求来行事的合理性问题给出了一个新的答案，她认为认识到并遵循包括道德理性原则在内的特定理性原则，本就是实践理性（practical rationality）的一部分。如果富特的这个观点的是正确的，那么依照道德要求来行事的合理性问题根本就不应被提出。因为提出这个问题就相当于是在问，"为什么一个人要遵循理性来行事？"而根据富特的说法，这个问题即是在"在一个诸多理由已经先验地终止的地方寻求一个理由"。

除了她在这些基本问题上的学术工作，富特撰写的有关医学伦理学的作品也备受推崇，其中的一些作品收录在了她的作品集《道德困境》（*Moral Dilemmas*）中。她的文字风格直截了当、简练优雅，而且她的作品始终都在关注，我们在进行哲学辩论、思考道德问题时使用概念和术语的方式，可能会让我们误入歧途。富特不会认为我们在哲学讨论中经常提出的诸多问题，比如"这种具体的事态有多好？"或是"我为何就应该行正确和良善之事？"，是天然成立的，她对此保有谨慎的态度。富特尝试将诸如"一个好的事态"（a good state of affairs）这样的术语从抽象的道德评价拉回到现实中的具体应用，通过将其描述为在现实中一个有善心的人会想要的事物，来打破人们思考道德哲学问题的思维定势。她的这种方式让人想起路德维希·维特根斯坦（Ludwig Wittgenstein）在其著作《哲学研究》（*The Philosophical Investigations*）中采用的方法。也正是在这项工作中，富特相信从美德与恶习的角度来思考

菲莉帕·富特：善之为善的法则

是有益的。

富特关心的三个问题——主观主义、行道德之事的合理性，以及当我们在研究道德哲学的时候，需要警惕表达自身观点时使用的概念和术语——都出现在了其著作《天然的善》中。在这本书里，富特将一种只能适用于生物的评价形式独立出来，认为道德判断属于这种评价形式。2002年9月，我在她牛津的家中与她讨论了这个想法。

我们边喝咖啡边聊天，她提到了维特根斯坦对一名发觉自己强烈想要表达的事情显然十分荒唐的发言者说过的话。

*

富特：后来这位发言者想要改口说些合乎情理的话，维特根斯坦对他说，"说你想说的话！胆子大一些，只有这样我们才能继续讨论下去。"我将这句话用在了我自己的书的开篇，因为我发现这是一个绝佳的建议。每当我发觉自己产生了某种奇怪的想法而忍不住要将其忽略时，我就迫使自己去正视它。所以我会对自己说，"坚持你自己的这些奇思妙想，它们就是金子！"

福尔霍夫：您说"它们就是金子！"具体是什么意思？

富特：我相信只要打一个比方您就会明白，尽管对于打比方我们总是应该慎之又慎。如果你正在与一名心理咨询师沟通，然后你发现自己真的想要说出一些不体面的事，这时你最不应该做的就是改口说一些无伤大雅的事。这与我们的哲学思考是一模一样的：哲学关心的是**问题**在哪里。因此我们必须聚焦于那些我们不由自主会产生的怪异和粗俗的想法。在《天然的善》这本书的开头，我举了一个例子，讲的是我自己小时候对"如果我是你"这个表述感到非常困惑。我记得那时有人对我说，"如果我是你，我就会乖乖吃药！"我当时听到这句话后就在想，"不，你不会的，因为我是绝不会乖乖吃药的！"我后来才意识到，我对于这个表述产生的困惑实际上是一个哲学问题。

相比而言，当我在问"你要不要喝黑咖啡？"的时候，这里面是没有哲学问题的，如果要有的话，也是一个人绞尽脑汁才有可能想出来的。不过人确实可能……（在这个问题中发现哲学的角度）如果他脑中浮现了这样一幅有趣的画面：他要去翻阅自己脑海中的那本小书，来确认自己想要喝什么，**那么**他就进入了心灵哲学的思考当中。

也许正是因为哲学问题存在着这样一种不寻常的性质，我们才特别难以向非哲学专业的人来解释哲学问题。你知道，有人曾说，"上哲学课的感觉简直就和上钢琴演奏课一样"[1]，我觉得这话说的太对了！

1　意思是都让非专业人士摸不着头脑。——译注。

福尔霍夫：您是如何对哲学产生兴趣的？以及您是如何开始研究它的？

富特：我在小时候没有接受常规意义上的教育。我小时候身处于这样一种环境：我们有很多打猎、射击、和捕鱼的活动，并且在当时的环境下，女孩一般而言都是不上大学的。但我的一位家庭女教师有大学学位，她对我说，"你是可以去上大学的，你知道的。"所以我决定为此努力。我当时极其缺乏文化教育，这是很正常的，因为当时家里的家庭女教师大多都没有接受过很好的教育，尽管按理来说她们应该有能力教你所有东西！总之，我学习了一些函授课程后，让我惊讶的是，我就被萨默维尔学院录取了。我申请去萨默维尔学院是因为我听说这所学院非常看重一个人的智识水平，而非所属的社会阶级，而我当时正在努力摆脱一个很看重社会阶级的环境。我决定学习政治、哲学与经济专业是因为我想学习比较有理论性的科目。我是学不了数学的，因为缺乏相关的教育和天赋。所以我认为经济学和哲学这两门理论学科应该是我有能力学好的。

福尔霍夫：那么为什么后来您专注于学习和研究道德哲学了？

富特：我一直都对哲学有兴趣。但当我在 1945 年回到牛津大学的时候，我们听闻了关于集中营的消息，这让我们所有人都感到十分惊愕。当时这个消息在我们心中掀起的波澜是现在的人们很难想象和理解的。我们当时认为像这样的事情根本不可能发生。这就使得我对道德哲学产生了特别的兴趣。在某种意义上，我本来一直对心灵哲学更感兴趣，并且时至今日依然很有兴趣。但是当我在面对关于集中营的问题时，我想的是，"道德绝不可能只是像史蒂文森（C. L. Stevenson）、艾耶尔（A. J. Ayer）和黑尔（R. M. Hare）所说的那样，绝不可能只是在表达某种态度和倾向。"自此，这个问题便一直萦绕在我心头，久久不能忘怀。

福尔霍夫： 对于您来说，是什么让您觉得他们对于道德的那种理解，即道德只是在表达倾向和态度，在面对有关屠杀的问题时是大错特错的呢？

富特： 这些学者想从人的情感或态度的角度，或者从人愿意以某种特定方式行事的角度，来理解是什么条件让一个人说出例如"杀害无辜的人在道德上是错误的"这样的话。根据这些学者的理论，这意味着，道德判断的事实或依据与道德判断本身存在差异。无论一个道德判断有着怎样的道理，如果人没有对之产生相应的感觉和倾向，就还是会拒绝接受这个判断，即使这个判断本身在道理上没有问题。这种观点，我认为是错误的。因为如果人们顺着这个思路，那么在根本的意义上，他就无法想象，当自己对纳粹分子说"我们是**对的**，你们是**错的**"时，这句话有表达任何相应的实质内容。如果纳粹分子觉得自己做的事没错，那么面对他们，就只会是一个各自有理的对峙局面。可我认为，"道德绝不可能像人们在审美或好恶上持有的不同倾向一样，绝不可能是主观的。"将对事物的描述与对事物的倾向相剥离，将事实与价值相区分，这是现今道德哲学的特征，这种特征意味着现今的道德哲学是很糟糕的哲学。

福尔霍夫：在我们讨论您对主观主义的回应之前，我想再多了解一些对您早期在道德哲学上产生影响的人。在阅读您的作品时，我们能很明显地看到它们受到了伊丽莎白·安斯康姆（Elizabeth Anscombe）和维特根斯坦的影响。您认为这两位哲学家对您的学术工作产生了怎样的影响？

富特：安斯康姆对我的影响是最深的。我自己的导师，唐纳德·麦金农（Donald MacKinnon），是非常杰出的，但说实话，他更像一名神学家而不是哲学家。他教过我黑格尔和康德的哲学，这些当然很棒。但是麦金农并不认可现代的分析哲学。所以是安斯康姆让我看到了现代分析哲学的可取之处。她不是个容易相处的人，不是那种会帮助本科生们度过考试难关、大学导师式的人。所以对她来说，融入牛津大学的环境是很艰难的。但令人庆幸的是，萨默维尔学院的老师们发现了她的才能。院方认为她是不可多得的人才，所以不断帮她寻找研究员的职位，试图留住她，不想让她离开学院。而这对我来说是再好不过的了，因为我们平日里会时常彼此交谈。在学院吃完午饭后，我们就会找个地方坐下然后开始聊哲学。一般是她来提出一些话题，而尽管她基本不会认同我所说的内容，她一向还是会愿意去考虑我提出的反驳，并且去思考为什么我会提出这样的反驳。正是在此过程中，我迎来了我的一个关键时刻。我记得我当时说，一些句子混淆了描述和评价，她说，"混淆了什么？什么啊？"我当时脑海中就在想，"我的天，所以我们并不一定要接受描述和评价的区分！"

所以，我想您也发现了，我当时所处的环境真是幸运得难以置信，因为安斯康姆是我们那个时代最杰出的哲学家之一。并且我推测，她当时向我提出的问题也一定是维特根斯坦向她提出过的；她跟我讨论的话题也一定是维特根斯坦和她讨论过的。她没有专门与我谈论过维特根斯坦，但她教我的是某种维特根斯坦式的思维方式。我很确定她并不认为她当时是在教导我，但事实上确是如此。她会经常来参加我的研讨课，我也总是会去听她的课，尽管她在课上说的内容几乎都是我所反对的。当然，一般而言我是根本无法在与她的争论中取胜的。但即便如此，我还是会照常出现在她的下一节课上，照常与她争辩。这就像

菲莉帕·富特：善之为善的法则

在那种很古早的儿童漫画中，会有这样一个情节：一辆蒸汽压路机从漫画中的某个角色身上驶过去，然后它会被压平——只剩一个轮廓在地上——但在下一集里还是这个角色，你感觉它就像毫发无损一样，再次出现。我当时就相当于这类角色。

回想起来，这整个过程持续了大约五年。而后诺曼·马尔科姆（Norman Malcolm）做的一个演讲让我对维特根斯坦的《哲学研究》产生了兴趣。所以我开始看这本书，我的意思是，**认真地**看这本书。而后我就问安斯康姆，"为什么你之前没跟我说这些？"她对我说，"因为保持自身对外界观点的批判性是至关重要的。"她认为我们应该不接受维特根斯坦写的内容，而是尽可能反对他，这非常重要。如果我很轻易地就接受了她所说的任何内容，她也会不高兴的。我们私下里当然是朋友。您知道的，她是比教宗更严谨的天主教教徒。而我对无神论的支持就差随身挂一张无神论会员证了，所以我们在基本意识形态的层面上完全达不成任何共识。但我们还是进行过许多棒极了的讨论，而且她的孩子过去也常常来看我。

福尔霍夫：您研究道德哲学的方式是聚焦于美德这个概念，是什么将您引到了这条道路上呢？

富特：我相信起初是因为我读了阿奎那的著作。我当时正在休假，然后安斯康姆对我说过，"我觉得你应该读读阿奎那。"我对《神学大全》这本书的第二章产生了兴趣，其中就包含对特定美德与恶习的讨论。让我震惊的是，阿奎那认为，对于一样事物，总有很充分的理由将它要么说成是一种美德，要么说成是一种恶习。我想起当我读到阿奎那认为话痨是一种恶习的那段时，我心里想的是，"这个想法真是太妙了！"而如果你去认真思考关于某个特定美德的特定问题，你就会发现这些问题不只是主观的，你不能只是根据自己的好恶来回答这些问题。比如对于一种恶习来说，如果它确实是一种恶习，那它成为恶习一定有某种**原因**。我向我的一个学生提出了这个问题——"到底为什么话痨是一种恶习呢？"——她对我说，"因为，如果一个人一直说个不停，那么这个人就没有时间去思考了。"她说的这个并不是阿奎那认为话痨是恶习的原因，但我感觉她说得很有道理。我后来在一堂讲座课上复述了她的说法；下课之后一个小伙子在走道上找到我并对我说，"但是，**我的女朋友**可能并不需要思考。"（这件事发生在很久以前，你懂的。）我听完之后想都没想就直接说，"**所有人都需要思考！**"

这样的方法是我在撰写《天然的善》这本书中所有作品时的关键与核心。我们不仅可以提出"道德判断一**定**有其根基"这样的命题。因为在考虑单个美德或恶习的时候，很显然我们可以去思考**它们的根基是怎样的**。比如我们可以提出这样的问题:"贞洁是一种美德吗?如果是的话,那么其根基可能会是什么呢?"通过这样的方式,整个道德哲学的主题在我的脑海中就变得丰富起来了。在想到这种方式前,我的想法就只是,"道德判断是一定有客观根基的。"但我对此能说的也只是将其与人类福祉或其他类似的事物勾连起来。但如果对其仔细审视与思考,就像阿奎那启发我去做的那样,他让我意识到从美德和恶习的角度出发是一条绝佳的路径,因为这样能够使得道德判断的客观性问题具体化。对于像"这个行为是错误的"这样的一个命题来说,它并不能像"话痨是一种恶习"这样的命题一样,让人们能够随之得出一个具体的原因或判断。

然而,在取得了这样的新发现之后,我对于善这个概念与特定生活方式所必需的能力、性格和行为,仍然缺乏一个有关的普遍认识,而这是我在《天然的善》这本书中论证道德要求的根基时的一个至关重要的部分。很长一段时间以来,我无法为道德找到一种像这样的普遍根基,而我又太懒了,除了将我的一些尚未成熟的思想写进几篇文章以外,就没有写别的东西了。接着我就去研究医学伦理学了,因为当时急需这个领域的研究。我并没有看不起这个研究领域的意思,但当我在研究过程中想清楚如何处理我在《天然的善》中提出的基本问题后,我马上就离开这个领域了。这已经是20世纪80年代中期了。我又花了很长的时间才把这本书出版出来。在《天然的善》这本书的发布会上，负责我这本书的编辑，彼得·莫契洛夫（Peter Momtchiloff），提到了我在这本书的开篇引用的维特根斯坦的那句话——做哲学的过程应该是极其缓慢的，可人们很难做得那么慢——然后他说，"好吧，对于富特来说，这似乎不是个问题。"

所以这就是我思想的演进过程：从认为主观主义必定是错误的，到认为我们可以从具体的美德与恶习中发现特定道德判断的客观基础，并从此继续延伸。

福尔霍夫：您认为当代道德哲学使用的一些其他基本概念，比如"良好的事态"或者权利与义务，无法为道德找到客观基础吗？

富特：正是如此。您看，我一开始能做的就只是去反驳主观主义，然后坚持认为道德判断总得有其客观性，认为道德判断和人类福祉有某种联系，同时避免让自己陷入效用主义之中。诸如"最好的事态"和"善"这种抽象的概念让我很不踏实，感觉就像双脚离地悬在空中一样，而像美德与恶习这样的概念会让我觉得很有道理。但是，我意识到如果真的要回应那些有着一套不同的道德体系的人，我需要另辟蹊径，找到一套关于道德判断的理论。

福尔霍夫：那么您是在哪里找到这套理论的呢？

富特：我在思考关于植物与动物的问题时找到了一个

菲莉帕·富特：善之为善的法则

新的起点。我并不是在说人们可以从"这样那样的事物对于动物来说是重要的"推导出"这样那样的事物本身是重要的"。我说的其实是，"注意，这里牵涉一类特别的逻辑范畴。"我在加州大学洛杉矶分校任教时有过一位极其优秀的研究生，迈克尔·汤普森（Michael Thompson），他现在在匹兹堡大学。他曾受到过安斯康姆的影响（尽管并非亲身影响），因为他对于哲学是很有品味的。他在阅读安斯康姆的作品时获得了一个很棒的想法，这个想法是关于"人类有32颗牙齿"这个命题的。很少有人真的刚刚好有32颗牙齿，那么对于这个命题来说，它的逻辑状态是怎样的呢？它并不是在说："所有人都有32颗牙齿。"甚至它也不是在说："大多数人有32颗牙齿。"而它也不仅仅是在说："有些人有32颗牙齿。"所以人们如果只是从数量化的角度来看待这个命题，就会立刻发现它无法被我们放进定量的逻辑范畴内。这个命题和类似于"花园有栏杆"这样命题的逻辑状态是不同的。迈克尔·汤普森意识到，我们谈论生物时使用的方式在逻辑上是有特别之处的，而后我就与他一同开始思考我们谈论生物时使用的这种特别的方式。我最新的作品研究的就是这个。

福尔霍夫： 您在这部作品中写到，这种特别的谈论方式在我们关于植物和非人类动物的判断中——例如当我们思考如何判断一个物种里的特定成员到底是有缺陷的还是正常的时候——会自己体现出来。您认为，我们之所以能对植物和非人类动物做出这种判断，是因为这两套命题的存在：第一，有一套描述物种生命周期的命题，这套命题尤其聚焦植物与动物的生长、自身维护与繁殖等方面；第二，当我们在考虑特定物种时，有一套关于它们的成熟过程的命题：营养是怎样获取的，它们是如何保护自身的，生长是怎样进行的，以及它们是怎样保障繁殖的。您认为，从这两套命题出发，我们可以推出关于各种物种的个体成员的规范。这些规范框定了生物的一些重要功能应该以规范列出的手段来达到。

您把这个称作"天然规范性背后的法则"（grammar of natural normativity），我想就其中的一些要素提几个问题，首先是您的这个想法：对于特定的物种来说，一些特定的能力和特质对于其生存方式而言是必要的。您这里所说的"必要"是怎样的一个概念？比如，我们之前谈到牙齿这个问题，即使我们没有全套牙齿，也不会产生什么重大的后果，全套牙齿对我们的生存方式来说也不是必要的。可安斯康姆最早举这个例子的时候就是这样说的。

富特：其实吧，如果你的牙齿少于32颗，那这就是一种不完备，因为通常来说人们的牙齿掉了都是因为有颗牙被打掉了，或者是有颗牙烂了；所以它和人们的健康、疾病与事故之间还是有关联的，尽管这也并不总是一个问题，因为即使牙齿少于32颗，人们还是可以咀嚼食物的。我承认她最早举的这个牙齿的案例并不是最好的案例。但我可以提出一个新的案例。我们将孔雀尾巴的颜色与我院子里那种蓝色山雀尾巴的颜色做一个比较。注意，雄孔雀尾巴的颜色对其而言是必要的：它需要用鲜艳的颜色来吸引伴侣。但是，至少就我所知，蓝色山雀尾巴上的蓝色斑点在山雀的生命中并不会起到雄孔雀尾巴那样的作用。所以如果有一只蓝色山雀的尾巴上没有蓝色斑点，我们可以认为它奇怪、罕见，但并不会认为它有缺陷。

福尔霍夫：您这里使用的"必要"这个概念是否取决于我们讨论的物种所处的具体情况？比如对于人类来说，我们会不会认为这样认为，原生的牙齿掉了曾经是一种缺陷，但现在因为假牙的出现，它就不再是一种缺陷了？

富特：我觉得这里面是有文章可做的。划出一条清晰的界限并不容易，因为单独一种情况无法改变一个物种范围内有关缺陷的判断标准。当然，事情总是在变化。现在狐狸已经逐渐成为城市动物了，它们需要的东西也变得不同了。比如说，速度对它们来说已经越来越不重要了，因为即使跑得慢也能得到食物。但这并不意味着你就可以随意缩小界定某种属性是否属于"天然特质"的参考范围。举例而言，动物园中的动物养成的特性反而有可能是一种缺陷。比如对于一个被关在动物园里的食肉动物来说，缺乏凶猛这种特性反而是好的。所以我们必须认识到，我们参考的条件不能太过局限。毕竟，在所有人类当中，只有一小部分人有假牙；在所有食肉动物当中，只有一小部分住在动物园里，动物园并非它们天然的栖息地。

福尔霍夫： 我们为什么只应该着眼于一个物种的生存方式？为什么不能是一个群体、一个团体、一个兽群，或者为什么不能是一个社会、一个家庭、一个人？在解释天然规范性时，为什么物种有着特殊的地位？

富特： 在城市狐狸这个案例中，相对于那些不在城市里生存的狐狸来说，人们会针对在城市中生存的狐狸提出不同的必要条件。但这类型的法则到底在何种情况下开始变得不稳固，是个并不重要的问题，只要它被认为是判断物种特质的一个普遍适用的范畴。

福尔霍夫： 可是问题依旧存在，就人类而言，为了推出天然规范性而聚焦在物种这个层面似乎是很奇怪的。因为您是从特定事物对于特定生活方式的必要性这一事实出发，得出天然规范性的。但是对于人类来说，我们往往并不会对人类物种这一整体使用"生活方式"这个概念，我们通常是用这个概念来形容拥有同一套制度体系、实践方式和未来方向的社会或组织。

富特： 一样，您说的这个问题，可能仍然没有一个严格的界限。这并不是很重要。在我们的生活方式中，有一些东西是普遍存在于全人类之中的。比如说，所有人在面对危险、挑战和损失时都需要勇气。有很多事物是全人类共同需要的，尽管在不同的时空条件和社会经济文化背景下，不同的生活方式确实会造成一定的相对性。我认为我使用的这个方法的优点之一就是，我并不需要论证所有的道德规范对于所有的人类来说都是相同的。但我们不能就因此不承认，很多事物对全人类来说都绝对是基础的需要。

福尔霍夫：您先前提到了道德规范，您所说的这种天然之善与**道德之善**（moral goodness）是怎样联系起来的？

富特：我们还是从动植物出发来进行讨论，我们发现许多事物对它们的正常生活方式来说都是必要的，比如特定种类的树根对于特定种类的树木来说就是必要的，良好的夜间视力对于猫头鹰来说就是必要的。而人类有一套完全不同的行动和能力，是其生活方式的一部分。与之相对应的，则可能存在一套不同的缺陷，尤其是那些与特定的人类能力如语言、想象力和意志相关的缺陷。比如说，人类能够认识到有些事物对自己来说是不好的。对于那些嗜好酒精的动物来说，如果给它们提供足量的酒精，它们可能就会一直喝，喝到它们死亡为止，而人类可以认识到酒精的副作用，并且有可能控制自己对酒精的欲望。因此，人类不仅需要而且有能力培养出节制这种美德，相比之下动物则没有这种能力。而我在观点推演的过程中什么时候说过人类和动物之间的法则是不同的呢？为什么要在人类对于节制这种特质的需要和鹿对于迅捷这种特质的需要之间，建立**那种**区别呢？

福尔霍夫：所以不管是道德上的好与坏，还是美德与恶习，您会认为它们都隶属于天然的好与坏这个一般性的属性门类下的子门类吗？

富特：正是如此。从植物到动物之间的跨越和动物到人类之间的跨越是很相似的。这之中存在着不同的可能性，不同的管理方式，不同的需要，所以我们没有丝毫的根据去声称："天呐，这可是**道德上的善**——我们对它的判断方式一定大有不同。"当然，人类天然的善的其中一类，那个我们称之为"道德"的东西，一定和良善意志以及实践理性是相关的，这是很重要的。毕竟，美德是将特定的品质作为行动缘由的一种充满智慧的处理方式，而恶习就是意志出现缺陷时的产物。然而需要注意的是，我并不太热衷于用"道德"这个词来对这一种类进行规定，因为这个词与对他人的关心之间有着特定的联系，而这会把我本来想要放在一起的东西区分开。举个例子，不好好照顾自己是一种缺陷，而这种缺陷通常并不会被我们认为是一种道德上的缺陷，但它同样是意志上的一种缺陷。

福尔霍夫：这样的思考方式如何能帮助我们判定道德

和正义向我们提出了何种要求？正义这种美德会要求我们尊重别人的权利。但这些权利究竟是什么，这是一个充满争议的问题。

富特：我必须承认，我对于政治哲学中的问题理应有更多的思考，可惜实际上我对于这些问题的思考并不足够。但我想，我会采用的方法和安斯康姆在她关于承诺的作品中使用过的方法是相似的，她在那部作品中强调了遵守承诺这一行为对于我们来说是至关重要的，因为这能使得我们每个人的意志紧密联系起来。当我们主张权利的时候，这种主张是非常强有力的，它的力度比"你应该帮助我！"这类的主张要更强，我不认为我们有任何理由不以同样的方法，也就是参照权利附带的好处，来对其进行论证。我的意思很简单，社会的运作所依赖的那些规定必须是严格而准确的规定，例如不能杀害别人以及不能抢夺别人的工具。相比而言，当一个人说"你没有权利惹我生气！"的时候，这样的主张是不会被认真对待的。不被别人惹恼在人类生活当中并没有那么重要。

福尔霍夫：所以在判定我们拥有什么样的权利时，您会诉诸对于个体或社会而言的那类必要条件吗？

富特：正是如此。我认为这毫无疑问是道德规则的根基。

福尔霍夫：这些必要条件在人类历史的进程中已历经

更迭，而且将来它们只会变换得更快。这对于天然的善的范畴意味着什么？

富特：我认为在这一点上我没什么要求。随着人类生存环境的改变，事物也会随之改变，曾经被认为是缺陷的特点可能会变得有用，也会被放在不同的标准下考量。当然，只有当判断善的标准是因为人们生活方式的改变而改变时，这样的改变才能算作是天然的。在这一点上，持一个相对主义的态度是一件好事。但我要强调的是，当我们将其作为一个整体来考量时，我使用的方法和相对主义是极不兼容的，因为全人类普遍需要的特质是非常多的，例如勇敢、节制与智慧。当然，如果对比从前世界上的部落文化和"先进"国家的现代文化，在技术上已经差别迥异。然而，在不同文化背景下生活的人们之间还是有很多的共通之处，也正因此，人类普遍需要某些人格特质和行为准则仍是一个强有力的主张。

福尔霍夫：我想我要将话题转到实践理性了……

富特：太好了！我能告诉您为什么我一定要在《天然的善》这本书中尝试解决理性相关的问题吗？这是我对于主观主义的批评的一部分，主观主义认为道德命题只是在表达某种主观的心理状态。为了反对主观主义，我主张道德命题是关乎人类意志中天然的善的命题。而我也完全接受基于这样一种论述的批评，即认为我无法对人们有何**理**

由去遵循道德给出一个严格意义上的解答。为什么呢？因为主观主义者会认为，只有当你产生了某种感受或欲望，你才会有行事的理由。曾几何时，我对于理由也抱持过这种主观主义的态度，并且傲慢到在我的一篇出了名的文章《道德是否仅是假言命令[1]构成的体系？》("Is Morality a System of Hypothetical Imperatives?")中声称，理由均是取决于欲望的。因此，我必须要对人们何以有理由行良善之事和规避卑劣之事给出解释，无论个人的目标和欲望是什么。

所以，对于"拥有理由意味着什么"这个问题，我需要给出一个更好的解释，而无比幸运的是，此时我正与我的故友沃伦·奎因（Warren Quinn）一起合作。他向我提供了一个我认为是再好不过的建议，尽管当时人们也许都没有意识到这个建议的厉害之处，奎因他自己也没有意识到。他提出了这样一个问题："如果行卑劣之事是完全可以合乎理性的，那么实践理性到底有何**重要**的地方？"注意，这个想法是极富原创性的。因为在当代道德哲学中，人们或多或少都理所当然地认为，必须首先从比如说欲望

---

[1] 假言命令这一概念出现于康德的著作《道德形而上学的奠基》的第二章中，指的是为达成某特定目标而发出的理性命令，例如"我要以礼待人，因为这样才能让别人也以礼待我"。遵守假言命令是有条件的，只有当能达成所欲目标时才会遵守。—— 译注

的最大化满足这样的角度提出一套关于实践理性的理论，然后以某种方法证明再大的自我牺牲也可以是合理的。可即使是最聪明的人也无法做到这一点。但奎因的观点会提醒我们，解决道德问题完全不应该遵循这样的方法。人们不应该认为道德必须经过理性的检验才能成立，恰恰相反，理性应该经过道德的检验才能成立。

福尔霍夫： 对于奎因提出的问题，答案似乎是：提出一种更具限定性、与一个人对自身在意之事的持续追求相关的合理性概念，因为这合理性涉及对于这个人自身目标的追求，所以可以轻易显示出它**对于这个人来说是重要的**。

富特： 您为什么认为我们证明一个人做某件事的合理性时，必须要考虑这个人自身的欲求？如果仔细审视这种关于理性的理论，即认为理性就是对自己最重要的欲求的最大化满足，您立刻就会发现自己将面临一系列问题。我们关心的只是眼下的欲求吗？对于某些你现在不想要，但你知道自己在二十年后会想要的事物，该怎么办？认为未来并不重要，是否不合乎理性？

福尔霍夫： 嗯，这一切仍然和一个人关心的目标存在联系，不论是眼下的目标还是未来的目标，而对于善的追求可能和个人的具体目标完全没有联系。在您先前的作品中，您提到了一类"只计利害，不问是非"的人，不管是现在还是将来都完全不关心道德。我们怎么会认为这类人是非理性的呢？

富特：您说的对，人们也许不会用"非理性"这个词来形容这类人。不过，这类人**的确是**存在缺陷的——因为这类人不能认识到某种是理由的东西，不能遵循着这种是理由的东西行动。而我其实对您的立场有些好奇。我想知道，如果有一个年轻人声称自己"不在乎抽烟在二十年后可能会让自己患上肺癌"，**您**会就他说什么？首先，您认为这个想法和实践理性相冲突吗？

福尔霍夫：唔，这取决于这个人对自己的未来抱持着怎样的态度，还要看他的行为是否一以贯之地表达了他对于未来的这种漠不关心的态度。

富特：那么，要是这位年轻人一直到了四十岁，在乎的都还是光鲜的衣着，而不是自己的身体健康呢？

福尔霍夫：尽管他的行为是一以贯之的，我可能还是认为，他没有意识到一些他自己应该意识到的东西。

富特：很好。那么您这个"应该"是从何而来的呢？

福尔霍夫[顿了顿]：唔，我想，是从某种关于常态（normalcy）的想法中来的，因为通常来说人们是要在乎健康的……

富特：常态？

福尔霍夫：也许您是对的，"常态"这个概念用在这里并不合适，因为尽管一个人只关心自己活得够不够时髦是一件不寻常的事，但这仍然是一个人可以合乎理性地去追求的……

富特：那么，我能否认为您对于这样的态度和行为是否确实是非理性的问题感到左右为难？

福尔霍夫：我想，确实是的。

富特：问题就在于——这在这个论证当中至关重要——如果一个人已经开始抽烟了，那么他对于自己未来身体健康的不在意已经到了某种程度，而如果已经到了这种程度，人们很难否认这样的行为与理性是相背离的。因为我们很难否认审慎这种品质是理性的一部分。但随之而来的问题就是，如果实践理性这个概念的根基意味着审慎这种品质是理性的一部分，那么想让公正和仁慈这类涉及自身关心范围之外的事物的品质不成为理性的一部分，就是十分困难的。这是与您持相同立场的人必须接受的。要么您就只得接受对自己的未来满不在乎并不和理性相冲突，或者您就必须接受，实践理性这个概念确实涉及自身关心范围之外的事物。而我想，您一定会认为，相对于实践理性的标准来说，这位年轻的吸烟者是有缺陷的。毕竟，他这样做是很愚蠢的！

福尔霍夫：而"愚蠢"这个词指向了某种缺陷？

富特：正是如此，所以这是我对您的观点提出的挑战——对于您来说，要找到某种立场，既可以将鲁莽和轻率说成一种恶习、一种缺陷，又不把麻木不仁和不讲道义当作缺陷，是很困难的。而我认为这个问题反映了《天然的善》这本书中的一些内容是有道理的。因为如果您采用这本书中看待缺陷的方法，这些品质就可以被统一起来了。因为它们都是人类所需要的品质中的一部分。

福尔霍夫：可是，还是可能会有人认为，一个行事不依循他自己所接受的行事理由的人，和一个不认可您认为他应该认可的理由的人，人们的评价会是不同的。在第一种情况中，我们关注的是他在达成他自己设立的特定目标的过程中，所采取的手段方面的缺陷，而在第二种情况中，我们关注的是他所设立的目标本身的问题。什么样的实践理性概念能将这些不同的概念统一起来？

富特：我的主张是，如果从天然的善这个角度来思考，能够提供您说的统一性。不管是采取有效的手段来达到特定目的，还是认可相关的理由，都是人类生活所需要的，并且不管在哪个方面出现了缺陷，都意味着实践理性出现了缺陷。

福尔霍夫：在《美德与恶习》这本书中，您写道，"有智慧的人不仅知道达到目的的手段，也知道这些目的有何价值。"您这里说的智慧和实践理性是一回事吗？

富特：是的。这两个概念当然是一回事。如果有一个人说,"生命中最重要的事就是赶时髦,没有之一。"而但凡您想到一个真的相信这句话并依照这句话来度过其一生的人,想到他会结交的那种朋友,想到他如何附庸风雅,我的天……可得看看他到底出了什么问题。对于这个问题我还没能探究得很深,但我认为其中必定涉及深刻与浅薄的问题。我当然不是在说我已经对人类幸福的深浅这个问题有了足够的研究,但在我看来,如果有一个人临终时说,"我这一生把多少光阴都浪费在无足轻重的事情上了啊!",人们一定能够理解这是什么意思。这种情况,似乎就适合用"对理性重要性的认识有缺陷"这一观念来解释。

福尔霍夫: 我对于这种思考实践理性的方式有些抵触,因为这种方式很像是在说教——对人们说,"这么着和这么着是至关重要的,而如果你不认为这些重要,那么你就是有缺陷的。"

富特: 这就是在说教!说教也分好与坏的。我认为如果一个称职的说教者告诉一群赶时髦的人他们过的这种生活实在是太肤浅了,这位说教者做的是正确的(尽管这位说教者说这话时最好不要冒犯别人,而且事实上,他也许根本就不应该这么说!)。但他也许是认为这群人年龄已经到了,该懂事了,已经是成年人而不是青少年了。

福尔霍夫: 可这样还是会有问题,因为你能够说教之前，必须对人类的良好生活有一套理念。亚里士多德和阿奎那都各自有一套对于完满的人类生活是何模样的整全解释，而后他们才能够基于这套解释来推导出人类必须采取某种特定生活方式、培养美德的原因。在亚里士多德和阿奎那的解释当中，美德不仅有利于一个人的幸福生活，而且是构成其幸福生活的基本要素之一，即使他自己不这么认为。但对于他们的观点，即认为人生有单一正确的目标，我们并不认同。您对于人们应该如何生活有没有一套替代性的解释？

富特：思考对于人类而言什么是"好"，的确是非常困难的。我认为可以从人类匮乏的角度来着手解决这个问题。我想，我的看法面临一个非常严峻的挑战：快乐是人类所追求的"好"的一部分，然而快乐有时候可以通过追求邪恶来达成。所以我们已经发现，快乐这个概念是千变万化的。但我在此想提出的是**一种**（在各种可能的解释当中）从**享受好的事物**的角度对快乐做出的解释，这里"好的事物"的定义是良善的——或者说无邪的意志（an innocent will）的对象；我们必须以这样的方式来理解"快乐是人类所追求的'好'的一部分"这句话。我认为可以从**让某人受益**意味着什么这个问题入手，间接地处理这种对于快乐的理解。想一想弗雷德里克·韦斯特和罗斯玛丽·韦斯特（Frederick and Rosemary West）这对残忍地虐待并杀害了数名儿童的夫妇，对于一个为了从中取乐而帮助这对夫妇使其能够持续从事这种可怕行径的人来说，我们应该如何评价？难道我们会说这个人让这对夫妇**受益**了吗？当然不会！

福尔霍夫：要如何将益处这个概念作为理解快乐的方式呢？

富特：使某人受益意味着做了某些对这个人有好处的事情。如果我是对的，那么使某人受益这个概念就揭示了某种思考人类的"好"的方式，这种方式能够将追求恶行排除在外，在韦斯特夫妇的案例中，我们对那个帮助这对夫妇行恶取乐的人应该给出的评价就证明了这一点。但这也就意味着，人们基于"快乐是人类所追求的'好'的一部分"这个表述所得出的快乐的概念也会将追求恶行排除在外。所以从**使某人受益**这个角度进行思考，能够大致为我们提供某种将善这个概念融入快乐这个概念中的方式。

福尔霍夫：在《天然的善》这本书的最后一页，您思考了您的论点对于道德哲学来说意味着什么。您的结论呼应了维特根斯坦的话，说您的哲学让"一切都仍像以前一样"。不过，维特根斯坦认为哲学分析的作用是让我们的一切日常活动如其所是，并且他不认为我们能继续像从前一样，在日常活动之外进行哲学思考。所以关于您的方法会给道德哲学带来什么后果这个问题，您得出的结论似乎

菲莉帕·富特：善之为善的法则

是一个奇怪的答案。[1]

富特：我所谓的不希望产生扰乱，只是针对道德哲学中的某些部分，例如医学伦理学。也许我这样说有些轻率，但我确实是希望我采用的方法也许——只是也许——能够影响人们研究道德哲学的方式。因为我采用的方法和当今绝大多数道德哲学家们采用的方法是不同的。我并非从道德判断开始，并非一上来就直接问："道德是什么？"或者"道德上的善是什么？"与之相对，我提出的是一个普遍的、法则意义上的观点，对于生物及其组成部分进行评估，以此突出我所说的"天然的善与缺陷"，然后提出道德判断只是这类评估的一种情况，而这借鉴了安斯康姆与汤普森的作品。这是我认为我的方法有革新意义的地方，至少相对于当代道德哲学来说有革新性，并且

---

[1] 福尔霍夫并未详细说明富特在《天然的善》最后给出了怎样的结论。为了帮助读者理解，这里附上这句话所在段落的完整译文：

> 有人问我过我一个非常中肯的问题：我在书中所讲的这些会给关于实质性道德问题的争论带来怎样的后果？我真的觉得自己描述了一种可以把这些问题全部解决的方法吗？我想，合适的回答是，在某种意义上，什么问题也没解决，一切都仍像以前一样。我在书中说恶是一种自然缺陷，只是提供了一个框架，我认为关于实质道德问题的争论就是在这个框架内发生的，我希望能借此摆脱某些强行闯入讨论、经常导致我们犯错的哲学理论和抽象概念。在天然规范性这个观念里，并没有什么东西会扰乱许多哲学家近来取得的出色成果，比如说医学伦理学探讨的积极造成（doing）与消极任由（allowing）之间的差异问题，或者双重效应论。——译注

我希望以这种方式来思考道德上的好与坏，能够为当代道德哲学提供某种变化的可能性。

参考文献与扩展阅读

菲利帕·富特的主要论文，包括本书访谈中提及的所有相关论文都收录于她的《美德与恶习》与《道德困境》（Oxford: Oxford University Press, 2002）中。《天然的善》于 2001 年由牛津大学出版社出版。大卫·休谟对道德的必要实用性的评论，见《人性论》第三卷第一部分第一节。关于道德陈述仅是表达态度的观点，见史蒂文森的《伦理学与语言》（*Ethics and Language*, New Haven: Yale University Press, 1944）、艾耶尔的《对伦理学和神学的批判》（'Critique of Ethics and Theology', *Language, Truth and Logic*, New York: Dover Publications, 1952）以及黑尔的《道德的语言》（*The Language of Morals*, Oxford: Clarendon Press, 1952）。路德维希·维特根斯坦所著《哲学研究》的通行本于 2001 年由 Blackwell 出版社出版（该版本含有德语原文和安斯康姆的英语译文）。阿奎那所著的《神学大全》可见于 www.newadvent.org/summa；一个更新的标准版本是由剑桥大学出版社于 2006 年再版的，含有拉丁语原文和由英格兰多明我会提供的英语翻译。

富特还提到了安斯康姆的《规则、权利和承诺》（'Rules, Rights, and Promises', *Ethics, Religion and Politics*, Minneapolis: University of Minnesota Press, 1981）以及麦克·汤普森的《生命的表现》（'The Representation of Life', *Virtues and Reasons*, ed. Rosalind Hursthouse, Gavin Lawrence, and Warren Quinn, Oxford: Clarendon Press, 1995）。

阿拉斯代尔·麦金泰尔
自足的迷思

阿拉斯代尔·麦金泰尔因为激进地批判现代性和现代道德哲学、倡导一种源于亚里士多德和阿奎那传统的伦理学而闻名遐迩。1929年，麦金泰尔出生在格拉斯哥。他从1949年起在曼彻斯特大学深造哲学，两年后留校任教。在随后的数十年间，麦金泰尔活跃在众多领域中，参与过关于马克思主义和基督教的辩论，加入过社会科学哲学和精神分析哲学的探讨，更在道德哲学史方面贡献颇多。他最著名的作品是《追寻美德》(*After Virtue*)，对现代道德文化状况进行了引人注目、颇富争议的分析。在这本书中，麦金泰尔提出，当代道德话语充斥着一眼望不到边的分歧，关于道德问题的争吵似乎根本不可能通过理性的方式得到解决。麦金泰尔追问：这究竟是为什么？

史蒂文森和艾耶尔曾经在三四十年代给出过一种回答。这些被称为"情感主义者"(emotivists)的哲学家宣称,道德判断传达且意图在听者心中唤起的并不是信念,而是情感。他们认为,当人们说某种行为(比如说撒谎)是"错的"的时候,就类似于说"吁!撒谎逊爆了!"而且,情感主义者认为,在事实判断和道德价值判断之间存在着一种严格的划分,事实判断可以是真的或假的,在事实领域存在合理的判别标准可以让我们就事实的真伪达成共识;道德价值判断与之相反,它只是对于态度或者感受的表达,所以没有真假之说。他们还认为,只有使用各种非理性手段,让人们的情绪反应形成一致,他们才有可能就道德问题达成一致。举例说就是:因为一个人对于撒谎的感受并不完全取决于事实,所以两个人有可能同意存在撒谎这么一件事,但是对于这件事持有不同的态度。他们两个人对于撒谎可以持有不同的道德判断,双方的判断都不是错的。不仅如此,似乎也不存在理性的办法能让他们转而持有相同的道德判断。

然而麦金泰尔则认为,就分析我们道德言说的意义而言,情感主义不可能是正确的,因为道德判断会以某种方式诉诸超越个人的权威,而纯粹的情感表达则不这样。在我们交谈的开始部分,麦金泰尔是这样否定情感主义的:

> 当我还是一个研究生的时候,关于情感主义的辩

阿拉斯代尔·麦金泰尔：自足的迷思

论正如火如荼。我意识到，用这种方式来理解道德语言不太对劲。如果你仔细琢磨我们用来表达道德判断的那些语句的含义，就会发现，说这些语句仅仅表达了态度或者情绪，好像挺离谱的。因为，表达道德判断用的语句跟通常用来表达情感用的语句，完全不是同一类。比如说，"说谎在道德上是错误的"，要证明这样一个判断成立，需要诉诸超越个体的考量。你说出这个判断，依赖的是一些不应说谎的理由，意在引导超越于你自身的偏好与立场以及你的听众的偏好与立场的行为。

麦金泰尔在《追寻美德》中写到，相反地，在一种纯粹的情感话语中，比如"呀！撒谎逊爆了！"，你是否给听者提供了一个不要撒谎的理由，取决于你和他的立场——比如说，如果你是他的上司，他说谎一旦被你抓到就会被处分，那么你表达自己反对说谎的态度就可能给他一个不说谎的理由。但是你给他的这个理由，并不是一个与你们各自所处地位的事实无关的理由。

当然尽管道德判断和情绪表达存在着这样的不同，这并不否定道德判断有可能只是被用来表达情绪。麦金泰尔说：

> 当然，任何语句都可以被用来表达情绪或者态

度——例如吉尔伯特·赖尔（Gilbert Ryle）举过一个例子，一个怒气冲冲的小学老师跟孩子说"七七四十九！"，这当然是在表达一种激烈情绪，但是没有人会说，数学中的语句应当以情感主义的方式来理解。

因为把握到语句的含义和语句的用法之间的这种差异，麦金泰尔意识到，情感主义者在一件事上是对的：考虑到当代道德话语的性质，人们使用道德语言的时候往往只是在表达他们的道德偏好或者情感，而非真的是在理性地论证他们的观点：

> 在我当时看来，认为道德语句被用来表达情感，认为它们**被使用的方式显得仿佛情感主义是对的**，确实不是没有道理的。我当时环顾身边的文化，审视人们进行道德探讨的方式时，觉得重要的似乎是对用法而非意义的情感主义解释。所以不对劲的问题在于：就某一类语句而言，它们的意义和用法为什么会像这样分离开来？

麦金泰尔在《追寻美德》中对此给出了一个回答，大概是这样：当代道德话语是各种道德传统的碎片拼凑而成的。道德讨论中的不同参与者在使用诸如"德性""人

阿拉斯代尔·麦金泰尔：自足的迷思

的良好生活""权利""好的结果"和"道德法则"等道德概念时，是在不同的、往往无法相互通约的意义上使用它们的，借鉴了历史上不同思想家对于这些概念的定义。而且，这些概念在人们的使用中也脱离了原本所属的理论和实践体系。在麦金泰尔看来，像这样切断了意义与用法的联系，道德概念的含义就变得模糊不清了。而我们之所以无法在道德事务上达成理性共识，部分原因就在于我们形成自身观点时使用的是我们自己都不完全理解的概念。

麦金泰尔认为，这种状况的根源出在启蒙运动时期对于一种广义上的亚里士多德式的道德观念的否定。对于亚里士多德来说，人类所具有的独特天性决定了人类在生活中适当的目的，或者说 telos。亚里士多德称这种目的为 eudaimonia——通常被翻译为"幸福""福祉"或者"繁盛"——它充实了关于个人美德的道德判断的内核。因为按照这种说法，人的特点一方面对于实现这种目的来说有工具性的用途，另一方面它本身又构成了这种目的的一部分，而这些特点的完善就是人的美德。对于亚里士多德传统的后学，比如对于阿奎那而言，这种人类的 telos 同时也是"自然法"的基础——自然法就是每个人都必须遵循的戒律，否则人就无法参与对于实现其 telos 至关重要的社会生活。

麦金泰尔认为，在启蒙运动中，这种人的生活具有某种与生俱来的目的的观念遭到了否定。在他看来，启蒙运动以降的道德哲学史，就是一部试图在人的 telos 之外重新为道德要求寻找根基的历史。例如，休谟就曾试图论证道德判断是以人类的共情能力为基础。（休谟认为，我们天生拥有一种倾向，我们在发现某些品行或者机制的实施导致人们从中获益时会感到快乐，在发现这些东西导致人们被伤害时则会感到痛苦，而道德判断就是这种天生倾向在教养下的延伸。）麦金泰尔认为，这些为道德重新寻找根基的尝试全部都失败了。他的结论是，只有回到亚里士多德传统中，重新为人类生活构想出某种目的，我们才可能有希望找到一个立足点，借以理性地评判什么是符合道德要求的。

麦金泰尔在《追寻美德》后面的几个章节中开启了这一尝试，在包括《依赖性的理性动物》（*Dependent Rational Animals*）在内的后来作品中也仍在继续这一征程。2006年9月，我们在他在圣母大学的办公室中见了一面，讨论这项工作。他办公室的门上贴有许多他最喜欢的哲学家的剪报和肖像，麦金泰尔指着某位佛教界人士写的一封信，信上鼓励他的信众去读阿奎那。他笑着说，"好主意呀！"

*

福尔霍夫：您是怎么就认定亚里士多德哲学大体上正

阿拉斯代尔·麦金泰尔：自足的迷思

确的呢？

麦金泰尔：我可以给您回顾一番，但是那就会成了伊姆雷·拉卡托斯（Imre Lakatos，科学哲学家）所说的"理性重构"。我是说，我没法百分之百地重现这段经过，尽管我会尽量还原当时发生的事。

我还在读研究生的时候，有不止一件事对我产生了冲击。首先是道德理论家们在解决他们那些根本分歧上——尤其是康德主义者和效用主义者之间的分歧——的无能。再就是，这些道德理论的分歧在做出政治决断时候竟然确实攸关紧要，我指的是在二战的最后阶段，那些关于轰炸德累斯顿和东京的决断。无论是当时还是现在，我都坚定认为，这些都是典型不应该做的事情。官方的论调是说，燃烧弹让战争提前结束了，从效用主义的角度说，那些轰炸最大化了所有福祉的总量，所以是正当的。显而易见的是，某种类型的后果主义统治着公共政策领域。[1]然而对于加入战争反抗纳粹，最具说服力的解释似乎却是康德的原则。依据康德的原则，人不应该被以某些方式对待，不论后果如何。所以我就搞不明白了："我们有这两套不可兼容的道德观，它们分别能给自己的道德判

---

[1] 大致来说，后果主义认为，当且仅当某个行为导向好的后果和不好的后果的净值的期望最大化时，这个行为就是对的。效用主义是后果主义的一种。——原注

断提供一套合理说辞，但是它们却都不能跟对方沟通，这究竟是为什么？"这个想法推动我更仔细地去考察这两套理论各自不可取的地方。

福尔霍夫：效用主义最不可取的点在那里？

麦金泰尔：效用主义似乎没有给无条件的承诺留下任何空间——可这种无条件的承诺在人类生活中占据着核心地位。举例来说，父母对儿女许下的诺言，"不论发生什么，我都会在你身边。"这个家长承诺照顾自己的孩子，不论这个孩子是严重智力低下还是一个少年犯。她或他把这个孩子看作自己的责任，不论承担这一责任的后果会是什么。父母具有这样的态度，对于孩子的成长至关重要，因为只有当家庭关系靠着这样的承诺维系的时候，孩子才能享受到自身成长所需的安全和照料。而这种类型的承诺当然还有很多，而效用主义则会计算如此投入地照顾孩子在为善去恶方面的总体预期，二者是不相容的。

福尔霍夫：那康德主义的问题又出在哪里？

麦金泰尔：首先我就不觉得康德对定言命令的推导是成功的，不论是他本人的推导，还是任何由追随者阐释的推导。[1] 但是更重要的是，康德关于道德动机的理解是

---

[1] 康德的定言命令叫人永远都遵循这样一种准则来行事：这个人能够愿意把该准则当作每一个有理性的存在都普遍遵守的法则。康德认为定言命令就是道德的最高准则。——原注

阿拉斯代尔·麦金泰尔：自足的迷思

有缺陷的。在康德看来，道德动机的基础并不在于人的欲求，而是在于认识到某种行为是道德所要求的或者所禁止的。但是我直到现在都不理解，除非受到欲求的驱动，否则我们怎么可能有动机干任何事情呢？在道德对我们起到的影响中，最难的地方就在于转化我们的欲求，让我们以善[1]为目的并且尊重自然法的戒律。

所以我很早就知道我拒绝接受什么，但是在那时我还完全不了解我想说的是什么。然后，部分是受到马克思主义的影响，我意识到，尽管哲学家把道德理论呈现为独立之物，但它们通常都是对植根于各种形式的社会生活之中的概念和预设的语言表述。正是因为道德理论家们用语言表述了这些概念和预设，才使它们得以被批评，才有可能质疑某种文化中迄今为止被视为理所当然之物。因此，一种文化若是萌发出了道德哲学——当然还有萌发出一般意义上的哲学——标志着这种文化发展到了可以批判其自身的阶段。（顺便提一句：考察各种文化的一种方式，就是看它们自我批判的程度。不过它们不具备自我批判的能力，可能也并不是因为哲学尚不繁荣，而是因为哲

---

[1] 英语中的 Good 这一伦理学概念在中文里很难找到普遍适用的对应译法。有鉴于此，在本章中，当 Good 指代某些特定的有价值的对象并且强调各自的特殊性时，本书将之译为较日常化的"好""好东西"等；当 Good 指的是对于生活和德性至关重要的、有哲学意味的概念时，译为"善""诸善"等。——译注

学走向了一个对于实践思考的主流模式没有什么影响的方向——而这正是我们的文化当下的状况。）

如果道德理论用语言表述出了那些扎根于我们日常判断中的预设和概念，那么我们着手检视道德哲学的一个有趣的方式，就是问我们自己，我们在日常生活和日常判断中已经在坚守的那些东西到底是什么。这往往是一个并不容易回答的问题，尤其如果你是生活在现代性的、道德上支离破碎的文化中。但是在我开始问自己这个问题的时候，我很快就发现，我在此之前就已经是一个亚里士多德派了，尽管我自己不知道。这是由于，等到我更加清楚地认识到我为何同时拒绝效用主义和康德主义的时候，我发现这些理由正是源于亚里士多德的立场。亚里士多德对于美德的理解意味着，有一些特定的行为，不论有怎样的后果，人都不会去碰，除非这个人已经极为败坏了——除非他已经成了这样一种人：他不自知地或者执拗地阻遏自己发展为了达到他的善所必需的联结。亚里士多德还使得我们理解，我们的欲求如何以及为何需要随着从童年开始的发展被转化成对美德的向往。我最初拒斥效用主义和康德主义的理由正是亚里士多德式的理由，只是还不成熟，而且我自己也没意识到。现在这些理由已经非常清楚，就是亚里士多德式的。于是我就意识到，自己是在一个特定的哲学传统中开展工作的，并且投身到了两种类型的哲学

阿拉斯代尔·麦金泰尔：自足的迷思

工作中：首先，我需要追问，在我们文化的历史上，广义上的亚里士多德立场究竟为什么被效用主义、康德主义这些启蒙运动的继承者取代了。正是在追寻这个问题的答案时，我写出了《追寻美德》[1]。其次，我需要讲清楚这种亚里士多德主义意味着什么，它不仅是亚里士多德本人的亚里士多德主义，而且还有他的伟大阐释者们的思想，尤其是阿奎那的思想。

福尔霍夫： 您对于亚里士多德主义的信念是怎么来的呢？

麦金泰尔： 尽管在哲学讨论当中加一段自传或许颇嫌碍眼，但是这显然跟我的成长过程部分相关，跟我的家人还有一些旧友传递的各种比较老派的生活方式造成的影响有关。但是这个故事不是很有哲学意义。我还是把重点放在我的思想发展过程上吧。

我思考的一个问题是规则在伦理学中的地位。规则是任何道德的一个构成部分，但是没有哪种规则被制定出来以后可以毫无问题地适用于与之相关的一切情景。总有一些情况，没有什么规则可以为我们提供需要的指引。因此

---

[1] 《追寻美德》英文书名为 After Virtue。在英语中，after 有"追寻"的意思，也有"之后"的意思，麦金泰尔正是以此玩了一个巧妙的双关。而这本书也因此存在两种中文译名：《追寻美德》及《德性之后》。本书在翻译书名时，选用了较常见的《追寻美德》。而若按"德性之后"的意思来理解，则可以看到麦金泰尔意在讨论启蒙思想对于德性伦理学的取代。——译注

我们不能没有一种本身就不受任何规则管辖的判断能力,亚里士多德把这种能力称为phronesis,"实践智慧"。这种能力让我们可以在每种特定的情况下辨别,哪些规则(如果有的话)适用这种情况,然后再拟定相应的抉择。我开始明白,对于phronesis的运用总是同时被两种概念所左右,一种概念涉及我们在这些特定处境中追求的好东西,另一种则是我们作为我们至高的善来追求的那种东西。因此我需要阐明这两种概念:个别的好东西,和善本身。

想一想,我们在评价各种事物时说某物是好的。我们可能会评价某物作为工具来说是好的——作为服务于某种进一步的目的的手段而言,是好的。我们也会因为许多东西本身就值得追求,所以说它们是好的,包括内在于特定活动的好东西,比如演奏或者欣赏音乐、科学研究、家庭生活和关系中的好东西。既然有这么多的好东西,我们就必须判断,要追求哪些,怎样选择组合。在思考这个问题时,我自己提出了一个典型的亚里士多德式想法:当我在考虑该怎样给这些好东西排序的时候,我就是在思考它们对于人的繁盛起到了什么样的作用,它们对于我作为一个人的繁盛有什么贡献。无论是过去还是现在,我都把这个问题看作一个类生物学问题,比如"对于狼来说怎样才算繁盛?"或者"对于海豚来说怎样才算繁盛?"对于人、狼、海豚这三个物种而言,一个个体为求繁盛而所需要的，就是发展它作为该物种的一员而袭承的独特力量。

福尔霍夫：人类的这类独特力量都有哪些？

麦金泰尔：作为理性动物的人与其他动物之间的关键区别，就是人类能反思管辖他们生活的规范，反思他们所参与的活动的性质以及他们的经验，然后问："有没有比我目前的生活更好的生活方式？"实际上，我们每个人都在用各种方式不断地问这个问题，尽管我们通常不会这么明白地提出来。所以任何人的生活，若是没有这种反思性、批判性和建设性的实践推理的能力，都将是贫瘠匮乏的。拥有这种能力，就能从我们的欲求中抽身出来，根据我们对于各种好东西和善的认知来评价这些欲求；拥有这种能力，就能评价别人给我的行动理由，以及我给别人的行动理由。

福尔霍夫：认识到从事实践推理就是我的善的一部分，这意味着什么？

麦金泰尔：首先意味着友谊的重要性，因为理性思考在根本上是社会性的。为了能借助日常生活中的实用语言来建设性地思考我自身的善，我必须要在他人的陪伴下思考。这不仅是因为我需要跟我身边的人达成共同的决定，还因为如果没有经受其他人提出的批评，我自己的思考可能就是有问题的，其他人很大程度上和我一样关心我自身的善，而且他们也知道我像他们一样关心他们的善。如果没有这样的诤友，后果会是什么呢？后果就是人会深受自身希望和恐惧、侥幸和幻想之害。我从精神分析中了解到一个非常重要但是几乎不为人知的事情：除非我们非常谨慎，否则我们往往无法认知事物的本来面目，而是会被我们的幻想影响。只有借助一种特定的友谊，我们才能摆脱这一状况。这种友谊的一种重要形式就是婚姻。夫妻之间对彼此足够了解、足够关心，从而能够对彼此做出准确的、哪怕有些伤人的评判，这非常重要。同样重要的是，把婚姻当作一种无条件的承诺，因为苟非如此，人就有可能不放心给出和接受这样的批评。但人始终需要诤友来把自己从对自我的扭曲看法中拯救出来。

我还得说，跟别人一起来理性地思考我的和他们的善，这要求我们对于我们的目标有一种深度的共识——如果没有关于目标的共同基础，就无法进行有裨益的思考。幸运的是，我们和别人能够比较容易地达成一致的好东西，其范围是很宽广的。就像我之前说的，这里面包括社群生活和工作中的好东西、研究中的好东西，还有艺术和运动方面的各种好东西。所有这些都能充实人的生活，缺少了这些东西，生活就会变得不幸和贫瘠。既然我们能获得这些好东西，在于我们是从事实践推理的人，那么从事实践推理、好好用理性思考，就是一种不可否认的善。

而我们跟他人有什么共同之处，很大程度上取决于我们自身所处的社会关系。在亚里士多德讨论人的繁盛时，

阿拉斯代尔·麦金泰尔：自足的迷思

他是把繁盛放在一个polis（古希腊的城邦）的关系中来讨论的。当我们思考美德、规范和目的的时候，我们始终得从我们所处的背景出发，从我们被养育成人的具体方式出发，从一套特定的社会关系，以及这种社会关系下对美德、规范和目的的理解出发。

当我们这样探究的时候，就会浮现出这样一个问题：对于这种迄今都仍具有权威性的关于道德要求的理解，我们为什么要继续给予它权威性？继续按这种方式生活对我们来说真的好吗？这些问题在特定社会背景下的答案，部分取决于这个社会里的不同人群对于他们的善在多大程度上拥有共同的理解。

福尔霍夫：您将关于道德规范的权威性的问题表述成了我们是否认为这些规范有助于我们获得好生活，这个表述跟我们一般问问题的方式不同。我们一般是这样问的：将某些道德规范视为权威，有助于我获得我的善吗？比如说，在柏拉图的《理想国》中，格劳孔就是这样问的。为什么您不这样问？

麦金泰尔：我们有必要区分两类不同的目标和两类不同的思考。有些目的就只是对我而言的目的，而我也会把其他人视为有着各自不同目标的人，我有可能需要和他们合作，也有可能发现他们会妨碍我实现我的目标。在这样的情况下，我跟别人一起思考，是为了协调我们的行动，以便每个人都尽可能追求各自独立的目标。但是我们的许多重要目标并非如此。对于我们中的大多数人来说，在家庭、工作等许多社会生活领域的背景下，我们追求的好东西是共通的：在家庭中，我们追求把孩子们教育和抚养好；在工作中，我们追求在职业的卓越标准下工作；等等。这样的好东西之所以是共通的，是因为每个人都会把他们借助别人和借助自己所获得的成就当成自己整体的善的一部分来看待。它们之所以是共通的，也是因为这些好东西本身并不是只取决于每个追求它们的人本身，而与其他人无关；只有在和家庭、工作等领域的其他人的互动中，我们才能认识到这些共通的好东西和我们共有的目标。

这样，每个个体都有各种既共通又属于个人的好东西，而我们必须能为我们认可的诸多好东西排序，为了尽可能实现整体的善，给每一种好东西找准位置。于是就出现了一种我们每个人都和其他人共有的好东西：建立和维持更大的社群，在这些社群里，人们可以一起像这样对人类生活的整体的善进行思考。一言以蔽之，我们的生活是通过思索"我们想要什么？"而非"我想要什么？"来建构的。

*

顺着这一思路，麦金泰尔勾勒出了三类善，它们都是

阿拉斯代尔·麦金泰尔：自足的迷思

人的繁盛的构成部分：一是成为一个独立的实践推理者，二是实践活动产生的诸善，三是归属于一个社群，使人得以参与有价值的实践活动，共同来探究善。这种能促进人的繁盛的诸善概念，使得麦金泰尔对各种美德得出了这样的理解：美德就是人以能够发扬这些善的方式判断、感受和行动的品性。通常而言，美德以两种方式发扬这些善：它在工具意义上可以用于实现这些善，以及它本身就构成这些善的一部分。

麦金泰尔在《依赖性的理性动物》中举了两个美德的例子：节制与守信。节制，作为一种关乎饮食男女、诸般活动之苦乐的德性，涉及了解如何既不陷入纵欲和成瘾，又不至于不懂欣赏、冷漠木讷。因而这种美德令人可以隐忍迫切的欲望，根据这欲望能否导人向善来加以评价，让人在只有当满足欲望确实是好事的时候才去满足欲望。这样的能力就是成为一个独立的实践推理者的一部分构成。而拥有守信这种美德的人能够被其他人信赖，可以不辱使命、守口如瓶，只向有权知情的人披露信息，这种美德对于确保麦金泰尔列出的另外两项善而言非常重要：人无信，各种社会实践活动就无法开展，人们也无法维持一个社群来共同思考善。

节制和守信同样也可以套进最初由亚里士多德列举的美德名录中，但是麦金泰尔也觉得，亚里士多德对于人类生活之诸善的理解,以及他列出的美德在一些方面是有问题的。其中,在麦金泰尔看来最重要的缺陷之一,就是亚里士多德没能充分把握我们面对生理和心理疾病的脆弱性,以及我们在幼年、老年以及罹患疾病、遭遇各种困苦匮乏的时候需要依靠他人的天性。麦金泰尔写道,亚里士多德所说的作为诸种美德典范的"大人君子"(megalopsychos;字面意思是"灵魂博大的人",英语中通常译为magnanimous man)[1],就体现了他的这一不足。"大人君子"以帮助他人为荣,因为他通过这种帮助,在某种程度上成了接受其帮助之人的创造者。亚里士多德认为,"大人君子"以自己造就的人为荣,和制陶匠以自己制造的陶器为荣,是一个道理。然而,"大人君子"认为接受他人的帮助有失体面,因为这样就是其他人造就了他。因而这样的人就相信"行善举是崇高者所当为,而承领恩惠则是卑下者所当为",倾向于"铭记他们所行的善举,淡忘他们所受的恩惠"。麦金泰尔认为这样的态度就意味着我们会遗忘我们的脆弱性和由此产生的依赖性。在他看来,这

---

[1] 希腊语为μεγαλόψῡχος,亚里士多德在《尼各马可伦理学》中提出的概念。如作者所说,英语中通常将该词译为magnanimous man,可以译作"大气之人";其中"magna"意为"大",而"animous"来源于拉丁文的"anima",意思是"心",对应"气"。但考虑到"大气之人"这样的表述在日常使用中主要还是指心胸宽广、为人慷慨,故这里选择"大人君子"来翻译这个词。——译注

阿拉斯代尔·麦金泰尔：自足的迷思

种遗忘导致了对于人的繁盛的误解。

*

麦金泰尔：为了实现人的繁盛，我们必须在我们年幼、患病、受伤、失能或者年老的时候接受他人的关怀。若要承认这一点，则意味着必须在一些特定的方面拒斥亚里士多德笔下"大人君子"的态度。正如阿奎那指出的，这意味着人可以请求和得体地接受他人的帮助；这同样意味着，我们承认，若我们从别人那里获得了帮助，就对别人有所亏欠。

福尔霍夫：您强调人的相互依赖，这不仅与亚里士多德的观点相背，也如您所说的，还与西方道德哲学的传统存在较大差异。约翰·罗尔斯就是当代作者中的典型例子，他认为论述正义时的核心问题，应当是健康、成年、可以作为社会成员充分协作的公民之间的关系。对于那些因为病痛、残障等缘故而无法充分参与协作的成年社会成员，我们亏欠他们什么，这个问题则只需要补充性地讲一下就可以了。我们为什么不能这样做？

麦金泰尔：儿童、老人以及患病或受伤的成年人所蒙受的脆弱性，确实不存在于罗尔斯的讨论中。这么做的问题在于，一旦人确实考虑到了这样的脆弱性，就会发现罗尔斯关心的"核心问题"实际上并不是论述正义时的核心问题。而且，罗尔斯所提的"核心问题"还具有误导性。因为他探究"核心问题"时所关注的那个人，以前也曾是个孩子，以后也会衰老——如果他活得足够久的话。

罗尔斯论述正义时首先讲到的是**社会**而非家庭或者学校，这是很有意思的。因为我们所有人首先都是在家庭和学校中碰到正义问题的，从"在家庭中什么是正义""在学校中什么是正义"这样的问题开始探究正义，似乎才是有道理的。我们来看看罗尔斯在论述中没有给予其应得地位的两种东西。首先，人作为家庭成员的需要，尤其是作为儿童的需要，还有作为家长的需要。其次，家庭中每个人对于家业兴隆做出的贡献，以及每个人从中应得的东西。这两者对于该如何分配好东西都提供了一定的基础。

好，一旦我们将人的需要纳入视野，我们就会发现在家庭中（以及其他语境下）的正义就会要求人要慷慨：这会要求我们，对于与我们有着共同的善的人，要大方地、不计较地付出。这种我们需要别人付出、别人也需要我们付出的关怀，并不具有一种"一手交钱一手交货"（quid pro quo）的性质。为了做独立的实践推理者，我们需要从我们的家长、老师等人那里获得一种并不需要向他们许诺我们事后会回报他们，就可以从他们那里获得的关爱。并且，我们成年独立以后，一些人会需要我们的帮助，但他们有可能从未也永远不会为我们做任何事。因此，若要正义本身得到实现，就需要一种超越正义的慷慨。而人得要有这种我称之为"正义的慷慨"的美德，这样才能够参与到一个实现着正义地照料有需要之人这种共同的善的社会中去。

福尔霍夫：我没有完全理解正义的慷慨这个概念，您能再举个例子吗？

麦金泰尔：比如说美国的刑罚系统。美国的监狱关押的人口在比例上比人类历史上的任何其他社会都要更多。而且绝大多数监狱的条件都是全方位地让人不堪忍受，即使对于那些<u>应该</u>受到惩罚的人来说，生活在这样的环境中也是不好的，因为这样的体验会导致他们的道德下滑。正义的慷慨因而要求我们帮助那些刚刚获释的人，让他们得以重新融入社会。我有一位可敬的同事就将大量的闲暇时间用于迎接那些刚获释的人，请他们吃顿饭，把他们送到未来落脚的地方，给他们足够的钱，等等。这就是那种一些人做的时候不图任何回报的事情。而且，对这样的事业没有贡献的人也并非不正义。但他们**确实**没有去**维系**正义。

福尔霍夫：可这个案例难道不是在说，我们之所以需要此种慷慨，仅仅是因为刑罚系统的组织形式是不正义的？那这个案例似乎并没有证明我们需要超越正义的慷慨，它只不过证明了，当一个社会不正义的时候，有人愿意主动去减轻这种不正义的影响这个事情是一件好事。

麦金泰尔：如果美国的刑罚系统的组织形式是正义的，那就不太需要对有前科的罪犯施以慷慨了。但是不论刑罚系统运转得有多么好，都不能完全取代正义和慷慨的美德的施展。我甚至会说，没有慷慨，就没有真正的正义。

福尔霍夫：在《依赖性的理性动物》一书中，您主张我们必须将这样的慷慨推及那些有严重精神障碍的人。与此同时，您写道，我们无需对人类以外的、和这些罹患心理疾病的人具有同等感知能力的动物施以这样的慷慨。还有，按照您的观点，对于人类以外的动物，我们可以做不能对人类做的事情，尽管可能人和这些动物有着类似的认知能力。众所周知，彼得·辛格质疑过这样的思想，认为这对人类以外的动物是一种非正义的歧视，他称之为"物种主义"，为的就是把它和种族主义相类比。他提出，我们认为我们对比如说像黑猩猩这种跟我们心理机能相似的动物的付出，应该比我们对人类自己的付出更少，我们的这种倾向来自一种类似于种族主义的心理机制，那就是一个人即使缺乏某种能力，但因为看着更像我们，所以我们就更容易对他产生同情。而您认为，我们必须慷慨地照料和保护有严重精神障碍的人，同时无须以同等方式照料不

阿拉斯代尔·麦金泰尔：自足的迷思

是人类、但有相似能力的动物。您在论证这个观点的时候写到，我们对这些人的态度应当服从这样一个想法——"我也有可能会这样"；然而我们在面对其他动物的时候则不会这样想。但是这表达的不正是辛格所指责的那种过度偏袒的同情心理吗？

麦金泰尔： 假如我发现一只严重受伤的黑猩猩，我当然应该为它做点什么。可我不需要认为它的痛苦跟人类的痛苦具有相同的分量。比如，因为我判断这只黑猩猩受的伤比这个人受的伤更深，所以如果我无法两个都帮，我就应该优先帮助那只黑猩猩——绝不存在这回事。我跟其他人类共有一种生活形式，而我并不跟黑猩猩具有共同的生活形式。就此而言，我不仅不同意彼得·辛格的看法，也不同意其他一些动物权利活动家的看法。在我看来，重要的问题是我们跟某些其他物种之间是何种关系，而不是与一般意义上的非人动物之间是何种关系。比如说，作为农业劳动者，我或许会跟牛、狗、马这些牲畜有比较特殊的关系。因此我在跟这些特定的动物一起工作、生活，依赖它们过活而它们也依赖我的这个过程中，对它们就承担着一些责任。这样的特殊关系是我们生活形式的一部分，而一个以这种形式生活的人需要懂得该如何与和他一起生活的动物相处。但我并不会想要把这种特定的情况加以泛化，认为我们对所有的动物都该承担这样的责任。

因此我并不觉得辛格所说的那种倾向能够解释我们对严重失能之人的关怀。我的看法是，这仍然显示了人类的脆弱性，也显示了我们的生活形式便在于，应对他人以及我们自己的脆弱性是我们面对的核心任务之一。为了实现人的繁盛，我们每个人都需要生活在一个人人都愿意满足他人需求的社会中。而这种奉献在某些方面是无条件的。假如一个人迫切需要帮助，只有我能帮他，没有任何其他人可以指望，此时我**绝没有**权利拒绝帮助他。这是阿奎那明确讲过的，他讨论过一种他称之为 misericordia 的美德，我们把它译作 "taking pity"（感到同情），但这个译法有点问题。这种急迫的需求超越一切其他道德义务或者责任，永远都是如此。一个人如果无法理解和感受到这一点，就无法融入各种关于付出和收获的人际关系，正是这些人际关系定义了一个普遍承认人与人之间应当相互帮助的社群，因而这样的人也就无法在这样的社群中实现共同的善。

福尔霍夫：所以对于一个在这样的社群中的人来说，"我也有可能会这样"的思想，表达了对于两项事实的认可：首先，在他成为他自己的过程中，他需要仰仗其他人愿意在他也严重失能的时候接济他。其次，在他的日常生活中，一旦他真的落入这样的境地，他也需要依靠其他人的关照。

麦金泰尔：是的。如果有人说"我还需要一个论证，证明这可以推导出我对那些失能人士负有特殊的责任"，我可能会这样回答："这并不是能论证的事情，如果你真的需要一个论证才能接受这一点，那么你一定是缺乏一种对人类生活至关重要的灵敏感受。"许多确实要求论证的人当然并不缺乏这种东西。他们只是学院派哲学家，被他们的专业训练误导了，才会在论证并非关键的时候要求论证。他们实际上比他们的理论表现出的更有人性。彼得·辛格就是这样，我认为他是一个非常可敬的人，尽管在我看来，他是个认错了理的理论家。

福尔霍夫：在谈话的最后，我想聊聊您关于阿奎那"自然法"观念的讨论，这种自然法观念给亚里士多德关于美德的论述罩上了一层道德规则的思想。能不能请您解释一下，自然法的原则，就像德性概念一样，是如何从您对于人的诸善的论述中导出来的？

麦金泰尔：在阿奎那看来，自然法的准则之所以是每个主体都必须遵守的规则，是因为这样的理由：人如果不遵从这样的原则，就根本无法参与获得他们的诸多好东西以及他们的善所必需的社会活动和人际关系。在这样的活动和关系中，每个理性主体都必须将彼此当作理性主体，为了实现他们共同的善而行动。而要把其他人当作理性主体，就要从事共同的慎思活动，我们在这种慎思中，将我和他人关于信念和行为的理由提出来加以评价，看看是好是坏。而如果我们在这种理性活动中感到了对他人的恐惧，或者如果我们想灌输这种恐惧，或者我们只是受到他人的迷惑或引诱，或者只是想迷惑或引诱他人，那我们就不是在把别人当作理性主体。我们也没有把我们共有的诸善——家庭、学校、政治社会等领域的诸善——当作理性主体的诸善。因此自然法的准则禁止这种态度和活动，它们会侵害追求此种共同的善的理性主体之间的关系。

福尔霍夫：我怀疑，自然法的这一概念是否真的能为禁止直观上似乎合乎道德的欺骗、操纵和伤害行为提供一种坚实的基础。因为如果这种禁忌的基础在于，它对于我们追求共同之善而言是必要的，那我们似乎就有理由只在和我们可能与之从事建设性的慎思或者用其他方式追求共同目标的人打交道时才遵从自然法。如果我们面对的是什么也教不了、给不了我们的人，我们似乎就没有什么理由把这种禁忌当作绝对的准则来遵守。

麦金泰尔：话虽如此，但无论是谁，我们都总是有可能从他那里学到或者获得什么。

福尔霍夫：就算是这样，也存在这种可能——我在和别人一起慎思和追求通过合作产生的善时，如果我把某种人剔出考量范围，只以相关的道德态度对待那些在和我做这些事时特别有成效的人，最后算下来，我可能反而会更成功。

麦金泰尔：我们恰恰急需认清，您的这种想法是错误的。我们或许有可能开始划掉一大群人，认为我们似乎从他们那里学不到什么，但是如果我们运气好，我们就会发现我们错了。我们可能会发现，我们得从他人身上学什么，别人有什么是我们得了解的，始终是无法预料且出乎意料的。而按照某些方式对待别人，会妨碍我们认识到这一点。所以，比如说，纯粹的胁迫性关系会阻挠我们从我们所胁迫的对象那里学到东西。另外相当多的人本来就不把残疾人考虑在内，意识不到有多少东西是只有从他们身上、和他们一起才可以学到的。只有通过向这些其他人学习，我们才有可能放下我们可以自立自足的迷思，这种迷思阻碍了我们认识到我们缺乏实现人的繁盛所需要的一些美德。

参考文献与扩展阅读

阿拉斯代尔·麦金泰尔撰写与编辑了一系列的书籍。与访谈中谈到的主题最相关的是《追寻美德》(London: Duckworth, 2nd edn 1985)、《依赖性的理性动物》(London: Duckworth, 1999) 以及《伦理学与政治学文选：第二卷》(Cambridge: Cambridge University Press, 2006)。《麦金泰尔读本》(*The MacIntyre Reader*, ed. Kelvin Knight, Notre Dame: University of Notre Dame Press, 1998) 收录了许多他的重要著作。

我的评论和问题受到了两篇文章的启发：大卫·所罗门（David Solomon）的文章《麦金泰尔与现代道德哲学》('MacIntyre and Modern Moral

Philosophy'）以及马克·墨菲的文章《麦金泰尔的政治哲学》（'MacIntyre's Political Philosophy'），两篇文章均收录于《阿拉斯代尔·麦金泰尔》（*Alasdair Macintyre*, ed. Mark Murphy, Cambridge: Cambridge University Press, 2003），分别在第114—151页和第152—175页。

关于情感主义者的立场，可参见史蒂文森的《伦理学与语言》与艾耶尔《对伦理学和神学的批判》。关于结果主义推论对二战中轰炸日本城市的决定所起的作用，有一段有趣的论述，见埃罗尔·莫里斯（Errol Morris）的纪录片《战争迷雾》（*The Fog of War*）。

我转述和引用了亚里士多德的《尼各马可伦理学》（*Nicomachean Ethics*, tr. Terence Irwin, Indianapolis: Hackett, 2nd edn 1999）的 1168a1−18 和 1124b10−12。阿奎那关于自然规律的论述，见《神学大全》第二集第一部分第九十四号问题。《神学大全》可在网络上直接进行查阅，网址是 www.newadvent.org/summa。一个更现代更规范的版本是由英格兰多明我会出版的拉丁文与英译对照版，该版本已由剑桥大学出版社于2006年重版。

彼得·辛格在《实践伦理学》一书中讨论了动物和人类的相对道德地位。

第三部分
伦理与演化

肯·宾默尔
公正的起源

肯·宾默尔来自伦敦大学学院，他作为一名"冷酷无情、精于计算的经济学家"的形象已深入人心。宾默尔最广为人知的事迹就是 2000 年带领他的团队策划了第三代电子通信技术（3G）的拍卖会，让英国政府净赚 220 亿英镑（当时约为 350 亿美元）。起初，他的专业是数学，在成为伦敦政经学院的数学系主任后，他转而开始从事经济学的研究工作。自从转去研究经济学之后，他就一直处于博弈论（game theory）这个领域的发展前沿，该领域研究的是"玩家"（players）之间策略互动背后的逻辑和规律——博弈理论家将这些参与策略互动的实体称为玩家。（这些实体涵盖的范围非常广泛：政府、企业、个人、动物，甚至还有像基因这样的无生命实体。）

哲学家们之所以会对宾默尔产生兴趣，是因为他试图用博弈论来探究道德哲学中的某些问题。宾默尔的工作属于一个非常显赫的流派。从20世纪50年代初开始，位居学科前沿的经济学家和哲学家们就将博弈论以及更广泛的理性决策理论融入了道德理论的研究当中。其中最广为人知的就是约翰·罗尔斯，他在《正义论》中提出了一种著名的主张：他认为，如果要确认人们在一个正义的社会当中会遵从的规则，那就要看他们在"原初状态"[1]之中出于维护自身利益的需要会共同认可何种规则，在这种状态当中，人们对于自身众多特质的认识都被一道"无知之幕"给掩盖了，他们无从得知自己来自哪个阶级，具有哪种性别，属于哪个种族，拥有何种能力，甚至对于自身在道德与宗教层面的观念以及人生目标也不得而知。罗尔斯认为，在人们不知道这些特质的情况下，他们最终达成一致的规则就是公平的规则，因为由此产生的规则会是不偏不倚的。

在原初状态之中，人们最终会就哪些社会规则达成共识呢？在我们回答这个问题之前，我们需要对处在该状态当中的人所追求的**利益**和拥有的**信念**有更多的认识。当这

---

[1] 在罗尔斯所构想的这种原初状态当中，人们需要想象自己都是自由的，以及彼此间都是平等的。他们需要在这种状态中尝试就社会运行的根本性原则达成共识。——译注

群人在评估各种不同的社会组织方式的时候,他们脑中所设想的自身利益会是怎样的?(毕竟,无知之幕把他们有关自身价值观的全部认识都掩去了;然而,他们肯定得要有**某些**价值观才能用以评价各种可能的社会契约——但是是**哪些**价值?)以及,当这道幕布揭开后,对于变成这个社会中任何特定个体的概率,他们又是怎样想的?

对于这些问题,罗尔斯是这样回答的。首先,罗尔斯赋予了处在原初状态中的人关于美好生活的一种共同的抽象构想。他认为,尽管人们实际上会有着迥异的人生走向,但这一套构想作为拥有不同人生走向的人们评估各种处境中的生活质量的共同基石,仍是合适的。罗尔斯声称,这套"善的薄理论"所试图表达的,是我们会有一种压倒一切的要优先满足一些条件的希望。只有这些能得到满足,我们才有条件自由地发展和追求我们的目标,不论那是什么。罗尔斯由此得出结论,处在无知之幕背后的人们在评估任何社会处境的好坏时,都会基于这些处境中的人们能否获得那些所有人都需要的共同权利与物品,例如自由、工作与收入。

第二,罗尔斯规定,在无知之幕背后的人完全不清楚,在幕布揭开之后,自己变成现实中任何人的概率是怎样的。换而言之,他们并不会被告知,在幕布揭开后,他们变成任意个体的概率都是**等同**的;关于变成任意个体的概率的信息，人们是**完全不得而知**的。（为了说明这一点，请考虑如下案例：在一个由两个人构成的社会中，一个在罗尔斯的原初状态当中的人，必须通过扔一枚他极度陌生的硬币来确定他会是这两个人中的哪一个，他不知道这枚硬币正面或反面朝上的概率各有多大。这与掷常规硬币是截然不同的，因为人们知道常规硬币掷出正面和反面的概率是等同的。）

罗尔斯提出，处在原初状态当中的人犹如纵身跳进黑暗之中，他们会极其担心自己在幕布揭开后会成为处境最差的人。因此，罗尔斯认为，人们会选择能够最大化改善处境最差之人的前景的社会契约。这个结论被人们称为"最小值最大化的正义概念"（这是基于在完全无知的状态之中做决策时，认为人们会选择让最差的结果最优化的决策规则。）

罗尔斯的作品一经发表就引来了潮水般的各路回应，大部分回应都是对他的批评。和许多学者一样，宾默尔也认为罗尔斯的论证是不成立的。（原因在于，如果我们使用最小值最大化的决策规则，那就意味着我们关注的就只是在幕布揭开后位于最差处境中的人的利益；因此，人在做决策时就好像他**确定**他会在幕布揭开后成为处境最差的人。但这样想似乎是没有道理的：因为处在罗尔斯所构想的原初状态当中的人，对于幕布揭开后成为任意个体的概率是全然无知的,他们完全没有理由肯定地假设自己在幕布揭开之后会陷入任何特定的处境。)

尽管如此,宾默尔认为,罗尔斯提出使用原初状态作为思考正义规则的方法,确实道出了某些重要的洞见。宾默尔还认为,罗尔斯提出的均等主义式的结论也有着很吸引人的地方。所以他决定研究一番,看看这些结论是否可能可以从一种不同的原初状态当中推导出来。

很长一段时间以来,宾默尔似乎都不太可能适合承担这样的研究任务。在他小时候,他对于哲学的兴趣就仅限于数学哲学。在他于伦敦政经学院工作的日子里,他听过卡尔·波普尔(Karl Popper)的讲座,他在与我对谈的开头提到了这段经历,他说他当时"很羞涩地加入了课上的讨论"。他还说道:

> 在那时,如果有人跟我说,我之后会参与道德哲学的研究,那一定会让我大为震惊。这个事情挺偶然的。1984年,我受邀参加了一场有关道德哲学和经济学理论的论坛。我那时一直都认为,罗尔斯对商讨理论(bargaining theory)的应用并不正确,所以我对自己说:"我要写一篇论文,将商讨理论运用到原初状态之中。"在我撰写那篇论文的过程中,我越来越搞不清楚,罗尔斯说他在"落实康德的定言命令",到

底是什么意思。所以在我自己还没意识到的时候，我就已经进入道德哲学的范畴当中了。

宾默尔想要为原初状态寻找哲学上的基础，因而开始了解康德的作品。然而康德的作品实在是深奥费解，令他在很长一段时间里饱受困扰，最后转而去研读大卫·休谟的作品。休谟在《人性论》当中试图对人们的道德情感做出一套彻底的自然主义解释，而这启发了宾默尔，他于是用一种与罗尔斯很不相同的角度来研究原初状态：他开始相信，要研究人们对于公正这个概念的理解，就要聚焦于它在演化论这个维度上的起源，以及它现今所起到的作用，于是宾默尔便着手去揭开这些问题的答案。

宾默尔的这番事业最终让他写出了一套厚厚的两卷本《博弈论与社会契约》（*Game Theory and the Social Contract*），他将这套书戏称为"圣经"。他一改往日在哲学讨论中的羞涩，在书中除了提出他自己的理论，还强有力地批评了哲学学界中的诸多主流成果。在我们的对谈当中，他也展现出了同样充满战斗力的精神（不过他的脾气还是很好的）；2001年，一个阳光灿烂的夏日，我们在他位于威尔士美丽的蒙茅斯山谷的农舍花园中开始了对谈，这段对谈一直持续到我们在当地一家餐厅吃完晚饭以后才结束。我们首先谈的是他对于各种非自然主义观点的批评。

肯·宾默尔：公正的起源

*

福尔霍夫：您认为，当传统的道德哲学提出"我们应当怎样生活？"这个问题时，意味着它一开始就把路走错了。为什么这是个错误？

宾默尔：在我看来，人们一般在问"我们应当怎样生活？"这个问题时，这个问题并没有什么意义，因为提问者似乎期待得到某种定言命令式的答案，不管我们实际的偏好和规划是怎样的，仿佛只要听从这种定言命令的规定来做出特定的行为，抑或拥有特定的动机就可以了。我认为，定言命令这种东西根本就是不存在的。我就是一个彻头彻尾的自然主义者、还原论者和相对主义者；对，这些标签全都是不讨喜的。当人们在问"我们应当怎样生活？"的时候，于我而言就相当于是在问："地球上应当存在怎样的动物？"我们所拥有的道德规则，就像存在的动物一样，主要是被演化的力量塑造的。因此，如果有人想要研究道德，那么诸如道德规则如何有利于推行"至高的善"、如何有利于保护"至上的权利"等问题，通通都没有意义。人们应该去想的问题是，**这些规则是如何留下来的？为什么这些规则会留下来？**

回答这个问题的关键，在于认识到在人的众多互动当中，如果人们相互合作，协调彼此的行为，就可以因此获利。所谓的"驾驶博弈"（Driving Game）就是一个直接的例子：每个人开车都可以选择靠左行驶或者靠右行驶，并且所有人是都靠左行驶还是都靠右行驶，本身并不重要，**重要的是**所有人靠同一边行驶。博弈论通过我们所说的"均衡"概念来分析这种博弈。当所有玩家选定的博弈策略（例如"靠左行驶"或者是"靠右行驶"）都是对这场博弈中其他所有玩家各自选择的策略的最优应对策略[1]时，这些玩家们所选的这一组策略选择就**处在均衡状态之中**（in equilibrium）。而在驾驶博弈当中，有三种可能会发生的均衡状态：一种是所有人都靠左行驶，一种是所有人靠右行驶；最后一种是所有人靠哪边行驶都是随机的，每个人都有50%的概率会靠左行驶、50%的概率会靠右行驶。[2] 当然，对于所有人来说，前面两种靠左或靠右行驶的均衡

---

[1] 对于任何一名玩家来说，当且仅当他考虑到其他玩家会选择的策略，无法通过选择其他策略来获得更好的收益时，他的选择是最优的。——原注

[2] 如果这最后一个均衡状态的存在可能性让你感到吃惊，那么试想一下，如果有这样一个人，他是通过抛硬币（正反面朝上的概率相同）的方式来决定自己在路的哪一边开车。那么，采取与他同样的策略就是对他的策略而言最优的回应策略，因为你采取任何别的策略都无法降低最终行驶路线相冲突的可能性。同样的，如果你也是抛硬币来决定路的哪边开车，他也无法通过更换他的策略来降低最终行驶路线相冲突的概率，所以当你们两个人采取的都是这样的随机化策略，那么你们的策略选择就都是对方策略的最佳回应策略。因此，当你们两个人都是通过抛硬币（正反面朝上的概率相同）的方式来决定行驶在路的哪一边，这一组策略就处于均衡状态当中了。——原注

状态都比最后那种随机化的策略要更好。类似地，根据一些特定的情况，比如隔壁邻居们开车时所选择的那一边，前两个均衡状态中的某一个会比另一个要更好。

总体而言，对于人类的生活来说，博弈论能够帮助我们认识到，在很多具体的博弈当中是存在多个均衡状态的，而选择对人们更有利的那个均衡状态来进行协同是至关重要的。我认为，道德就是这样一个伴随人类的演化而产生的装置，它产生的目的便是要解决这一类的协同博弈。如果以这样的角度来思考的话，道德就包含了两个维度。它既包含那些为了在某个博弈当中**维持**某个均衡状态的规则，它们明确了那些可被允许的行为以及那些会受到惩罚的行为；它还包含那些为了**选定**某种均衡状态，使得人们能够协同的规则。

福尔霍夫：我对您关于道德的理解感到十分困惑。当人们被要求给出一条道德规则的例子时，没有几个人会想到"在英国开车要靠路的哪边"这种规则。除此之外，关于您所提到的那些协同问题，通常而言，从长期来看确实存在对于双方来说都有利的解决方案。然而，对于很多经典的道德规则来说，例如互助原则，它要求人们为了一些人放弃很多利益，并且并不期待这些人能给他们任何回报。由此可见，在您所理解的道德之中，对于那些您认为是典型的元素，我们似乎并不会认为它们与道德相关，并且很多人所认同的道德典型元素也被您的理解给排除出去了。既然您对于道德的理解与我们的日常理解大相径庭，那么为什么我们要接受您这样的理解呢？

宾默尔：相比于绝大多数人所理解的道德，我对于道德的理解确实虽比他们的更具包容性，但也不像他们的理解那样广阔。关于我为什么以这种方式来看待道德，这个问题的完整答案包含两个部分。第一，我认为我们在各种日常的协同问题中使用公正性规范时，并不会意识到我们在使用这样的规范。某人在一个狭窄的走道中碰到迎面走来的另一个人时，他们每个人应该让出多少空间？今晚的碗碟应该由谁来洗？这些问题看起来可能微不足道，然而如果每次这些问题需要解决的时候都会引发冲突，我们的社会就会分崩离析。在这种情况当中，我们在解决的就是道德问题，但是当与我们互动的人和我们拥有相同的文化背景，那么解决这些问题就不费吹灰之力了，以至于我们甚至不会把它们当作问题。那么这些公正性准则就是在我们意识不到的层面起作用。

第二，我们需要意识到很关键的一点，一旦我们的道德准则**并不能**良好运行，我们就会意识到它们的存在了。当我们碰见新的状况时，我们会试图使用原本用于应对我们或者我们的祖先过去遇到的状况的公正性准则。问题就在于，这些准则对这种新状况不一定奏效。就我们的公正性原则是生物性的这一点而言，它们均是在人类演化所处的环境中发展而来的。过去，原始人类群居一处，一个群体最多有150人。在这种群体中，人与人之间彼此都认识。而在这种族群中产生的公正性准则（有证据表明它们是高度均等主义的），可能就在一定程度上被刻入了我们的基因当中。如果这些是真的，那么我们的公正性准则，或者用哲学家们喜欢的说法，"道德直觉"（moral intuitions），就是适应这种小规模群体的。当我们试图在它们并不适用的情况中使用它们时，我们就能意识到它们的存在了，因为它们在这种情况中并不奏效。于是乎，我们就像生物学家康拉德·洛伦茨（Konrad Lorenz）观察到的小寒鸦一样，当它被放置在一个大理石材质的桌面上时，它会做出洗澡的动作，因为这光滑的桌面让它觉得自己像平常一样"在一汪池水当中"。正如这只小寒鸦的行为一样，当碰到前所未见的情况时，我们的行为也是那样地病态。

福尔霍夫： 您是不是在说，一个依循互助原则——该原则要求他在不会给自身带来重大损害的前提下帮助处境艰难的人——行事的人，除非当他在遵循这项原则行事的时候，他正好处在他能够期待自己的行为有所回报（或者可以规避惩罚）的处境当中，否则他的行为就是病态的？是不是说，他只是受制于并不适用于他的状况的准则？

宾默尔：这项原则正是一个极其恰当的例子！想一想，为什么这条道德准则告诉我们的是在别人处境艰难的时候，我们就应该帮助他们？想一想人类演化源头的那些规模很小的群体，我们首先必须要思考的问题是："为什么他们要群居？"从根本上说，答案就是，这样他们就有机会去帮助彼此，帮助彼此免遭不幸。那么接下来，我们必须要想的问题就是："为什么人们彼此帮助是一种均衡状态呢？"答案就是：互惠原则（reciprocity）。这个互惠原则运作的方式是，我答应帮你忙，然后你也要帮我忙。如果我帮了你之后你没有相应地帮我，如果我们想要让状况处在均衡状态，那么就会发生一些事情，让你的处境比你愿意相应地帮我时的处境更糟糕。在这种小规模群体当中，互惠性，以及对于那些不予回报之人的惩罚（也许是由第三方施加的），能够有效保证人们的行为符合互惠原则的规范。现在，我们来试着在一个匿名的大规模群体中应用这条互惠原则，你按照这条原则去帮助的人很可能是一个陌生人，很可能他永远也不能给予你回报。若没有第三方来强制实施这条原则，它就无法正常运行，除了无条件助人为乐的极罕见情况。当有人在这种情况之中无私而勇敢地帮助别人时，我们会将这些人尊为圣人，抑或给他们颁发功勋奖章，因为这样的情况实在是太罕见了。所以你知道，在这样的背景下，人们通常不会在需要自己做出重大牺牲的前提下对完全陌生的人做出利他行为，除非只是一次或两次。例如，如果你碰到一个在河里溺水的陌生人，你确实可能会跳进河里去救他，可你极少碰见这样的情况；但试想这样一种情况，你每次出门遛狗的时候，都会碰见一个在河里挣扎的陌生人，并且如果你和绝大多数人一样，很快你就会找到某些理由来说服自己，为什么在这种状况之下你并没有义务去冒着生命危险营救别人。

福尔霍夫： 可很多人直觉上仍然会认为他们在这样的情况下有义务去救溺水的人，至少只要救人给我们自身带来的风险相对较小……

宾默尔： 一些哲学家声称，人们拥有某些权利和义务，并将它们的权威性构筑在人们所谓的"经反思的直觉"（considered intuitions）之上。这些人在这件事上完全是倒果为因了。这类哲学家认为，人们拥有某些权利和义务就是天经地义的，他们自己也说不清楚个中缘由，而社会制度就因此应该按照这些权利和义务来被设计和构筑。这种思考方式涉及一个问题，即给那些仅仅是惯例的规则赋予了过多的约束力。所谓的"权利"，只不过是对于某些行为会免于惩罚的认可与保障，而"义务"是那些为了免于惩罚而一定要做的事情。只有当这些规则有助于维持某个均衡状态时——当在所有人都遵循规则且所有人都认为其他人会遵循规则的情况下，这些规则允许或规定的行为对所有个体的利益来说确实都起正向作用的时候——它们才是重要的。[1] 所以，并不是因为我们有特定的权利和义务所以我们才应该有特定的制度；而是因为特定制度对于协同行为而言是必要的，所以我们才有特定的权利和义务。

福尔霍夫： 您认为公正的判断有一种特殊的作用，可以帮助我们协同彼此的行为。这些判断具体起到了什么作用？

宾默尔： 在很多情况之中，都可能会存在多种潜在的均衡状态，我们可以选择在其中的每一种均衡状态下来协同，而重要的是，我们要在那些"高效"的均衡状态（efficient equilibrium）之下进行协同，因为这不会导致资源的浪费。[2] 尽管两名博弈选手都有动机在一个高效的均衡状态之下进行协同，但可能会有多种潜在的高效均衡状态存在，而当他们选定于哪个高效均衡状态下协同的时

---

[1] 关于这里提到的个体"利益"以及在这段讨论的所有其他地方提到的个体"利益"，这个"利益"的概念是包含所有这个人在意的东西的。博弈理论家并不会假设一个人只会在意他自己的幸福，这里的"自己的幸福"应以狭义的方式来理解。这些学者的观点是，我们之所以更加关心我们的亲朋好友，是因为自然选择把我们塑造成了这个样子。按照这样理解，我们亲近的人的幸福自然也就变成了我们自身的利益。——原注

[2] 高效的均衡状态指的是，在没有任何人受损的前提下，没有任何别的均衡状态可以让处在这个高效均衡状态中的至少一个人得到更好的收益。在前面提到的"驾驶博弈"当中，"每个人抛硬币来随机决定自己靠左还是靠右行驶"的均衡状态就是一个非高效均衡（inefficient equilibrium）的例子，因为该博弈中的两名选手在另一个均衡状态中均可以获得更好的收益。——原注

候，彼此的利益是可能发生冲突的。举例而言，设想一下，两个朋友想决定晚上要去哪里逛。两个人都想要和对方一起出去逛，其中一人最想要去住所附近的一家酒吧，最不想去位于市中心的酒吧，而另一个人最想去的就是市中心的那家酒吧，最不想去他朋友家附近的那家酒吧。不管他们俩在哪家酒吧碰头，都是一种高效的均衡状态——但他们到底应该去哪一家呢？需要注意的是，在这类情况当中，我们并不一定总是可以通过商讨来解决问题——因为也许根本就不可能商讨，或者代价太大。所以，我们需要一些方法，来帮助我们决定选择哪个均衡状态。尽管我这么说当然主要是推测，但我认为人们解决各种日常协同问题的内在机制和罗尔斯提出的原初状态是有相似之处的——我认为人们是通过使用某种类似于原初状态的思考方式来帮助他们最终决定哪种均衡状态是最为公平的。我的想法是，人类对公正性的概念，埋藏着某种在演化过程中被写入基因的深层结构。这就是为什么有人第一次听说原初状态这个概念时，他的当即反应是："啊，对啊，这听起来确实挺有道理的。"

福尔霍夫：人为什么会演化出这种特别的协同方法？

宾默尔：我认为，它之所以会演化出来，是因为人们需要应对相互保障的契约。在合作型打猎演化出来之前，人们都是独自外出觅食的。在一天当中，有一些人找到的食物量超出了他们的需要，有一些人找到的食物则不够喂饱自己。没有任何人能够事先知道谁会是那个幸运儿，谁会是倒霉蛋。因此，如果所有人都能订立并遵守这样一种契约，让满载而归的人将食物分一部分给空手而归的人，那么所有人就都能从中获益。那么，当原始人类在对这类保障契约的具体规则进行商讨时，参与商讨的人对于他自己到底会是那个幸运儿还是倒霉蛋，是完全无从得知的。因此，当他们在评估这类契约时，他们会对自己最终有可能会身处的每一种状况赋予一定的概率。而这为向着原初状态的方向发展奠定了基础，这将原本在原创状态之中时你不知道自己最终会变成哪个人，替换成了你不知道在一天的猎食结束后最终自己是哪种状态。

*

尽管在宾默尔看来，罗尔斯的理论较为接近地刻画出了我们在演化过程中所习得的解决协同问题的方法，但他认为，这个方法与罗尔斯所刻画出的版本仍然存在着以下四个不同之处。第一，他认为，罗尔斯认定人们能够从零开始重新拟定整个社会契约，这是戴着玫瑰色的眼镜在看待这件事。与罗尔斯不同，宾默尔的理论是，当我们将原初状态当作一种促进日常协同的方法时，我们就直接将**现**

状（status quo）当作我们协商的起点，并且要将我们的精力集中在达成具有统一共识的安排上面，即，这个安排要能够使得所有人都过得比**现状**更好。(这里所说的**现状**，指的是那些会维持现有均衡状态的安排，除非人们一致同意要达成某些新的协定。) 人们之所以会这样做，是因为如果将原初状态作为一种建立互惠协同的机制，那么这就首先预设了大家都在试图通过确立一种新的均衡状态来获得收益；这就意味着，它的使用排除了对某些替代方案的考虑，这些替代方案对于某些参与者来说，要比没能达成新的均衡状态更加糟糕。

第二，宾默尔并没有假设，人们对于自己最终在现实中处于不同状况的概率全然无知，他认为，事实上，人们会假设他们最终变成任何一个人的概率都是均等的。举例来说，设想一个只有亚当和夏娃的二人社会。当夏娃通过原初状态来评估社会契约时，她会将这些社会契约认知为一场赌博，即她认为自己会有 50% 的概率成为亚当，有另外 50% 的概率成为她自己——亚当也是这样认为的。因此，在无知之幕的背后，每个人都会选择那个在多种可行的社会契约中能产生最高价值的结果。

然而，亚当和夏娃到底会如何评估自己在变成对方后，过得会有多好（或多坏）呢？这个问题将带着我们揭示宾默尔提出的原初状态和罗尔斯提出的原初状态之间的第三个区别。作为一个自然主义者，宾默尔对于罗尔斯关于人们应当使用一个共有的"善的薄理论"来评估各类社会契约的论述，自然是无法接受的。与罗尔斯不同，宾默尔必须要对人们**事实**上在无知之幕背后对个体处境质量做出比较所采用的标准进行溯源。更进一步，他还必须要解释，为什么亚当在评估时采用的标准和夏娃的标准会是一致的——因为只有当这两个人都采用同一个标准时，她们才能够将原初状态作为一种协商选定社会契约的方法。

在宾默尔的解释理论当中，他首先对两种不同类型的偏好（preference）做出了区分。我们也许可以将第一类偏好称为"个体偏好"（personal preference），它涉及的是，个体在特定情况当中会发现自己拥有的是自身当下的爱好与目标。举例而言，如果夏娃是一个很羞怯的人，那么她在一根无花果叶所做的缠腰布和一颗苹果之间，就可能会更倾向于选择缠腰布而不是苹果。当然，人们所拥有的个体偏好都是不尽相同的：如果亚当是一个饥肠辘辘的自然主义者，那么他就可能会更偏向于选择苹果，而不是缠腰布。

而与之相对的，我们也许可以将第二类偏好称为"移情偏好"（empathetic preference），它需要让我们想象自己处于别人的状况之中，并且带有**这个人的个体偏好**。比如说，夏娃可以这样想，如果自己处在亚当的状况之中，并且带有亚当的个体偏好，那么选择去吃苹果对亚当来说意味着什么。接着她可以这样问自己，假设自己可以选择成为谁，她到底是想做那个会选择去吃苹果的亚当，还是想做那个会选择将腰布缠在身上的夏娃。她还可以问自己，如果现在有一颗苹果要分给她或者亚当，到底这颗苹果对于亚当来说更有价值，还是对于她自己来说更有价值。在上述这些判断当中，夏娃的移情偏好就体现出来了。

宾默尔认为，即便无知之幕的存在让亚当和夏娃无从得知自身的身份和个体偏好，这二人仍然可以在幕布之后拥有移情偏好。而只要有了移情偏好，他们两人就可以评估社会契约了。举例来说，如果夏娃认为，相比于将苹果分给自己，这颗苹果对亚当来说会更有价值，那么假设她认为自己有50%的概率变成亚当，有另外50%的概率变成夏娃，她就会倾向于选择将苹果分给亚当的社会契约，因为这个社会契约最能够提升她自己的预期处境的质量。

宾默尔认为，尽管运用这类移情偏好的能力早已被写进我们的基因当中，但是这些移情偏好的具体内容却并没有。他推测，这些移情偏好的具体内容是被下述文化演变（cultural evolution）的过程所决定的。在尝试选定一个人们都认定为公平的均衡状态的过程当中，人们起初都是在用不尽相同的标准来评估每个个体处境下的优劣（即，人们各自的移情偏好是各有不同的）。有些人相比其他人而言能够更加成功地选定那些有利的均衡状态,而这单纯只是源自这些人所使用的标准。旁观者则会效仿这些拥有更加有效的标准的人——而这样导致的结果就是,处在同一群体当中的人们所拥有的移情偏好会日益趋近。

宾默尔对罗尔斯的原初状态所做的最后一点修补是,人们应当非常仔细且谨慎地去考虑,在缺乏能够保障契约执行的外部力量的情况下,在无知之幕被揭开之后,人们可能会对自己所实际扮演的角色不满意,于是就会断然拒绝履行相应的权利和义务,并且他们会认为自己的不利处境是由这个社会契约造成的。(罗尔斯对该问题也相当重视,他在其作品当中写道,在幕布之后的各个主体应当考虑到"献身的负担"[strains of commitment][1],即对于在真实处境中的人们来说,当社会契约使他们陷入糟糕的境况时,他们可能就会感受到这种负担。)毕竟,尽管当夏娃处在幕布之后时,如果这颗苹果能给亚当带来相较于自己而言更多的益处,那么她会乐意让亚当拥有一整颗苹果,可是,在真实世界当中,如果社会契约真的把一整颗苹果都分给亚当了,那夏娃对于自己分到的那部分可能就会不

---

[1] 这是罗尔斯对于处在原初状态中的人们选择社会契约时所加的限定,这个限定要求人们必须选择那些在幕布揭开后他们能够打心底里接受、认同并且服从的原则。反过来说,如果人们认为,有任何一条原则导致的某些糟糕的结果是自己在现实世界中无法很好地接受的,那么这条原则就会被这个限定条件排除。——译注

满意了。宾默尔相信，如果想要解决这个难题，就得来一剂猛药：为了确保在新的社会契约当中所得最少之人仍然愿意合作，无知之幕背后的人们所选择的契约，就应当能**够尽可能最大化**所得**最少**之人的收益。这样，所得最少之人就不再有理由拒绝先前的协定 —— 因为他们没有可能再取得更高的收益了。而且，如果社会互动产生的所有收益都是可分割的（宾默尔认为这个条件通常是可以被满足的），那么当所有的收益都恰好被均等地分配时，所得最少之人的收益也就刚好被最大化了。总之，在缺乏外在强制力的情况下，因为我们需要确保所有人都愿意合作，所以我们会一致同意，所有的收益都应当被均等分配。

这些看起来可能过于复杂了。毕竟，在日常生活中，当人们判断哪种方式是公平的时候，似乎都并不会经历一个这样的流程。然而，宾默尔认为，这些判断并不是由人们有意识地以上述方式思考得出的。应该说，我们判断协议是否公平，和判断我们母语中的句子是否符合语法，所采取的方式是一致的：那些让我们能够得出结论的复杂规则是在潜意识中运行的。并且，判断的结果也是很直接的：一种社会契约，只有能带来相比于**现状**来说更平等的收益分配，才会被认定为是公平的。这个结论同时也是可被印证的：举例而言，在许多规模较小的问题当中，该结论所得出的分配合作所获收益的方式会被我们认为是公平的（即，平等的），比如说应该如何分一颗苹果，和朋友今晚出去逛要去哪家酒吧。尽管如此，它是否符合所有的事实？这是存疑的。

*

福尔霍夫：您认为，人们通常会使用原初状态来判定基于现状的何种改善才是公平的。如果我们考虑的是规模较小的问题，运用的是常识当中的公平概念，您说的似乎就是成立的：通常而言，我们会专注于为眼前的有限的协同问题找到一个公平的解决方案，并且我们并不会分析我们自身的状况相对于其他人的状况在总体上的公平性。尽管如此，我们并不总是这样限制我们的评估性判断；我们可以"抽身出来"，衡量现状本身的公平性，尤其是在处理社会契约中更宏观的方面时。您似乎认为，这样做是错误的——它把本来可以帮助我们找到相较于现状而言更优的均衡状态的方法，错误地运用到了这种方法所产生的判断并不能发挥作用的情景中。但是，当我们认定目前的社会契约并不公正的时候，我们真的犯错了吗？比如说，如果当下的社会仍然存在蓄奴的问题，判断这是一个不公正的社会，难道存在任何问题吗？

宾默尔：不管是认为我们能够以某种方式重新开始，

还是认为相对于全面改革的另一条路是霍布斯式的所有人对所有人的战争[1]，都是错误的。如果我们并未就一个新的社会契约达成一致，在我看来，我们只不过会卡在当下的状态而已。而我们所能拥有的最好期待就是说："这就是我们的现状。我们之中想改变它的人够多吗？"

其实，并不存在奴隶制绝对错误这回事，它并非被所有社会契约所禁止。亚里士多德对奴隶制就相当有热情。只不过因为我是在这样一个社会中长大的，所以我也就和这个社会一样厌恶奴隶制。可如果有足够多的人觉得奴隶制可恶，就会对奴隶主施压，让他们合作废除这个制度。如果这些奴隶主合作，就能比现状过得更好，而因为现状存在他们被强迫着废弃奴隶制的风险。

福尔霍夫： 人们也许会想，纵观人类历史，如果每当人类必须彼此协作以改善社会契约时，都使用了原初状态的方法，我们就会有一系列相当有平等主义色彩的社会契约才对。可是似乎并非如此。如果我们确如您所说的那样在使用原初状态的话，为什么我们的这个现实社会中的贫富差距居然会如此之大？

---

[1] 霍布斯认为，在政府和公权力尚不存在的自然状态当中，因为人想要持续生存的本性，以及外部强制力和保障缺乏，最终为了争夺资源和自我保存，这个状态当中的每一个人都不得不对所有人随时保持杀戮的倾向，并且同时不得不面对任何一个人随时来杀掉他的可能。—— 译注

宾默尔：人类学研究发现，在人类演化出的社会当中确实有平等主义的元素。这类社会存在两个非常鲜明的特征。第一，在这类社会当中，并不存在发号施令的人。当然，也许每个人都想发号施令，但这类社会之中的特定机制压住了喜欢发号施令之人的风头。在某些极端的状况当中，这些喜欢发号施令的人会被其他人逐出这个部落。第二，他们之间对物品的分享和对责任的分担也是很均等的——惊人地均等。这个现象是很普遍的，从格陵兰岛上的爱斯基摩人，到澳洲的土著居民，都是这样。而这就让我认定，这些一定都是生物性的。如果这种分享与分担的机制没有生物学意义上的基础，世界各地的情况不可能会如此相像。

福尔霍夫：不管爱斯基摩人和澳洲的土著有多么均等，可现代社会并非如此。为何来自狩猎采集社会的证据比来自其他社会形态的证据更有分量？

宾默尔：对此，常规的人类学解释是，随着人口的增长，狩猎采集社会在需求的驱使下转型成了农业社会。但人类学的资料也表明，当经济生产要素改变之后，整体社会契约也就随之改变了。私有财产由此产生——而喜欢发号施令的老大们也就应运而生了，因为需要他们来统筹规划。于是，作为一种协同工具的公正就让位于领导力了。这种新型的、等级制的社会组织方式不可能是被生物性所决定的，因为转变所经过的时间太短了，一组新的遗传适应是来不及发生的。它们的出现是文化上的适应与改变所致，而这将人类基础的基因特征给掩盖住了。在社会学家亚历山德拉·玛丽安斯基（Alexandra Maryanski）和乔纳森·特纳（Jonathan Turner）合著的《社会的牢笼》(The Social Cage)中，二人指出，我们所履行的社会契约和人类的生物性是存在紧张关系的。二人由此认为，这就能够解释为什么世界上不开心的人有这么多。我认为这个论述是正确的。人类的固有基因所适应的是那种较为均等的、不会有人对我们发号施令的社会形态，然而，经济维度的紧迫性迫使我们不得不接受一个不平等的社会，而在这个社会当中，即使是当老板的人也会抱怨自己得不到满足。

福尔霍夫：假设您这个关于道德的描述性理论确实体现出了人们在实际生活中采用的规则和程序，至少是在规模较小的情况之中。但为什么这个理论会限制我们的对错观？毕竟，道德的描述性科学和应然性的道德哲学是截然不同的。为什么一方会冲击另一方？

宾默尔：只要你想，你就可以发明一套道德哲学的理论，一个由各种定言命令构成的体系，但我并没有任何理由去关注它。因为，如果你想让我做你认定为正确的事，不做你认定为错误的事，你必须向我提供相应的理由，这意味着我们必须有某些共同的判断。也许你会提出一些我喜欢的东西，但你无法让我相信真的存在定言命令。像我这样的自然主义者，会认为只有假言命令才有意义，比如说，"如果你真的在乎那些饭都吃不饱的孩子们，你就应该把你的钱捐给慈善事业，而不是花在你刚才点的那瓶用来给我们佐餐的昂贵的马尔戈红酒上。"

福尔霍夫：如果是这样的话，那么您如何看待作为一种关于道德的描述性科学和道德倡议之间的关系？

宾默尔：关于道德的科学（a science of morals）能起到的作用是，它能告诉你哪些行得通，哪些行不通。那些自居为大善人的人会对自己所坚持的道德原则的正确性深信不疑，这种人往往才是祸患，因为他们提出的那一套是行不通的。如果我们能够理解人类的互动和道德心理学的话，那么我们进行社会变革的尝试就有可能更成功。

*

因此，宾默尔的观点和休谟在他写给格拉斯哥大学的道德哲学教授弗朗西斯·哈奇森（Francis Hutcheson）的信中所表达的观点不无相似之处，哈奇森曾对休谟所著的《人性论》提出批评，认为这本书是专门研究人类本性的，"缺乏在对美德的追求中的某种温情"。休谟打了个比方来回应他，写道："我们审视人类的精神和肉体时，既可以取解剖学家的视角，也可以取画家的视角，如果是从前者的视角出发，我们就要发掘其间最深处的动力源泉和运作原理，而如果从后者的视角出发，那我们就要描绘其所做出的行动之光辉与壮美。"他承认，"当你深入人类的身体之中，并且将其间所有微小的组成部分都展现出来"，这本身并不足以构成一幅美妙的画像，但他同时也指出，一名解剖学家能为一名画家提供很好的建议。"同样的道理，"他写道，"我相信，一名形而上学家（Metaphysician，休谟这里指的是对人类的道德情感给出自然主义解释的人）对于卫道士（Moralist）来说也许是颇有帮助的。"

而宾默尔相信，一套关于道德的科学解释之所以能够帮助渴望变革的人，便在于它能找到人类惯于使用的选定均衡状态的工具，从而激发人们的公正之感。

*

宾默尔：对于我而言，我绝对无法对任何一个人说："你应该，绝对地，使用原初状态这一方法来做决定。"我最多只能对他们说："我不喜欢生活在当今这个世界上，我也不希望自己的孩子也生活在这样的世界上。如果你想要改变世界的话，有一种我们可以改变它的方法。人们习惯使用这个方法；他们的直觉与这个方法甚为相合。目前，我们还没有大规模地使用它，但我们可以。"

福尔霍夫：如果我们大规模地使用它，会发生些什么？

宾默尔：尽管在一个大型社会当中，等级制度的存在是不可避免的，我们仍然可以对许多现存制度中那些带有威权主义色彩的特性进行修改，这是为了减轻生活在一个充斥着不平等的社会中造成的痛苦。如果我们可以恰当地建立激励制度，就可以给人们创造更多的空间，按照他们基于平等主义的公正观念来决定他们日常协同中的各类条件。

福尔霍夫：对于一个自认为是反乌托邦的学者（anti-Utopian thinker）来说，这番话听起来未免有些太理想主义了……

宾默尔：我和那些乌托邦思想家可不一样，我所依赖的并非人们对于正义的热爱，人们之所以会运用原初状态这个方法，根本原因并不是他们对公正本身有兴趣。真正的原因是，他们想要协调彼此的行动，从而在行动中获益，当然，有人会问："为什么人们的行为会是公正的？"人们会想回答说："因为他们对公正本身有兴趣；因为他们喜欢公正的结果。"我认为这类答案犯了根本性的错误，和用"法国人开车喜欢靠右行驶"来解释"为什么法国人开车要靠右行驶？"这个问题犯的错误是一样的。事实上，这些行为真正的动力是：这些开车的人不想让自己卷入事故当中，而他们之所以要靠右行驶，唯一的原因就是，他们认为别人也会靠右行驶，所以这是避免发生事故的最佳驾驶方式。如要解释他们的驾驶行为，根本没有必要再引出类似于他们对靠右行驶有某种特殊的喜好。同理可得，如果人们认为别人的目标都是最后选定一个公正的均衡状态，那么他们自己也同样会想要选定那个均衡状态，因为他们想让自己的行为与他人相协调；没有必要用"对公正的喜爱"来解释他们希望如何行事。

福尔霍夫：然而，当人们思考何为公正并相应行动的时候，他们似乎并不会认为，自己的行为与您的描述中他们"实际"在做的事情是一致的。他们会认为自己的所作所为在境界上是要更高的，而非只是在试图以一种对双方都有利的方式来和别人进行协作；并且，这种想法正是他们行公正之事的动力之源。倘若，他们真的信了您提出的这套对于道德的理解，难道这不会导致他们与您提倡人们使用的那个"公正装置"脱节吗？

宾默尔：您提出的这个问题，和"如果人们都不再相信上帝的话，整个社会难道不会分崩离析吗？"是类似的。休谟在他的《自然宗教对话录》(*Dialogues concerning Natural Religion*) 的第十二章中，通过斐洛（Philo）这位人物给出了他的答案。斐洛的回答大意是说："大可随便去找一个人然后问他，他最确信的东西是什么，然后他也许会告诉你，是他对于上帝的信念。看看他的言行吧，你不会认为他真的信仰上帝的。"斐洛在此指出的是，对于那些在别的方面特别善于谋求自身利益的人来说，考虑到他们声称自己拥有的信仰，他们似乎对本应被自己视为高于一切的利益，即规避神的惩罚，极不关心。斐洛说，这就表明，这些人并不是真的信仰上帝——他们的实际行为比其自身对于信仰的宣称更加赤裸裸地揭示出了他们到底在想些什么。对于那些神圣的信条，人们总是对其高谈阔论，可是看看吧，看看实际上他们到底都干了些什么！一般而言，基于这些人对于他人行为的预判，除非遵循这些信条对他们有利，不然的话他们是不会依其行事的。我对一个非常具体的场景记忆犹新，那是在一位哲学家的客厅当中，我认定那块客厅地板上的地毯是由童工制作出来的，而那些满口道德文章的人就围坐在这块地毯的四周。他们只要将自己收入的一部分，哪怕只有10%，捐给慈善事业，都能做出对这个世界而言要好得多的事情。我在研讨会上跟我的同仁们说过这件事很多次，只有一次收到了出乎意料的反馈。当我说起这些时，一位年轻人站了起来，他身后的闪耀着的灯光让他的头发看着像圣人头上的光晕——我惊讶地听他说，他竟然将自己收入的40%都捐给了慈善事业！当我听到那些道德哲学家们也能捐这么多钱给慈善事业的时候，我才会相信，他们声称为真的那些东西确实影响了他们的行为。但我猜，如果我们告诉大家："继续过你们现在的生活吧，但是要看清道德的本质到底是什么。"大家可能确实听到了，然而什么也不会发生。

参考文献与扩展阅读

要了解肯·宾默尔对正义的描述，最好的起点是他的著作《自然正义》（*Natural Justice*, Oxford: Oxford University Press, 2005）。该书总结了他在他的两卷本著作《博弈论与社会契约》（Cambridge, Mass.: MIT Press, 1994, 1998）中所做的更详细的描述。宾默尔同时还是通俗易懂的《博弈论入门》（*Game Theory: A Very Short Introduction*, Oxford: Oxford University Press, 2008）和更为艰深的《理性决策》（*Rational Choice*, Princeton: Princeton University Press, forthcoming）的作者。

关于无知之幕，请参见约翰·罗尔斯的《正义论》第三章。在罗尔斯之前，经济学家夏仙义提出过一个不同版本的无知之幕，见《福利经济学中的基数效用和风险承担理论》以及《理性行为与博弈和社会状况之中的商讨均衡》。

康拉德·洛伦茨关于寒鸦的研究报告见《所罗门王的指环》（*King Solomon's Ring*, trans. Marjorie Kerr Wilson, London: Methuen, 1961）。

休谟对于弗兰西斯·哈奇森的评论摘自1739年9月17日他致哈奇森的信件，见《大卫·休谟书信集》（*The Letters of David Hume*, ed. J. Y. T. Greig, Oxford: Oxford University Press, 1932）。对话中提到的休谟的其他著作还有《人性论》和《自然宗教对话录》（*Dialogues Concerning Natural Religion*, ed. J. C. A. Gaskin, Oxford: Oxford University Press, 2008）。宾默尔还提到了亚历山德拉·玛丽安斯基和乔纳森·特纳的《社会的牢笼》（Stanford: Stanford University Press, 1992）中的内容。

阿兰·吉巴德
道德的实用主义证成

伍迪·艾伦（Woody Allen）的《罪与错》（*Crimes and Misdemeanors*）讲了这么一个故事：朱达·罗森塔尔（Judah Rosenthal）是社区的顶梁柱，也是个热爱家庭的男人。他杀害了一位旧情人，因为她威胁要揭露他的不忠和财务上的偷鸡摸狗。朱达从小的宗教教养，使得他饱受罪责和对惩罚的恐惧的折磨。他在记忆和幻想的交织中沉入一场少年时的逾越节晚宴，席间他父亲萨尔（Sal）和阿姨梅女士（Aunt May）在讨论世间究竟是否存在一套上帝赋予的道德框架。朱达向他们抛出了自己的问题：一个为了达到自己的目的而犯下杀人罪行的人将会遭遇什么？他父亲严辞说到，只有谨遵上帝的旨意，一个人才能过上好的生活。父亲宣称，上帝的旨意贯彻在宇宙中，"不论犯下恶

阿兰·吉巴德：道德的实用主义证成

行的人是否被世人抓住，恶行终有恶报。"梅阿姨则与之相反，宣称道德的律令在我们的人生中是否有任何力量，完全取决于我们自己。她的结论是，"如果这个凶犯能够成功脱身，并且自己选择不去把伦理当一回事，那么他就自由了。"几位客人加入进来，质问既然萨尔的观点建立在没有什么理由的信念之上，他们为什么要接受这种观点。（其中一位还说，"萨尔这样的信念实在是如有天启……他信那些，你可以用逻辑跟他讲一整天道理，可他还是信那些。"）萨尔反驳说，是梅阿姨的判断力被蒙蔽了，不是他的——他认为，是梅的不幸人生让她为人尖酸，不愿意承认世间固有的"道德架构"。尽管一家人显然彼此都是善意的，但是这一分歧产生的张力依然清晰可见。晚餐得以在和谐的表象下进行，仅仅是因为萨尔宣称这个争论无关紧要，结束了讨论，他宣称，他"将永远在上帝和真理之间选择上帝"。

很少有餐桌交流能如此激烈。然而从人类学家记录的狩猎采集的昆人部落中关于妥当送礼的炉边谈话，到西方家庭中一边看电视一边吃饭时关于某个谈话节目嘉宾的表现的闲聊，关于规范性话题的讨论是人类生活中不可或缺的一部分。在某种情境下怎样做才是合理的？怎样的感受才是说得通的？当情况与我们切身相关时，我们不仅会独自思考这样的问题，也会跟别人一起琢磨。我们会交换

219

意见，并且会试着说服别人。当情况事不关己时，我们也会加以评判：我们会闲聊邻居的八卦，品评电影角色的行为。通常，我们考量的是具体的境况，比如说影片中的朱达杀掉自己的老情人是否说得通，他感到负罪是否有道理。在较少的一些情况下，我们也会去斟酌普遍的问题，比如说一个人为自己的行为感到罪责是否有意义，或者一个人不轻易陷入这种痛苦的情绪是否更好。

通常，我们参加关于规范性话题的对话，是为了获得一种思考得更透彻的观点。为了这个目的，我们交换信息，依靠他人的帮助来搞清楚自己的论点会有什么样的推论。我们也经常会想说服别人接受我们的观点，以达成共识。然而这个目的带来了一系列的问题。为什么我们认为达成共识是重要的？当我们认为其他人错了，要求他们应该像我们一样看问题的时候，我们凭什么可以这样做——我们有这个资格吗？

这样的问题困扰着哲学家阿兰·吉巴德。吉巴德早年受到的大部分训练是数学和物理方面的，后来因为证明了投票理论中的一个基础结论而在经济学和政治科学领域名声大噪。（那个结论叫作吉巴德-萨特斯维特定理[Gibbard-Satterthwaite Theorem]，这个定理告诉我们，要创建一套足够好的投票系统来激励选民按照真实的偏好来投票而非策略性地投票，是多么困难。）吉巴德由此将一

阿兰·吉巴德：道德的实用主义证成

种科学化的思维方式带入了关于规范性的讨论和判断的问题之中。为了回答这些问题，吉巴德主张，我们应当借鉴心理学、人类学和博弈论（关于有策略的互动行为的理论）关于我们做出规范性判断的能力以及这种能力在指引我们的行为时的作用的见解。进一步，他呼吁我们将这种做出规范性判断的能力视为人类演化出的天性的一部分。吉巴德清楚地意识到，这些科学领域在这些问题上告诉我们的事情是偏颇的，而且往往并不确定。尽管如此，他相信我们所知道的已经足以让我们做出颇有成果的推想了。

我们在2006年5月见了一面，讨论吉巴德关于规范性判断以及他在此基础上就两个问题得出的结论：我们在规范性探讨中对于共识的追求，以及人感到罪责的适当性。在我去吉巴德在密歇根大学安娜堡分校的办公室的路上，我看到了一幅大型壁画，上面是伍迪·艾伦，这位众多探讨罪责的大师们的共同偶像。我把这当成了一个好兆头，尽管艾伦的忧郁神情并没有暗示我们的交流会有多么振奋人心。

*

福尔霍夫：您是怎么对哲学感兴趣起来的？
吉巴德：是我爸妈跟我说，我会对哲学感兴趣的，于是我到斯沃斯莫尔上大学的时候就选了杰里·谢弗（Jerry Shaffer）开设的哲学课，他可是个杰出的老师。我真的就对哲学着迷了起来，于是在决定主修数学辅修物理学之外，再辅修一门哲学。

让我特别感兴趣的事情之一就是道德的地位问题。当时情感主义让我特别困扰。[1] 我觉得，"道德判断应该不只是就这么一回事吧？"——不过后来我对情感主义的态度有一点缓和，因为读了萨特的《存在主义是一种人道主义》，他在书中告诉我们，人必须为自己自由地选择道德上的坚持。

到了1962年秋天，本科最后一年，我选了谢弗的一门当代哲学问题的研讨课，还有一门道德哲学研讨课，是另一位超棒的老师理查德·勃兰特（Richard Brandt）开设的。我当时在纠结研究生是去读哲学还是读数学。我觉得，不论如何我未来最终都会去教书，而教哲学比教数学有意思多了。但是我后来觉得我要先加入和平队[2]。我得到了一份到加纳教两年数学和物理的岗位，非常吸引人。回来以后，我去哈佛读了研究生。那实在是一段绝妙

---

1 简单来说，情感主义认为道德判断仅仅表达情绪，并且仅仅意图于激发听者的情绪。比如说，依据情感主义，说一个人背叛朋友说错了，跟说"出卖朋友逊爆了！"是差不多的。——原注

2 Peace Corps，美国的一个国际志愿援助组织。——译注

的时光，当时系里有奎因、普特南和罗尔斯，当然还有其他人。

福尔霍夫：所以那刚好是在罗尔斯的《正义论》出版前夕？这绝对超级令人振奋吧！

吉巴德：是啊。在我第一学期跟着罗尔斯上社会哲学课程的时候，他发了一些他的书稿的选段。在他的研讨课上，我们争辩过在原初状态中是否有真正的谈判存在。[1] 我提出，由于每个人在无知之幕背后都是一模一样的，这里就不存在任何真正的谈判，而只包含一个单人决策问题。我成功地说服了罗尔斯，这太让人兴奋了。罗尔斯非常乐意接受和承认学生的贡献。

福尔霍夫：还有什么人当时影响过您？

吉巴德：嗯，我最初是接触过肯尼思·阿罗（Kenneth Arrow）的书《社会选择与个人价值》(*Social Choice and Individual Values*)。然后我了解到，阿罗和罗尔斯将要和一名我从没听说过的、年轻的印度经济学家阿马蒂亚·森（Amartya Sen）合开一门研讨课。[2] 著名的决策理论家霍

---

[1] 罗尔斯认为个体应当在原初状态来商讨决定一个公道的社会契约的条款是怎么样的。在原初状态，每个人都被无知之幕遮住，无法了解他们具体的社会处境、各自独特的性格以及个人的价值观。——原注
[2] 阿罗于1972年获得诺贝尔经济学奖，森于1998年获得诺贝尔经济学奖，都是因为在福利经济学和社会选择理论——研究社会状态评价的经济学分支——方面的贡献。——原注

华德·雷法（Howard Raiffa）还有经济学界顶刊《计量经济学》的编辑富兰克林·费希尔（Franklin Fisher）都要来参加。还有一个年轻人理查德·泽克豪泽（Richard Zeckhauser），人们私下里都说他是全国桥牌冠军。我觉得恐怕从来没有这么高浓度的智力聚集在一间屋子里过！这门课把我的注意力吸引到了社会选择问题上，同样，后来我在芝加哥大学的第一份教职就是承担开设一门社会选择理论的任务，这也让我开始聚焦于这个领域。我从中获得了研究投票系统在何种情况下可能被操纵的动力。这项研究后来进展得非常艰难，但是最终我做出来了。

福尔霍夫： 那您怎么就转到研究规范性的本质去了？

吉巴德： 嗯，我刚才提到过，在学生时代我就很为情感主义所困扰。后来等我开始在安娜堡工作的时候，已经搬到了那里工作的理查德·勃兰特正在研究理性。于是我也开始考虑关于理性的问题——理性究竟是什么？说某人具有理性是什么意思？因为我在那时开始想到，诸如"做什么样的事情是说得通的""哪些做事情的理由是站得住脚的""在这种情境下，有某种感受是合适的还是不合适的"这样的问题，统统都联系到究竟如何行事、如何判断、如何感受是合乎理性的。

我意识到，说某事物是具有理性的，就是在赞同它——但是究竟是在什么意义上赞同呢？简单来说，我

阿兰·吉巴德：道德的实用主义证成

的回答是，认为某事物合乎理性，就接受一种允许你做这件事的规范（是艾萨克·李维［Isaac Levi］提议我这样表述我以前所说的话）。因此，如果一个人说某件事"合乎理性"，就是在表达他的一种心理状态；他就是在表达，他接受一种允许那件事的规范。

福尔霍夫：接受一种规范意味着什么？

吉巴德：这就是我认为我们得求助于生物学和心理学的地方。我认为，我们作为人类具有一套有关动机和自制的机制，这套机制包括了考量和决断哪些规则可以被接受以及在接受之后按规矩办事的能力。我还认为这样一套机制是一种适应。[1] 我们在某种意义上是在演化中被"设计"成了需要在复杂的社会群体中一起生活的物种。一个原始人类在生存和繁衍方面的前景，极大程度上取决于他能够培养的关系，取决于他协调自己与同伴的行为、与他人相互合作的能力。我们发展出语言，至少部分就是因为语言让我们可以实现这样的协调。语言使得我们不仅能考虑当下的处境，也能思考过去、未来和假设的情景。语言使得我们可以跟他人讨论这些情景，在这些情景中该如何行事、如何感受。语言还让我们能够说服别人、向别人施

---

[1] 大体来说，一种适应（adaptation）是物种的一种性质，其存在的原因是这种性质能带来在演化压力下的竞争优势，因为它有助于我们祖先中具有这种性质的人的繁衍。——原注

压，让大家一起以某种方式就应该如何行事、如何感受做出判断。所以说，语言使得我们可以发展对各种情景的共有评价，使得我们可以携起手来共同筹划。

那么，如果这样一种规范性的讨论要实现协调人们的行为的目的，它就必须能影响我们的实际行动。因此，人们在不受限制的讨论中倾向于声明的观点，与其实际上的行动和感受的倾向之间，就必须要有某种关联。也因此，人们必须倾向于被他在这种讨论中愿意遵守的规则所约束。接受一条规范是一种心理状态，一种我们倾向于声明一条规范，同时在现实中受其制约的状态。

福尔霍夫：依据你的看法，规范性的慎思通过帮助我们达成关于如何行动以及如何感受的共识，来帮助我们按照有利的方式协调彼此的行为。但是讨论真的往往会把我们推向共识吗？我们都知道，也有讨论只会让分歧更尖锐。

吉巴德：演化的力量把我们塑造成可以被彼此说服的物种，我们都有接受周围其他人所接受的规范的倾向。或许我们被如此塑造的原因，在于如果我们没有这样的倾向，其他人就会感到自己的行动难以与我们的相协调。（当然也有反作用力，总是放弃自己倾向的规范、遵从其他人的规范，有可能会带来不小的损失。）此外还有一种把我们推向达成共识的动力，那就是我们会感到有一种维持自身立场一致性的压力。

福尔霍夫：我能理解我们的心理机制如何引导我们走向接受周边其他人的观点，而且我觉得移民群体的历史能够为我们提供一些例证。我记得曾经读到过一些讲17世纪从英格兰逃到荷兰寻求宗教宽容的清教徒群体的作品。这些清教徒的领袖迅速发现，频繁而轻松地跟周围那些奉行清教徒眼中的"渎神信仰"的群体相互来往，带来的影响可能会逐步腐蚀和瓦解他们这个抱得很紧的小团体，而这正是为什么他们决定远渡重洋到美洲去，在那里他们可以把自己孤立起来，远离这样的影响。（确实，跟荷兰人相处的经历迅速腐化了这些清教徒——在第一波四十人于1620年驶向马萨诸塞的鳕鱼角时，数百人留在了荷兰，其中有很多最终融入了荷兰社会。）但是我还是不大能理解，究竟为什么仅靠一致性的要求就能把我们推向共识。就拿两群人在某个规范性问题上有着根本分歧这样的情况来说。例如，假设我认为凡是小时候受到过父母慈爱的养育的人都有义务照顾其老病的双亲。再假设，有些人否认父母可以要求子女提供这样的特殊照顾，主张只有成年子女自由选择了这样的义务时，才有这样的义务。我们两人可能都足够自洽，并且都能够适当地处理所有有关现实问题的认识，因此我们的分歧实际上仅仅源于我们对一些基本事物的看法是不同的。我们由此陷入了这样一个处境中，我们都宣称对方的认知是错误的。在这种情境下，一致性该如何把我们引导向共识呢？

吉巴德： 在这个情景中实际发生的是这两个人都在这个问题上主张一种权威性。而人们可以问的是，究竟谁应该被认为具有这样的权威性。我处理这个问题的方式是去追问，如果我需要对每个人都否认存在这样的权威性，会发生什么。如果是那样，我就想要继续问，"为什么在这里停下来？为什么我要相信我自己的判断呢？"

对于一些判断，这个问题并不会真的浮出水面。有一些规则对于我来说是完全不证自明的，我没有动力去通过提出问题来质疑这些规则，我也不觉得需要论证才能接受它们。[1] 接受这样的规则并不需要对自己的信心，但接受其他规则需要——比如说，那些通过一长串推理获得的结论，或者我过去获得而现在需要用的结论。对自己的信心对于我们从他人那里接受的规则也同样很重要，因为我认为，如果我认知到他们所认知的东西，我就会同意他们的看法。如果我不在这样的问题上相信自己，我就不得不放弃我自己的几乎全部观点，只能依赖那些对我而言不证自明的东西。我还会不得不认为，关于应该做什么的所有

---

[1] 在《明智的选择，适当的情感》（*Wise Choices, Apt Feelings*）中，吉巴德提到的一个例子是"我享受一个东西，多少意味着这个东西能从我这里获得一点支持，这是一个事实"。——原注

思考，都是没有意义的，因为我信不过自己经过思索得到的判断。因此，我至少有一个理由对自己的判断保留至少一定程度的信心，这个理由就是：如果没有这样的信心，唯一的其他选项就是空虚的怀疑主义。

我要对自己有信心，也意味着我必须要承认其他人有一定的权威性。毕竟，其他人的观点彻头彻尾地塑造了我自己的观点，如果我完全信不过别人的观点，我就不得不被迫放弃我自己的几乎全部的信念。为了避免这样的怀疑主义，我不得不承认其他人多少也有一定的、有限的权威性。也就是说，我必须要认为，至少某些有利条件下，其他人支持某个立场，可以为我接受这个立场提供一些支持。此外，如果我是自洽的，我就必须承认，如果这些人是可靠的评判者，那与他们具有同样品质的人，就也会是可靠的评判者。因此，我将不得不承认，所有人只要至少在一种相对的视角下和那些我已经认为正当地塑造了我的判断的人具有一定的相似性，就也都有一定的最基本的权威性。

福尔霍夫：为什么我不能认为我在行事和感知的规则上具有一种类似于我在一些审美问题上所具有的权威性呢？比如说，我说"我喜欢这幅画，但是我既不认为我应该喜欢它，也不认为我不应该喜欢它，我仅仅就是喜欢它"。

吉巴德：嗯，你可以仅仅就是对于某事做出某种反应，但是当你试图考虑做什么事情的时候，你不得不依赖你在此前的思考中得到过的结论，而在做出审美判断时你不需要这样。当你问自己究竟要接受哪些原则时，你一定要认可自己有一些权威性，因为你只要想一想就会接受某个原则这个事实，就意味着你正在承认经过深思熟虑的自己具有一定的权威性。

福尔霍夫：而你的主张是，基于跟我必须承认自己具有一定的权威性相同的理由，我也必须承认其他人具有一定的权威性，是这样吗？那么，在我提出的关于儿女对父母的责任的案例中，我有可能试图论证对方因为儿时创伤遗留的憎恨心理遮蔽了其道德判断，从而贬低对方对于自身道德权威性的主张。而从对方的角度来讲，我认为我们对于父母负有特殊义务的主张并不可靠，因为我的这种倾向是由于我无力抵抗我父母对我施加的情感压力造成的，而他可能会认为我本应当抵制这种压力的影响，寻求可靠的道德判断。但是如果我们两个都能够讲出这样一大套故事，我们就都不得不承认多少有一定的理由来从对方的角度看问题⋯⋯

吉巴德：是的，你们两个就都面临着一种认识论层面上的挑战——究竟是什么让你认为自己是更可靠的评判者？如果你没有准备好一个应对这个问题的答案，在论辩

阿兰·吉巴德：道德的实用主义证成

中就会处于很尴尬的境地。当然，即使你没有这样一个好答案，你依然可以坚持自己的主张并且认为对方应当接受你的主张，因为在你的主张背后有一套道理支持着，即使你一时说不出来。但是迈出这一步就意味着至少暂时逃离这场讨论。

*

总结一下，吉巴德的结论是，规范性讨论的逻辑自带一定的把人推向达成共识的压力：如果我们跟一个人意见相左，而那个人又并不缺乏我们认为的做出可靠的规范性判断所需的任何条件，那么自洽性就要求我们仔细考虑这个人看问题的方式跟我们不一样这件事，并且将其认定为一个有利于其观点的理据。

这个结论让我们愿意接受所有被我们视为可靠评判者的人可能造成的影响。于是我们究竟认为什么因素让人成为一名可靠的评判者就变得至关重要。其中一些首先能想到的要素我们都很熟悉：心态开放，富有同情心，能够抓住一种被接受的规则的潜在推论，等等。吉巴德说，这些特征是"中立于内容"（content-neutral）的，因为这样的特征并不牵扯我们讨论是否应当接受的规则具体规定是什么。但是依然，这样的中立于内容的标准还是会使得一些

231

判断万难成立。吉巴德提到的一个例子是认为无理由的残忍应该得到赞扬的判断。我们可以想见，一个人只要能够与承受苦难的人共情，恐怕就不会支持这样的规范——进一步而言，如果这样一个赞同无理由的残忍的人主张自己是一个称职的评判者，我们也很难认可这样的主张。

尽管如此，吉巴德提出，除了这些中立于内容的标准，我们还需要关于什么让一个人成为一个可靠的评判者的其他一些规定，因为我们会认为有一些观点非常令人厌恶，我们就是会断然拒绝承认一个能主张这样观点的人符合我们对于可靠评判者的要求。假设我们发现，罗马暴君卡拉古拉对于残忍行为的后果有着丰富而富有同情心的认知，并且具备一个称职评判者所应有的所有中立于内容的特质，即便如此，卡拉古拉依然相信无理由的残忍是应当被赞扬的。我们或许会认为，我们不应该觉得，卡拉古拉的判断给了我们一定的理由，认为无理由的残忍是应当受到赞扬的；换句话说，我们会用一些"对内容敏感"（content-fixed）的标准来决定究竟哪些评判者应当被认为具有权威性。吉巴德提出，我们必须这样做，以免在追求一致性的压力下接受某些我们坚决不能允许自己接受的观点。

但是在这里，我们可能会琢磨，吉巴德最初的论点——认可权威性的一致性会驱使我们走向共识——是否有力。吉巴德一开始论证。因为如果我们只是因为一些人持有在我们看来不可信的观点，便将他们归为不可靠的评判者，那么单纯的一致性似乎就不足以推动着我们与持有不同意见的人达成共识。

*

福尔霍夫：有什么能阻止我们只是因为有些人跟我们意见不同，就以其判断本身足以说明他们不具备资格为由，将他们逐出讨论吗？

吉巴德：这样的教条主义（dogmatism）成本很大，因为它通常会终止讨论。并且除非与你有分歧的对象特别容易被摆布，或者可以在你的威逼之下接受你的观点，否则一旦你仅仅基于这个人观点的内容宣称这个人的判断丝毫没有可信度，你就不得不彻底放弃跟这个人讨论问题的任何可能。但是我们归根结底需要加入这样的讨论。共享的规范使得我们可以生活在一起。除此之外，如果我们不跟持不同意见者对话，我们就很容易失掉平衡——在孤立中思考问题很容易迷失方向。基于这些原因，放弃规范性讨论的代价是很大的。

福尔霍夫：我可以理解摒弃一切共同思考的活动会对我们不利。但或许，如果仅仅是把我们本就不怎么打交道的人驱逐出去，并不会带来那么大的损失。因此这里似乎存在一种在不同的损失之间的平衡，这种平衡允许那些跟我们相近的人、我们身边的团体对我们施加影响，因为连他们都驱逐出去的代价实在太大了；但是与此同时，由于这个损失之间的平衡，我们不会有动力重视那些我们不怎么打交道的人的意见，因为把他们纳入讨论带来的损失通常比将他们驱逐出去带来的损失还要大。

吉巴德：我恐怕不能做出适用于一切情况的表态，但是我觉得我们至少可以这样说——我们每个人都生活在互有交集的不同圈子里。我们依据自己能与他人共享什么来选择自己生活的圈子。承认他人的权威性，并不是说要么完全承认、要么完全不承认：对于某些人，我们可以在一些事情上相信他们，在一些事情上不理他们；我们可以将他们纳入对于一些问题的讨论中，而在另外一些讨论中不带他们。并不是每一件事情都需要我们达成共识：在一些圈子里，我们有可能仅仅遵循一些最为基础的共识规则就够了，我们在这样的圈子中不需要做太多讨论。但是通常而言，我们也需要加入一些更小的圈子，我们在很多重要问题上都可以相信这些人的规范性判断，由此我们可以聚起来讨论问题，找到关于如何生活的答案。

福尔霍夫：在我们需要跟其他人讨论的规则中当然包括道德规则。您将狭义理解的道德定义为关于感到罪责和愤怒的规则的东西。在这样的理解下，当且仅当某人

阿兰·吉巴德：道德的实用主义证成

做出某种行为，人们所接受的规则认定为这种行为感到负罪是合乎理性的，为之感到某种愤怒——比如怨恨、义愤——是合乎理性的时，这种行为就是错的。但是您也承认许多其他的道德情感——自豪、羞耻、同情、理想主义的感召，等等。您为什么要特别关注罪责和愤怒？

吉巴德： 我以前对伯纳德·威廉斯以及尼采关于道德的批评非常感兴趣，尤其是他们对罪责和愤懑的抨击。然后我想到约翰·斯图亚特·密尔的论点，密尔认为，一个人对于自身的行为，不论何其有害，都不构成道德问题，尽管有些人认为这些行为是道德问题。密尔笔下的道德是狭义的道德，这种道德只涉及什么是错的、什么不是错的，以及"说一种行为是错的就是在说应当有一种针对这种行为的法律的、舆论的或者良心的制裁"。对于我来说，是否真的应当有法律制裁并不是真正的问题。比如说，我们或许认为，人要是在付费停车点停车的时间过长，就应该被处以罚金，但我们并不认为停车时间过长在道德上是错误的。因此我认为，狭义的道德仅仅涉及是否应当有舆论上和良心上的制裁。

福尔霍夫： 那么究竟什么是罪责？

吉巴德： 我认为我们应当把罪责定义为一种涉及综合多种倾向的心理状态。我们觉得，当我们认为其他人可以正当地为我们的行为感到愤怒、怨恨或者义愤时，罪责感就是有必要的。因此自己感到罪责与其他人感到怨恨或者义愤是啮合在一起的。我们认为，对于同样一件事，如果其他人做了，我们会感到愤怒是说得通的，那么当我们自己做了这样的事时，我们会感到罪责就也是说得通的。换句话说，罪责感反过来也涉及愤怒的正当性。因此罪责感产生的主要条件是，我们在共同事务中的处境，受到了其他人对我们的行为的反应的压力。罪责感通常会让我们试图消除这种压力。当我们感到罪责时，我们会为自己的行为感到后悔、痛苦，并倾向于流露出这种后悔和痛苦。我们还会倾向于做一些事来达成和解。因此，罪责感往往会导致平息愤怒的行为。

当然，我们有可能认为罪责仅仅是我们用以指代关于自身的一整套负面情感的概念。但是罪责感似乎确实跟关于自身的其他一些负面情感有所不同，比如羞耻。羞耻不同于负罪感的地方在于，它似乎并不仅仅关注某些行为是错误的。在我看来，羞耻关注的是其他一些东西，比如一个人的能力和资产等。我在威斯康星大学的时候，心理学家达尔切·凯特纳做了一项研究，要求人们描述感到罪责的场景和感到羞耻的场景。人们对这两种情绪给出了非常不同的回答。比如说，在描述会感到羞耻的情景时，人们通常提到的场景涉及没能达到其他人的"期望"或者"糟糕的表现"；而感到罪责的典型情景则是"没能履行义务"或者"忽视了另一个人"。除此之外,威斯康星人描述的有罪责感的诸多情景也跟我认为会引发罪责感的场景很有契合。因此看起来威斯康星人的感受跟我的差不多。当然,我生长在密歇根,这两个州是相邻的。

福尔霍夫:我对您关于罪责的看法是否能吻合所有我们称为"罪责"的对象还是有所保留。对于所谓的幸存者负罪感您怎么解释?幸存者负罪感或许可以更好地理解为幸存者意识到人们要对别人的嫉妒而非愤怒负有责任时产生的一种反应。

吉巴德:我认为,意识到人要对自己被人嫉妒负有责任时产生的情感反应,不是会感到负罪,而是会感到难堪。幸存者负罪感,在我看来,是认为自己可能会被其他人怨恨的反应。我觉得似乎来自衰落社区的成功人士也会成为这样的怨恨对象,而他们也会对这种会遭受愤怒的状态报以一种相应的情绪。我并不认为幸存者负罪感或者对于幸存者的怨恨是必要的,但是这两者确实纠缠在一起。我们需要区分两个问题,一个问题是这些感受有没有必要,另一个问题是人的这些感受是否可以理解。在其他的问题上我们需要做这样的区分,比如在有足够的理由食言的情况下。在这种情况下,食言的人可能依然会感到负罪感,但是这个人可以告诉自己,其所感到的负罪感是没必要的,而此时通常这样的负罪感就会平息。

福尔霍夫：按照您的观点，如果有人触犯了其所接受的道德规范，他就会觉得感到负罪是必要的，而这通常会让他感到负罪。这就带来了一个问题：在您的框架下，如何解释一些人似乎既接受了某个道德原则，又能心安理得地打破这样的原则而并不感到负罪。比如说，在杜鲁门·卡波特（Truman Capote）的《冷血》（*In Cold Blood*）中，主角之一迪克·希柯克（Dick Hickock）同时是杀人犯和娈童癖，可能还是强奸犯，但是他宣称"我知道我的行为是错的。但是与此同时我从来没有考虑过究竟我的行为是对是错"。非但如此，他完全没有显示出任何负罪的迹象，也似乎显得没有考虑过自己是否应该感到负罪。你会说这个人并未真的接受这些道德规范吗？

吉巴德：鉴于这个人是用一种公共话语说的这些话，一种可能是他使用了其他人使用的说法，但是自己并没产生像我们这些人一样的反应。我认为在整个人群中，或许有不少人就是缺乏正常的对于道德判断应当具有的情感反应。但是在反社会人格者的案例中，利用道德话语并非常见行为。因此我们需要进一步考虑，是否应当认为，这样一个人并不真的懂这些概念，而是仅仅知道这些词该怎么用，或者是理解这些概念，但是并不关心。不过我们如何诠释这样的行为并不那么重要。如果我们说，"好吧，这个人把握了道德的概念，但是并不在乎"，那么此时把握一个概念就仅仅是意味着能够在公共话语中正确使用它，而非意味着能够对于这个词产生人群中大多数人使用这个词之时会产生的心理状态。您看，我儿子曾经跟我说，他非常小的时候一度以为"锻炼"这个词是指某种液体，这种东西在做一些类似于跑步之类的事情时会流进人的身体，然后就会从人体中渗出，所以人们就得再去获得更多的"锻炼"——这时候人们就会说他们要做一些锻炼！类似地，希柯克可能挑出了通常被归为"道德上错误"的一些特征，比如说杀人、强奸就被视为是错的。

福尔霍夫：那让我们看一个并不这么出格的案例。假设我被彼得·辛格的论证说服了，确信我们真的有非常压倒性的义务去帮助别人，但是即便如此，我却留着自己的大部分财产，没有都捐给陌生人，且没有什么强烈的负罪感。你会说我并不真的接受我所宣称接受的道德规则吗？

吉巴德：噢，这是一个很有趣的例子，我们同时从两个方面被拉扯。在我看来，如果你不倾向于避免一件事，那就很难说你是否真的认为这个行为是错的。在我看来，问题不在于你是否感觉到了负罪或者愤怒，问题在于你是否感到负罪或者愤怒在此时是**必要**的。你可以既认为有负罪感是必要的，同时又感受不到负罪感，但是在我看来你确实得有一套正常情况下能够让你感到负罪感的心理机制。也就是说，认为一种感受是必要的，意味着具有一套心理机制通常能够产生我们说的这种感受。

福尔霍夫：你说人若是要认为负罪感是必要的，就必须为他的这个行动感到后悔。但是难道不是存在一些情景，我们会为一些事情感到负罪感，但也认为再遇到同样的处境我们依然应该这样做，而并不会陷入某种不自洽吗？举例而言，在《罪与错》中，朱达在自己曾经的情人威胁要曝光他们的关系和朱达的财务不端时杀掉了她。似乎我们可以想象，他一方面对此感到负罪，也就是说他会想到别人可以合情合理地对他的行为感到愤慨，而另一方面由于涉及太重大的利益，他并不后悔自己做这个决定，而这看起来没有什么不自洽的。实际上，朱达曾经一度因为负罪感而承受巨大的折磨，但是他似乎从来没有真的后悔过自己的行为。

吉巴德：当我们说觉得某种情感不自洽的时候，我们究竟在说什么，这是个让人很困惑的问题。我当然认为负罪感是有可能与这样一种想法共存的："如果再给我一次选择的机会，同样的情境下，我还会这么做。"不过虽然如此，我还是倾向于认为一个人感到负罪而不感到后悔确实是不自洽的。如果这个人既觉得"我的所作所为何其可鄙呀！"，但又认为"我要再来一次！"，这看起来颇有冲突。想一想《撒母耳记下》里面大卫和拔示巴的故事。大卫跟乌利亚的妻子拔示巴有婚外情，拔示巴怀了大卫的孩

阿兰·吉巴德：道德的实用主义证成

子，而为了将此事掩盖过去，大卫找人弄死了乌利亚。在大卫做完这番勾当之后，神让先知拿单去跟大卫讲一个故事，故事中一个富人偷走了穷人仅有的一只羊来杀掉，因为他太吝啬了，不舍得从自己的庞大羊群中牵一只以飨宾客。《圣经》上说，"大卫就甚恼怒那人，对拿单说：'我指着永生的耶和华起誓，行这事的人该死！'"然后拿单告诉大卫，"你就是那人！"[1] 拿单等同于是在问大卫："你怎么能既认为这个富人该杀，因而同时认为自己也欠死，但是又认为'让我再来一次吧'呢？"

福尔霍夫：难道大卫不能说自利理由压倒了道德理由吗？如果这样，他就可能既感到负罪又并不后悔。在《罪与错》中，朱达想道："我不应该因为这个女人而不得不放弃自己的全部人生！"于是他考虑自己的自利理由压倒了道德理由。但是就算他这样想，他与此同时意识到一个旁观者会正确地对其行为感到义愤，似乎并不自相矛盾。

吉巴德：那如果旁观者想的是"如果我碰到了相同的处境，也会做同样的事情"呢？如果这个旁观者这样想，其义愤是否依然是必要的呢？

福尔霍夫：（停顿）我想我大概理解你要表达的了。确实很难想象……

---

[1] 此处取和合本原文。——译注

吉巴德：当然，一个第三方应当在这样的情景中感到义愤。因此我的结论是，凶手心中的负罪感是必要的，并且凶手应当为其所做的事感到后悔。您看，我们刚刚所讨论的涉及问题的核心：做在道德上错误的事情究竟有没有可能是说得通的？这个问题关乎，在一切得到考虑的情况下，我们在人生中要有怎样的目标才是说得通的。在把该考虑的都考虑到了之后，依然判断做某事是说得通的，就等于是认为，遇到类似的情景不排除这样做的可能。但是似乎负罪感与类似"在这样的情景中我这么做也可以"这样的想法放在一起时必然会有冲突。由此可见，如果一个人认为负罪感是必要的，也就是说如果认为某个行为在道德上是错误的，那么这个人就应该认为自己不能这样做。因此我们似乎不能自洽地判断，把该考虑的都考虑到了之后，做一件道德上错误的事情依然是说得通的。

福尔霍夫：负罪感涉及在我们自己身上施加痛苦。如果我们能不像这样鞭笞自己，不是更好吗？

吉巴德：负罪感的特点——即它关注自愿行为并且与愤怒相啮合——意味着即使令人痛苦，这种感受也是有用的。因为如果负罪感的规范要求，当一个人触犯了合作行动的规范时就会引发负罪感，人们就会受到鼓励，避免会影响合作安排的行为。这同样会使得人在行为已然危及这些安排时寻求和解。因此，这样的痛苦感受有助于人与人的合作。有一种假说认为，负罪感是一种生物学演化中的适应产物，我对此很感兴趣，依据这种假说，负罪感是为了促进协调行为而发展出来的心理机制。这就意味着负罪感是普遍存在的。然而人类学方面的证据则并非完全支持这种说法。似乎尽管人们在有人触犯规范时普遍会感到义愤，但可能并不普遍感到负罪感。但是罪责既然是有用的，我们就有理由支持一套基于罪责的道德。

*

从人们想要达成同时调节行为和情感的规范的立足点出发，吉巴德下结论说，一套基于罪责与愤怒的道德因为可以维护公共的规范，所以是有吸引力的。但是难道我们离开这样的"道德警察"就不能遵循道德了吗？吉巴德写道，基于对人性的认识，认为人与人的协调可以脱离对于触犯公认规范者的怒火而实现，似乎不是很实际。而且，人类学的记录表明，感到义愤本就内化于我们的天性。而尽管我们同时也可能接受一些在面对他人潜在或现实的怒火时召唤其他关于自身的情感的规范，似乎难以找到另一种情感可以像负罪感一样有效地预防和消解愤怒。比如说，羞耻，通常不仅作用在那些使得人无法成为足够好的合作对象的行为上，还会作用在一个人自己无法完全掌控的事情上，比如一个人的外貌、财产、技能等。而且，羞耻似乎会引导人自己退缩，而非上前做出补偿。因此，吉巴德总结，相比于一套罪责 - 愤怒的道德，一套羞耻 - 愤怒的道德在成本收益上要差一些：一套羞耻 - 愤怒的道德会触发不必要的负面情感，却没法精准帮助重建积极的关系。考虑到这些替代品，罪责是相对更好的。

总而言之，吉巴德基于从演化论出发思考道德的视角，给出了他称之为对于罪责 - 愤怒道德的"实用主义证成"。这样的视角还将我们的日常道德考量描绘为我们物种的社会生活的自然的组成部分。但是这样的视角对于道德哲学意味着什么呢？

*

福尔霍夫：道德哲学有时候看起来像是一项古怪甚至有危险的误导性事业，比如在指控苏格拉底无休止地拷问世俗的道德信念、败坏青年，并且判处他死刑的雅典人眼里就是这样。在你看来，道德哲学仅仅是我们日常的规范性讨论实践的延伸，尽管这种延伸是从日常实践中来——寻求一致性，考虑不同的观点，要求就对于权威性的主张给出证明——却将这样的实践推到了不同寻常的地步。如果按照这种说法来看，哲学看起来应当不大可

阿兰·吉巴德：道德的实用主义证成

能显得奇怪或者颇有威胁。你是否认为，尽管如此，在对于哲学将追问推得实在太远了以至于变得无用甚至具有破坏性的担忧中，依然有些什么正确的东西呢？

吉巴德：哲学通常追求不止一个目标。其中一个目标是一致性。一致性当然是吸引人的，因为它帮助我们避免因为言行之间的某些特定关系而陷入自我挫败或者失去条理。哲学还追求客观性，追求把自己接受的观点推到可以融贯自洽地让其他人也同样接受。这也可以是很好的，因为尝试进入到跟其他人的讨论中，并且向他人解释自己的想法，有助于达成共识。最后，哲学还试图找到对于道德规范的更深层的解说：它试图捞到一个藏在这些规范之下的某个基点，从而我们可以不再仅仅把道德规范看作一些约定俗成的禁忌。但是依然，通过批判性的、系统的探索来追寻这些目标，有可能把我们抛入比出发时更多的不确定性中。这样的探索有可能让我们疏离于在进行彻底追问之前原本亲近的道德动力。因此考虑到通盘的作用，恐怕没有办法保证进入到道德哲学之中就一定能带来好的后果。然而我还是希望道德哲学能对人有所帮助，并且我不认为我们应当羞于继续做道德哲学的研究。我确实还是认为，有人搞道德哲学整体来说还是好的，否则我也不会把我的一生投入到批判性地研究道德和理性中去。但这只是我的判断而已。

参考文献与扩展阅读

阿兰·吉巴德著有《明智的选择，适当的情感：应然判断理论》（Oxford: Clarendon Press, 1990）、《对于生活方式的思考》（*Thinking How to Live*, Cambridge, Mass.: Harvard University Press, 2003）以及《调和我们的目标：寻找伦理学的根基》（*Reconciling Our Aims: In Search of Bases for Ethics*, New York: Oxford University Press, 2008）。吉巴德关于投票理论的那篇闻名遐迩的文章是《对投票机制的处理：一种具有普遍性的结论》（'Manipulation of Voting Schemes: A General Result', *Econometrica* 41 [1973]: 587−601）。

关于清教徒们在荷兰的经历，可参见拉塞尔·肖托（Russell Shorto）的《位于世界中心的岛屿》（*The Island at the Center of the World*, New York: Vintage, 2005）第 95—96 页。尼采在《道德的谱系》（*On the Genealogy of Morals*, trans. Walter Kaufman and R. J. Hollingdale, New York: Vintage Books, 1967）中抨击了怨恨与罪责。威廉斯在他的《伦理学与哲学的限度》（*Ethics and the Limits of Philosophy*, Cambridge, Mass.: Harvard University Press, 1985）中也抨击了这两种情感，尤其是在第十章。如果想要了解另一部试图找寻一种无罪责的道德的有趣作品，可参见吉尔伯特·哈曼（Gilbert Harman）的《无罪责的道德》（*Guilt-free Morality*, 2008），链接为 www.princeton.edu/~harman/Papers/Guilt.pdf. 对话中引用的密尔关于错误的本质的论述，源自《功利主义》（*Utilitarianism*, ed. Roger Crisp, Oxford: Oxford University Press, 1998）的第五章。杜鲁门·卡波特的《冷血》于 1994 年由纽约的 Vintage 出版公司出版；对话中提到的关于希考克心灵上的自我审视的段落出现在该书第 270 页。

吉巴德还提到了让－保罗·萨特的《存在主义是一种人道主义》（*Existentialism is a Humanism*, trans. Carol Macomber New Haven: Yale University Press, 2007）、肯尼思·阿罗的《社会选择与个人价值》（New York: Wiley, 1951），以及由达彻·凯尔特纳（Dacher Keltner）和布伦达·巴斯韦尔（Brenda Buswell）共同撰写的《尴尬、羞耻与内疚的各异性证据：先行词回忆与情绪面部表情的研究》（'A Study of Recalled Antecedents and Facial Expressions of Emotion', *Cognition and Emotion* 10 [1996]: 155−171）。

第四部分

一致与分歧

托马斯·斯坎伦
经济适用的目的王国

在使用哲学分析方法来研究道德问题的哲学家中,托马斯·斯坎伦是具有代表性的人物。当我们正穿过哈佛大学的校园时,斯坎伦指出,他的哲学写作就和勒·柯布西耶(Le Corbusier)所设计的卡本特视觉艺术中心(Carpenter Centre)一样:二者都是不加修饰的,并且在设计和创作时都一直抱持着极强的功能和目的性。遵循着这种极为审慎的风格,斯坎伦设法去处理道德哲学中的这些基本问题:我们在何种情况下会认为一个行为在道德上是正确的,或是错误的?我们所做出的是何种判断?我们是通过何种推演方式做出这种判断的?进一步而言,当我们认为某个行为是错误的,这就给了我们一个不去做出这个行为的重要理由,而倘若真的做出了这个行为,我们就应当受到谴责。但道德考量为何应当在人们的生活中如此重要？

在 1950 年代末到 60 年代初之间，斯坎伦是一名普林斯顿大学的学生，而当时的他对于上述这些道德问题并无兴趣。相比于逻辑学和数学哲学来说，道德哲学似乎总是充斥着模糊性，这个领域中所探讨的问题似乎并无确定的答案，而因此似乎就没有任何值得去探索的地方。然而，当斯坎伦得知他必须修一门道德哲学的课才能毕业后，他选了一门由约旦·霍华德·索贝尔（J. Howard Sobel）所教的道德哲学课，而后斯坎伦便发现了道德哲学的迷人之处。起初，他的兴趣在于如何使用基于博弈论和决策论的技术性手段来处理伦理学问题。后来，他去牛津大学待了一年，按照斯坎伦的说法，这个经历"多多少少有些偶然"，在牛津的时候他买了一本康德所著的《道德形而上学的奠基》，他认为这是一本"令人费解和极其难懂"的书，而他也爱上了这本书。然而在此之后，他仍继续研究逻辑学，一直到 1970 年代初，道德哲学和政治哲学才成了他的主要研究方向。

从那时开始，他的研究就一直被两个核心问题所驱动。第一，我们该如何判断一个行为在道德上的正确性？第二，我们为何应该让道德考量成为指导行为的主导因素？正如他在我们的对话伊始所说的：

托马斯·斯坎伦：经济适用的目的王国

早在我开始学习哲学之前，我就会与我父亲讨论一些法律问题，他是一名律师。每当我父亲问我："如果你能够使总体事态朝着更好的方向发展，而代价仅仅是要对人们的言论自由权产生干涉的话，为什么我们不该这么做呢？"我便哑口无言。我想的是："我们当然不能这样做，可是，为什么呢？"所以，很久以来，效用主义（该理论认为当且仅当某个行为能优化总体事态时，该行为才是道德上正确的）和道义论或是基于权力的原则之间的某种张力就一直在我心中存在。而驱动我的第二个问题是根本性的。道德考量所具有的独特的重要性从何而来？道德考量与其他考量之间有着怎样的区别？

在《我们彼此负有什么义务》(What We Owe to Each Other)[1]这本书中，斯坎伦对上述这些问题给出了他自己的回答，他于1970年代末开始了这本书的写作，并于1998年完成了这本书。在书中，斯坎伦对于如何判断行为的道德正确性给出了一套解释，这套解释诉诸的是我们的行为对于他人而言的可证成性（justifiability）。根据斯坎伦的理论，当且

---

[1] 该书为斯坎伦所写作并出版的第一本哲学学术书籍。——译注

仅当某种行为符合一套规范行为的普遍原则，并且这套原则不可被任何谋求达成共识的人合理否定时，这种行为在道德上就是可被接受的；反过来说，当且仅当人们可以合理否定所有允许这种行为的原则时，它在道德上就是错误的。斯坎伦将上述这套理论称为"契约论式"（Contractualist）的道德理论，因为共识这一概念在他的理论中起到了核心的作用。当然，相比于从他人的角度来判断何种行为是可被允许的，道德涉及的领域要广阔得多。道德批评和人类价值也会触及诸如个人发展以及自然保护等问题，而这些问题并不总是牵涉我们需要向他人履行的义务。不过，斯坎伦认为从"我们彼此负有什么义务"的角度出发是探讨道德问题的核心。在 2000 年的夏天，我与他走进哈佛大学哲学院的贝克特尔房间，就他的观点展开了对话，这个房间的墙壁四周镶着木板，上面挂着一些出身于哈佛大学的哲学家肖像。斯坎伦在房间的角落里找了把椅子坐下，他的座椅正好位于威廉·詹姆斯（William James）[1]的肖像正下方。

在我们的对话期间，我瞥见威廉·詹姆斯的肖像，他穿着红黑相间的长袍，手里拿着几卷活页纸，看上去格外严肃。

---

[1] 威廉·詹姆斯是 19 世纪美国著名的哲学家和心理学家，毕业于哈佛大学。——译注

托马斯·斯坎伦：经济适用的目的王国

*

福尔霍夫：为什么您的道德理论将重心放在那些他人无法合理否定的观点之上，而不是那些可以被合理接受的观点？

斯坎伦：因为，很多事情都可以被合理接受。如果有人对某种极其苛刻的道德原则异常偏爱，那么接受这种原则就不见得是不合理的。但是，尽管对于个体来说，遵循一套让自身承受相较于他人而言更重负担的原则可能是合理的，然而让他人也同样遵循这样的原则来规范自身的行为仍然可能是错误的。因此，对于证明自身行为对他人而言的可证成性来说，"无法被合理否定的原则"似乎能够更充分地体现其内涵。

福尔霍夫：您认为，当人们在一个假想的集会中商讨应该采用何种原则去规范行为时，每个人都可以行使各自拥有的否决权来否定原则，而这就意味着，我们不能直接权衡和比较一个人的福祉和其他很多人的福祉。为什么您如此强调单个个体能否合理地否定原则？

斯坎伦：我理解的所谓对于他人而言的可证成性，是有着个人主义的倾向的。我是从每个个体的角度出发来谈论否定的根据，因为这样似乎能够说明道义论或是基于权力的原则的权威性。为何为了追求群体的利益去违反单个个体的权利是错误的？比如，将这个个体用于至关重要的医疗实验，尽管这会给他带来伤害，以及违反他的意愿，为何这是错的？答案是：这样做对这个个体来说是不合理的。

*

尽管如此，所有对行为具有指引性的原则都意味着，我们要在人群中对收益和负担进行分配，所以对于不同个体的利益进行一定程度的权衡是必不可少的。而斯坎伦认为，全体一致性的要求（requirement of unanimity）意味着无法通过太过简单直接的方式来解决问题，比如效用主义要求的最大化总体福祉就是行不通的。这个要求让我们把注意力聚焦在因为特定原则而承受最严重的负担的人们身上，并且只能在承受了相似严重程度的负担的个体之间做出权衡和比较。举例而言，设想在某次足球世界杯比赛的进行期间，数以百万计的观众都在观看这场球赛，然而电视台控制塔内的某个人突然遭受了一起严重的事故，而如果要对其进行紧急救助，就不得不将球赛的电视转播中断。斯坎伦认为，我们对于帮助那名受伤的人责无旁贷，因为相比于严重的痛苦或死亡而言，错过一场足球比赛根本无足轻重。(相较而言,如果足够多的人对中断电视转播产生了足够的不满情绪,那么效用主义就会要求我们继续转播球赛。)

总而言之,斯坎伦为我们提供了某种检验行为正确性的测试方法。但问题在于,这种方法的有效性到底怎么样?

*

福尔霍夫：如果我们要对行为正确性的问题给出一个确定的答案,似乎就必须先选出哪些事物能够作为否定一项原则的有效根据。但这似乎就会使得整个判断的步骤缺乏具体的内容:当我们在考虑哪些事物能够作为否定某项原则的根据时,在经过契约论的检验之前,那些道德原则一开始就已经存在了。

斯坎伦：这个检验步骤本身具有的结构就意味着它已经是某种道德原则了,因为它对何种规则能够通过检验给出了限制。每个个体都是重要的——我们应该选出那些对每个人来说都合理的原则,这就已经是某种道德原则了。这是因为我们每个人都是理性的存在,而对于理性的存在来说,我们会想要证明自身行为的可证成性,而这种想法自然是有道理的。

尽管如此，人们仍然可能会问，如果要让这个框架具备更多的内容，我们还要预先假定哪些必要的条件。当然，有人可以这样说："唔，我否定这项原则是因为，它要求我做某些事情，但我并不想做。"我们可以这样回应这个人："仅仅只是给出这样的理由是不足够的，因为对于别人来说，他们可能就要承担某些责任了。"如果我们都需要找到那些能够被我们每个人都接受的原则，这种因为自己不想按照某原则的要求行事就去否定该原则的人所给出的理由，就其自身而言，当然就算不上是一个否定某项原则的理由。

我们必须要对单个个体否定某项原则的理由和别人否定这项原则的理由进行比较。比如说，一个人否定某项原则是因为这项原则会给其在某些方面带来不便，而另一个人否定的原因是这项原则会让其失去参与某项重要活动的机会，我们要判断哪个会带来更严重的阻碍。我们必须对哪个主张更加重要做出实质性的判断。

所以，我们无可避免地要面对如何做出判断的问题，而这可能会让契约论者遭受指控：他达成某项结论，只是因为在这个过程中，他自顾自地提出了很多实质性的想法和观念，而契约论的理论本身并没有产出任何新的答案。这个批评确实有可能是合理的。每个道德理论追求的最核心的成果不尽相同。我倾向于认为，那些设法产出新颖原则的理论是被高估了的。我并不认为有很多理论在做这件事情。当然，总存在一些试图产出新的原则的理论，但在它们当中，我并不认为那些被产出的原则是整个理论最出彩的部分。以罗尔斯所谓的"差别原则"（Difference Principle）[1]为例，我怀疑，不管差别原则成立与否，罗尔斯的理论都不会受到影响。真正重要的是，他的理论为我们提供了一种思考正义问题的方式。而我想做的，正是提供一种让人们理解如何思考道德问题的方式。在我看来，相比于对道德问题给出任何具体的回答，我的理论所要达成的目标是更加重要的。

福尔霍夫：然而，人们各自的观念是不同的，对于什么能够称得上是否定一项原则的有力理由，在现实中似乎仍然会存在着较大的分歧。这对于契约论来说会是一个问题吗？

斯坎伦：您说的这个问题并不是契约论特有的。我们来看效用主义：我们对于何种方案能够最大化整体效用可能会有不同的看法，或者对效用的不同组成部分之间的重要性高低也会存在分歧。但这些问题的存在本身并不会使效用主义失效。

不过，也许你会说："嗯，即使这个问题并不只是在

---

[1] 差别原则要求社会和经济制度应当对那些处在社会最底层的人提供最优先和最大的帮助。——原注

你的理论当中存在，它也会对你的理论产生更大的伤害，因为，毕竟你的理论研究的是假想中达成的共识。所以，相较于效用主义而言，这个问题对你的理论来说更是个问题，因为效用主义并不涉及关于共识的讨论。"这样的反驳基于一种对我的理论的自然但错误的理解之上。我的理论并非关注人们在特定条件下会对何种原则达成共识。应该说，真正重要的是，人们在特定条件下能够**合理**地否定何种原则，换言之，他们是否也在尝试找到那些别人无法合理否定的原则。

福尔霍夫：那么，您的理论要求的是，人们要进行某种想象？

斯坎伦：并不完全是这样。因为这就意味着要想象人们在特定条件下**会**否定什么以及**不会**否定什么。实际上，我的理论涉及的是某种作出**判断**的行为，要判断的是在特定情况下，我们考虑的原则会不会被**合理**地否定。所以其实我的理论并不需要实际上的共识，抑或想象当中的共识。

讲到这里，我猜您也许会这样回应我：既然我关于道德动力（moral motivation）的理论需要人们能够证明自身行为对于他人的可证成性，那么，在理想状况中，我当然会想要人们能够达成**实际上**的共识，能够以一种他人都能够接受的方式来证明自身行为对于他人是正当的。但所有人都可以意识到，我们并不总能达成这样的共识。所以我

托马斯·斯坎伦：经济适用的目的王国

们试图找到的是那些无法被合理否定的正当理由。我们希望，人们并不真的会否定这些理由；但如果他们真的否定了——而如果给出的理由又是不合理的——那么对于取得他们的认同就不能过分奢求了。

针对这些关于分歧的话题，我还有一些话要说。如果两个人发现，他们两边各自给出的理由都很有说服力，那么这也许就会使得对错之争没有确定的答案。在道德探讨中是要容许这样的不确定性存在的，这一点我想您应该可以接受，尤其是在那些需要对层级进行划分的问题中，比如堕胎问题。不过，一个问题是否存在不确定性，需要对这个问题中存在的理由之间的平衡做出实质性判断后才能有答案。而这是另一件人们可能会不同意的事。

福尔霍夫：可证成性真的是道德问题的根基吗？如果某种行为对于他人来说是不正当的，那么这个判断似乎也是基于对该行为的某种更深层的分析，并且这个分析在判断得出前就已然存在了：比如说该行为会导致痛苦，抑或该行为背信弃义。而这才解释了为什么这种行为是错误的，也解释了为什么您无法向他人证明其可证成性，因为它已经是错误的了。对于这些行为来说，它们难道不是一开始就错了，因此才是不正当的吗？

斯坎伦：人们当然可以说："可证成性这一观念实质上是一种派生物（derivative）——它是由对错这一对基本

观念衍生出来的。如果一件事情是错误的，那么当然就无法向他人证明这件事是正当的，因为向他人证明可证成性就是要证明它没有错！所以如果要解释何为可证成性，对错的概念就先得存在。"这种批评当然是很常见的，但我并不会接受它。对此我想说的是，之所以对错的概念会对我们产生深重的影响，是因为其与可证成性的概念紧密相关。它们是相伴而行的。我发现我很难接受一种先于可证成性存在的对错概念，也无法接受与可证成性相独立的对错概念，因为对于对错是如何影响我们的，以及让这种影响得以产生的独特力量，这种概念是给不出解释的。

*

斯坎伦认为，如将道德上的对错视作与可证成性绑缚在一起，就能为我们思考道德动力的问题提供抓手。我们的行为之所以要符合道德，我们之所以有动力去依循道德行事，并不只是因为我们的行为能够带来某种好处，抑或规避某种坏处。更是因为，所有错误的行为都具有这种令人生厌的特征：如果我们做出了某种错误的行为，那么这会使得我们与他人的关系产生疏离，因为我们不能合理证明自身行为对于他人而言是正当的。所以，根据斯坎伦的理论，我们不去做那些不正当的事情，和我们不去做那些残忍和刻薄（或者是其他一些使得行为不正当的因素）的事情，这二者是相互独立的。

*

斯坎伦： 为什么要做一个道德的人？我们可以通过思考这样一个问题来对此进行回答——如果于情于理你都不能指望他人能接受你的行为方式，而你又要坚持这种行为方式，想一想，你和他人之间的关系会发生怎样的转变？这将使得你与他们之间变成敌对关系，这种敌对关系有可能已然浮出水面，也有可能被你们隐藏起来。从某种方面来说，你们之间变成了互相争斗的主体。我们能够遵循道德的原因，和我们不想让自己与他人的关系变成这样的原因，是相同的。

福尔霍夫： 所以，正如您提到的那样，看来您与密尔在遵循道德的原因这一问题上的看法是一致的，即"与我们的同类共在的渴望"。根据这种解释，我们背离道德时会产生的道德负罪感是使得我们与他人疏离的一种因素，因为这意味着我们已经违反了与他人之间保持珍贵友谊需要达到的要求。但这样的疏离感只和他人可以合理对你提出的要求有关。如果你依照你认为他人无法合理否定的原则行事，结果他人将这些原则都给否定了，在这种情况下，这套道德动力的理论何以维持它的可操作性？

斯坎伦：让我们来仔细想想在这些情况下会发生什么。设想一下，你在和一群有着低自尊的人打交道，并且你认为你与他们相处的方式是他们能够合理否定的。然而，他们的自尊真是低到一定境界了，以至于他们并不指望你会对他们有多好，事实上，他们认为你完全可以对他们更差一些，并且对于你并没有这样做而感到庆幸。所以你完全可以和他们相处得其乐融融，尽管你心里清楚，自己对待他们的方式并不妥当。我认为，如果以这样的方式来理解和看待自己与他人的关系，是很成问题的。

与之相对的另一种情况是，你认为，他们只是做到他们愿意做的事情还不够，在道德上，你有必要对他们提出更高的要求。但你如果真的这么做了，他们可能就会疏远你，因为他们会认为你是一个类似于道德帝（moralistic prig）一样的存在。尽管如此，如果你出于想要和他们搞好关系而假装认为他们的行为并无不当，这就意味着你们之间的关系还是会存在某些问题。

所以，有时候你可以很轻松地就获得一段良好的关系，而有时候你又不得不在道德上做出让步，忍气吞声，才能和别人相处得好。但是，当你能够意识到自己对待他人的方式颇有问题时，这会产生某种矛盾和紧张感，而当你能够意识到他人对待你的方式欠妥而又不得不接受时，

托马斯·斯坎伦：经济适用的目的王国

这种感觉也会出现。所以即使在表面上你能够和他人相处得很融洽，实质上你们之间的关系还是存在着某些瑕疵。所以，即使看上去不管是针对实际上的共识还是想象当中的共识，似乎它们诉诸的都是同一种欲求，即不想与他人疏远，但实际上这两种情况下的欲求并不相同。

福尔霍夫：我觉得您提出的这种道德动力理论尤其适用于当下我们所处的社会，在当今社会中，我们所受的教育让我们变得彬彬有礼，我们关心的是不要让自身的举止惹人生厌。但是，比如对于一名狩猎采集部落的成员来说，他信奉的伦理是对自己家庭和部落要忠诚，而在与别的部落进行对抗时，勇猛和残忍这类品质就应被大加赞赏。对于这样的部落成员来说，他们是否能够认可您提出的这一套抽象层面的对错判断？

斯坎伦：我认为我的这套基于人际关系的理论对于所有文化和时代背景下的人来说，都是有理由被重视的。而对于处在不同时空条件下的人们来说，是否都已隐然认识到它的重要性，就是另一个问题了。尽管如此，我们在很多地方都发现人们确实认识到了它的重要性。举例而言，黄金律（Golden Rule）[1]就被多种宗教以各自的形式加以推

---

[1] 黄金律的主要意涵为：你想要人家怎样待你，你也要怎样待人。该意涵广泛存在于世界各大文化与宗教的伦理与教义中。——译注

崇。一种理解这个规则的方式是把它视为对他人而言的可证成性观念的一种尝试。只要类似的东西在各种宗教中被当作法则或者辅助的定理被提出来，都被认为是一种非基本的价值。要我说它才真正是**最**基本的价值。

此外，我倾向于认为，总体而言，人类是有能力理解我所说的这种可证成性的。因为人们与他人之间的互动过程几乎总是在印证他们拥有这种能力，尤其是当人们与他们亲近的人相处时，或是与他们需要每天打交道的人互动时。这正表明了，人们确实能够理解我所说的这一可证成性的概念，尽管他们并不如我主张的那样广泛地应用这个概念。纵观历史，我们所有人都只在部分情况下遵循了可证成性对我们提出的要求。而这并不完全能够被归因为某种理解上的缺失；还有一部分原因是，我们意识到了自身被要求做到的事情，却没有真的做到它们。

更普遍地说，我对现状下这种越发迫使我们趋向相对主义立场的压力深表怀疑，这种立场要求我们在面对不同文化立场的人时，要约束我们自身使用的评价范畴。这是因为有某种惯常的论调认为，如果我们使用自身文化立场的道德理论来评价文化立场不同的人，意味着我们对他们缺乏尊重，因为这样做就意味着没有充分考虑到他们事实上有多么不同。我并不倾向于认为这是一个有力的指控，原因有二。第一，我认为，这种想法预设了他们也许不能理解我们使用的这种思考道德的方式，而这恰恰意味着对他们的不尊重。第二，我们不仅必须尊重我们认定的作恶者，我们可能会与他们争辩，也许还会对他们说："你不该这样做！"同时，我们还必须尊重受害者。而如果对批评加以限制，这就表明我们不允许受害者控诉作恶者。当然，这完全不代表我们无法认识到在某些情况下，人们行恶是可被理解的，甚至也许是可被原谅的。但即使这类状况是情有可原的，这并不意味着他们的行径突然就变得正确了，也不意味着他们就可以免受道德上的批评。

关于尊重他人这一问题，还有一点需要说明。契约论是通过正视人类生活最根本的方面来尊重人的：每个个体评估和选择自己想过的种种生活方式的能力，以及对各类理由和解释进行评价的能力。我们认可理性生物的价值，就等于是认可其理性能力的重要性，这种能力使其能够运用理性去相信某件事情，并以某种特定的方式去行事。我还认为，如果我们对待人们的方式是被他们无法合理否定的原则所许可的话，它对于他们作为理性存在的地位来说就是最合适的。因为这种方式表现出了对人性价值的认可。

福尔霍夫：这套说法和某种哲学传统很契合，这种传统将人类的理性能力视作为人之价值的基本来源。但为何这种理性的能力相比于玩、爱、做出伟大的发现等其他能力来说更加重要？

斯坎伦：嗯，一部分原因是，理性能力统摄着您所说的其他那些能力。理性能力是更普遍的。我认为我们与他人的联结方式有很多种：我们共同鉴赏诗词，共同踢足球，共同钻研数学。这类人际关系建立在对共同目标的价值认可之上。那么，有人会问："当这些多元价值和你所说的那种让我们依照他人无法合理否定的原则来对待别人的要求相冲突的时候，为何不应该让诗歌的价值、足球的价值或是数学探索的价值胜过你说的这些要求呢？"我会这样回答：与**作为**诗人，足球运动员或是数学家的人相处，只是与**作为**理性存在的他们相处的某些特定情况。如果我们不把这些人当作理性存在来对待，我们就无法按照现有的方式维系与他们的关系。因此，我会认为，对于这些具体的关系类型来说，它们的成立都已预先要求我们在人际关系中，要做好履行我们彼此所负有的道德义务的准备。而这是道德要求为何会优先于其他关系类型的原因之一。

*

斯坎伦主张，正如衡量和遵循理性行事的能力对于人类有价值的追求而言起到了根本性的作用，关心自身行为对于他人来说的合理性也是一切人类有价值的关系中根源性的一环。我们对于他人具有的独立道德身份（separate moral standing）的认可，是我们与同事、爱人或朋友之间关系的根源，因此，我们负有证明自身行为合理性的义务，是因为他人具有对此提出要求的正当权利，并不仅仅是因为工作、爱情或友谊把我们紧紧地绑在了一起。斯坎伦还提到，如果你的某个朋友会因为你需要肾移植而为你去偷别人的肾，或者我们可以再举一例，如果你的某个朋友像多米尼克·摩尔（Dominik Moll）拍摄的惊悚片《我最好的朋友哈利》（*Harry, un ami qui vous veut du bien*）中的主角哈利一样：在剧中，哈利特别在乎另一名角色麦克的个人幸福，他认为麦克的父母让麦克心情很糟，于是就直接将麦克的父母干掉了。如果你的朋友会做出这样的行为，那就代表这个人一定会让人极其不安。因为这名所谓的"朋友"展现出的态度意味着，你没有被他伤害的唯一原因是他恰好和你处得来。

道德在这个意义上对于我们的生命起到的根本作用就说明了其重要性，以及为何它应该被置于其他的一些考量和爱好之上。然而，抱持道德的态度除了能使我们保持日常的人际关系，斯坎伦认为这种态度还能促成建立某种社群，在这样的社群中，人们可以依循他们一致合理赞成的原则生活。这幅蓝图和康德构想的道德共同体很相像，康德将他的构想描述为"一座目的王国，不同的理性存在通过共通的法则达成的有序联合"。

*

福尔霍夫：您的作品与康德所说的"目的王国"之间存在怎样的联系？

斯坎伦：您可以将康德的作品看成是某种对于道德共同体的构想。而这是他的作品尤其吸引人的地方。他将依循定言命令（要求人们只依据那些他们愿意使之成为普遍法则的原则去行动）来行事描述为与他人保持良好关系的唯一方式。我想，这无疑是康德的心之所向，而我认为他的众多读者们，包含我自己在内，也都心向往之。然而，对于康德来说，这些并不是最根本性的，人类能动性和自由的观念才是最根本性的。

康德认为，作为理性人，我们不能认为自己是全然受到外界支配的——被外界的各种事项所决定的，而康德认为这些事项也包含了人类全部的欲望。于是紧接着的问题就是："那我们何以认为自己是自治的（autonomous）——是免于被外界所决定的呢？"而康德对此的回答是："通过将定言命令视为指引我们行为的最终原则。"

到这里，我并不认为康德对于人类自由的这套分

托马斯·斯坎伦：经济适用的目的王国

析是有说服力的。另外，我也并不认为人们能从定言命令，以及与之相关的那些判断你能否自洽地希望你自己的行事原则成为普遍法则的检验当中获得多少实质性的内容。为了对何种原则符合定言命令做出判断，存在所谓的"矛盾观念"（contradiction in conception）和"矛盾意愿"（contradiction in the will）两种检验方式。[1] 我个人对于这两种检验方式的理解是，"矛盾观念"的检验其实并不是一个可实施的独立判断标准。它还是会将你推回"矛盾意愿"的检验。并且我认为，如果要以一种可以符合我们自己的道德观念的方式去解读这种检验的话，我们必须认为，其中其实根本不包含所谓的**矛盾**。我提出的"无法被合理否定"的检验就是试图在"矛盾观念"的检验和"矛盾意愿"的检验之外，提供一种新的选择。

所以，对于我而言，康德关于自由的观念和他针对矛盾的观念似乎都无法真的奏效，而如果你抛弃了这两个观念，你就已经放弃了康德哲学中非常多的内容。然而，我确实被他关于道德共同体的构想所深深吸引。所以我想提

---

[1] "矛盾意愿"的检验问的是，你是否愿意让你自己主张的行事原则成为某种普遍法则且不产生任何矛盾。如想进一步了解关于这些检验方式的讨论，可以参考约翰·罗尔斯《道德哲学史讲义》(*Lectures on the History of Moral Philosophy*, ed. Barbara Herman, Cambridge, Mass.: Harvard University Press, 2000) 有关康德的第二讲，以及德里克·帕菲特（Derek Parfit）《论重要之事》(*On What Matters*, Oxford: Oxford University Press, 2011) 中关于康德提出的普遍法则的章节。——原注。

出一种就是以道德共同体的概念为基础的道德概念。当你问我"为什么要做一个道德的人"时,我认为我们可以直接描述道德共同体吸引人的地方,以及描述其余备选方案的问题所在。而依照康德的观点,如果一个人是因为被这样的道德共同体所吸引才去做一个道德的人,那么他就是被外界影响决定的而非自治的。但由于我并不太为康德版本的自治性概念所动,我并不认为这是一个问题。从某方面来说,我的观点和康德的观点是相同的,只不过我的观点省去了对于康德来说的那些核心部分,省去了那些难处理的部分。所以也许可以这样说,我搭建了一座经济适用的目的王国。(大笑)

参考文献与扩展阅读

托马斯·斯坎伦著有《我们彼此负有什么义务》(Cambridge., Mass.: Harvard University Press, 1998)、《宽容之难:政治哲学随笔》(*The Difficulty of Tolerance: Essays in Political Philosophy*, Cambridge: Cambridge University Press, 2003)和《道德之维:可允许性、意义与谴责》(*Moral Dimensions: Permissibility, Meaning, Blame*, Cambridge, Mass.: Harvard University Press, 2008)。密尔的引文来自《功利主义》第三章第十段。康德关于目的王国的引文来自《道德形而上学的奠基》第433页。对斯坎伦著作的批判性分析,见《论我们彼此负有什么义务》(*On What We Owe to Each Other*, edited by Philip Stratton-Lake, Oxford: Blackwell, 2004)。

伯纳德·威廉斯
多猜的动物

伯纳德·威廉斯（1929—2003）曾任牛津大学万灵学院的研究员，也曾在伦敦大学学院、剑桥大学和加州大学伯克利分校任教。他最重要的著作包括《道德》(*Morality*)、《功利主义：赞成与反对》（与斯玛特［J. J. C. Smart］合著）、《伦理学与哲学的限度》、《真理与真诚》(*Truth and Truthfulness*)，还有多卷文选，包括著名的集子《道德运气》(*Moral Luck*)。

在我们对话的一开始，威廉斯就说："哲学起源于我们意识到我们并不能充分地理解我们自己的行动和思想，而哲学的任务就是提出并且启迪一些进路，凭借这些进路，我们有可能更好地理解我们的行动和思想。"具体在他用了大部分作品来讨论的伦理学的问题上，他对于哲学家们试图通过推进一些理论来实现这一点的观念颇有怀疑，在他看来，在伦理学问题上，哲学理论甚至往往是增进人的自我理解的藩篱而非进路。（他跟他之前的导师黑尔[R. M. Hare]的一段对话非常有名。黑尔问："你可以把一切都拖下水，但是你准备在这个空出来的地方摆放什么东西呢？"威廉斯答："哦，在那个地方，我什么都不放。那就根本不是一个应该放任何东西的地方！"）

2002年12月的一个寒冷黑暗的下午，我们在他的牛津寓所见了一面。因为知道威廉斯热爱歌剧，我给他带了一盘新录制的让-雅克·卢梭（Jean-Jacques Rousseau）的《乡村占卜者》（*Le devin du village*）。威廉斯看起来因为新入藏品很高兴，尽管他对这部歌剧很显然已经非常熟悉了，毕竟他给我们沏茶的时候都在哼唱这部歌剧中乡村女孩考莱特（Collet）那段朗朗上口的开场咏叹调。房子半半拉拉的电力故障，导致起居室里唯有孤灯独照，我们就在半明半暗中且聊且啜茶。

*

福尔霍夫：您是怎么开始对哲学感兴趣的呢？

威廉斯：这就说来话长了，甚至得追溯到我听说我感兴趣的这些东西叫作哲学之前。当我还是中小学生的时候，

伯纳德·威廉斯：多猜的动物

就开始和一些朋友讨论一些问题，放在如今我会称之为哲学问题。这里有些是政治方面的话题。在那个时候，英国正在经历二战，而我们和苏联是战时的盟友，所以当时关于共产主义的讨论占据了我们的部分时间。此外，那时我的一部分精力就已经开始投入到关于艺术、道德和艺术家的自主性的话题上。就这样，我的中学校长，一位慷慨的牛津绅士，就把我送去了一个牛津大学的古典学奖学金项目。到了牛津之后，我才发现当时我所上的课程，所谓的"伟大经典"，包括哲学的部分。其实这倒还真不错，看来我是被安排去研究这些我已经饶有兴趣的东西。不过这其实并不是说我当时就想搞哲学只是顺便读了些古典学。我同样对古典学非常感兴趣。这在我的哲学著作中也有体现，在我的作品里，古典思想总是发挥着重要的作用。

福尔霍夫：您的老师和同辈之中，对您影响最大的都有谁呢？

威廉斯：我颇为赞赏吉尔伯特·赖尔在哲学问题上的不少态度，尽管我并不同意他的观点。我尤其从他对于将哲学划分为所谓的各种"主义"的批判中学到了很多。赖尔承认，在哲学中有大量不同的问题，也有各种各样的思考这些问题的方法，但是给任何一种特定的尝试回答哲学问题的方式贴上像是"物理主义"或者"观念论"这样的标签，都是过分机械并且颇有误导的。整体来说，赖尔是一个非常睿智、非常开明，而且持论公允的老师。此外，我的朋友大卫·皮尔斯（David Pears）也给我留下了深刻印象和显著影响。在 1950 年代，当我还是一个青年大学老师时，大卫和我一起授课，而我十分赞赏他的授课方式。另一个以一种特定方式影响了我的人是伊丽莎白·安斯康姆，尽管我得很庆幸地说，她没有在更多方面影响到我。搞哲学是不能光靠耍小聪明的，她从维特根斯坦那里学到了这一点，并且自己也在把它传播给其他人。牛津哲学有一种很强的冲着搞小聪明去的倾向。那是一种很强调辩术的哲学：牛津是一个充满了高度竞争性的对话交流、每个人都想证明其他人错了的地方。而我恰恰在这件事上天赋异禀。正是安斯康姆传递给了我一种关于哲学何其严肃的强大正念，她展示了哲学之艰深，远非仅仅靠耍小聪明就可以搞定。

福尔霍夫： 那么在聪明之外还要依靠什么？

威廉斯： 还需要能明白看穿什么东西是在论辩中或者纸面上没有被呈现出来的，以及要能发挥一些想象力。许多哲学家都只是想用一种特别线性的方法求取一串论证，一个证明接着另一个证明，或者一个反证驳斥另一个其他人提出的证明，不会纵观这串论证，思考搞这一大套究竟是为了什么。这种方法使人往往忘记主要的问题。一个例子是，人们一度热衷于讨论在道德的甲乙丙丁跟非道德的甲乙丙丁之间的差别。"与非道德的考量相对的道德的考量究竟是什么？""与非道德的判断相对的道德的判断究竟是什么？"他们一再强调这些问题，从不先问问道德与非道德的区分究竟为什么重要。

福尔霍夫： 那么您去做这些的动机有哪些呢？

威廉斯： 斯图亚特·汉普希尔（Stuart Hampshire）曾经说，历史上有过两种做哲学的动机，一种是出于好奇，而另一种是企盼救赎。柏拉图结合了这两者，正如他统合了几乎所有其他的对立事物。我觉得维特根斯坦属于那种更多是出于企盼救赎的。克尔凯郭尔（Kierkegaard）也一样——尽管他确实够聪明，这导致他的好奇心总是把他引向了别的地方！

那么我呢，对于救赎完全没什么兴趣。我觉得我对于哲学的兴趣，主要是出乎一种因困惑而生的好奇心。这是一种非常古老的哲学动力：人就是不明白，各种各样的观念——它们被置于人类生活和行为的核心——究竟是怎么搅和在一起。这里显然包括关于自我的观念，关于道德和审美价值的观念，还有如艺术作品等具备价值的诸事物在我们生活中的位置。对，驱使我做哲学的，一部分就是困惑。

但是我觉得在我的哲学工作中还有另外两点值得强调。一个是，由于性情的缘故，我的好奇总是伴随着怀疑。利科（Ricoeur）提到过"怀疑的诠释"（hermeneutic of suspicion），这在尼采、马克思和弗洛伊德身上特别明显，我天生也是如此，所以某种被标榜的价值总是会让我有所怀疑。

我在哲学工作中还逐渐发展出了一种认识：如果你为人类事务中地位重要的任何概念而感到困惑，几乎可以确定的是，你不大可能仅仅通过纯粹的哲学分析就真正解决掉这个困惑。你几乎总是会需要了解你要处理的这个概念的历史演变。这种历史学转向在我过去十到十五年的作品中愈发突出。

福尔霍夫： 关于历史性理解在伦理学和政治哲学中的作用，您能不能再多谈一点？

威廉斯： 在一种宽泛意义上理解的历史，通过以下方式发挥重要作用：首先，历史有时能帮助我们照见我们当下观点中的问题。一旦我们开始追问，为什么我们在使用某些概念，而非曾普遍流行于过去的另一些概念，我们就往往会看到，这个历史并不是成败判然的。也就是说，我们可能会倾向于得意地想，我们如今的观念，比如说关于人人平等和平等的权利之类的自由主义观念，在跟更古老的概念（比如"旧秩序"的那些观念）的竞争中，是从论战中胜出的。然而历史会告诉我们，这些观念确实是"胜出"了，但并不是赢了什么"论战"。因为支持自由主义观念的人参与的论战的标准或者目的，和"旧制度"捍卫者的并不一样。这就把我们的观念和世界观的历史偶然性带到了我们的视野中。

伯纳德·威廉斯：多猜的动物

这种偶然性对我们来说倒不一定就是问题，因为它并不一定会动摇我们对自身世界观的信心。有一种看法认为，我们需要成败判然的观念史——以持有其他观念、反对我们的观念的古人所能接受的标准来衡量，我们的观念是更优越的——这种看法似乎意味着，我们应该从一种尽可能不受偶然历史因素影响的观点出发，寻求一套最佳的道德和政治观念体系。而我觉得把追求这样的东西当成我们的任务是一种妄想。但是，尽管不存在成败判然的历史这一事实并不意味着我们就得抛弃我们的世界观，它确实影响着我们对他人世界观的态度，也影响着其他一些东西。

其次，历史可以帮助我们理解，为何我们的观念在一些视角下看起来并不自洽。比如说，我相信自由主义在自主性的观念上就存在问题，因为自主观念的根源在于启蒙运动时期对个体的理解，而当时的理解对于我们来说是说不通的。

最后，伦理和政治观念中的哪些内容对我们来说是有用的，部分取决于我们怎么理解我们生活方式的必需之物。"现在对我们来说什么是有可能的"这个问题，在我看来，对于政治和道德的哲学来说是颇为重要的问题。它要求我们对于社会具有经验层面的理解和洞察。我会说，要获得这样的洞察，脱离开历史性的方法，是不可能的。也就是说，我不认为存在一种足够坚实或者足够有趣的社会理论，能告诉我们对我们来说什么是可能的。

福尔霍夫：您能否就历史对某个政治概念的重要性举一个例子？

威廉斯：例如自由。我认为，就像其他政治中的概念一样，我们需要构建的自由概念，既要体现历史性的自我意识，又要适合现代社会。我区分了两个概念，一个叫"素朴的自在"（primitive freedom），也就是说，当一个人想要做什么事情的时候，不被人为的强制所阻碍；另一个叫自由（liberty）。[1] 鉴于后一种自由是一种政治价值，为了能将某一种损失"素朴的自在"的状态认定为损失了自由的状态，尤其是为了考虑将哪些导致"素朴的自在"损

---

1 Freedom 和 liberty 的翻译素来是一个麻烦，两个词一般对应的汉语词汇都是"自由"，因此当英文作者有意区分这两者时，译入中文就会遇到困难。Freedom 指一种简单的、天然的、无拘无束、不受强制的属己状态，词源来自古英语、古日耳曼语；而 liberty 则带有社会的、政治的色彩，词源来自法语和拉丁语，与罗马公民的政治自由以及奴隶与自由民的对立紧密相关。但在现代的实际使用中，liberty 已经不再限于讨论公民权或者奴隶制的语境了。虽然威廉斯宣称 liberty 是一种政治价值，在本书的对话中却没有这样强调；如果考虑 liberty 的政治色彩，又会涉及威廉斯如何理解"什么是政治"，以及"政治的"与"社会的"有何异同，所以将该词译成"政治自由"会失于狭窄，而且容易产生误会。还有一种建议是把 liberty 译作"自由权"，以突出其特殊性。这一译法的问题在于会自动带入现代的法权和自然法话语体系，而这一倾向应当不是威廉斯所希望的。权衡再三，译者选择仍以"自由"来译 liberty，而为避免混淆，使用日常意义上的"自在"一词来译 freedom。有人提出 primitive 应译作"原始的"，但威廉斯在这里并没有讨论原始与社会或者文明的对立，他关注的是不同层面上的问题。他说的 primitive freedom 是一种简明直接的、不假思索的、不受拘束或强制的状态，因此选择用"素朴"一词，同时可兼顾 primitive 一词的价值中性色彩。——译注

伯纳德·威廉斯：多猜的动物

失掉的因素认定为"人为的强制"，我们必须要思考一个人究竟能够合理地把什么当作是一种"损失"。于是，我们就得考虑，什么样的社会对于我们来说是可能的。从这个视角来说，如果一种做法对于任何的国家的基本存在来说都是必需的，那么这种做法就不应该被当作一种对于自由的限制。此外，如果一种做法对于一个社会的运转和作为"我们的"社会的继续存在来说是必需的，那么这种做法也不是一种自由的损失。因此，尽管一些强制措施、使用强制措施的威胁，或者一些制度化的歧视性机制还是应当被认定为对人的自由的限制，但是除极特殊情况外，例如我无法从经济竞争中获得我想要的某种东西，否则便不算是不自由。这是因为市场竞争在我们的当代商业社会的运转中居于核心地位。

理解我们在历史中的境遇，同样可以帮助我们理解自由对于我们的价值。我脑海中关于现代性的概念，就是那个作为现代社会科学的基础的概念。它类似于韦伯的现代性概念。这个概念包括世界的祛魅，还包括对于一种观念的拒斥——这种观念认为，关于人应当如何对待彼此的规范，要么是以某种方式内在于人的天性之中，要么放诸四海皆准。现代性还涉及一种与此相关的倾向：倾向于拷问权威的各种传统来源——现代性的一个显著特点就是我们不再相信传统上将等级制和不平等正当化的说法。

好，对于现代性和自由的价值之间的关联，应当这样理解：我们越是相对于其他世界观而言看轻这些具有正当化功能的说法，自由对于我们来说就越是重要。正是因为我们质疑各种权威，我们才会为每一个公民坚定地认为，他们可以追求满足他或她的欲望。

这种对自由的阐述，诚然比较粗糙，但也表明了从历史性的角度解释一种概念对我们而言的价值，并不一定削弱这种概念本身。我们应当把当下对于过去的正当化说法的质疑，看作一种好东西，因为这种质疑源于一个事实：在现代性的条件下，我们对真理有更好的把握。

福尔霍夫：我想转向另一个问题——现代性及其反思意识对于我们的伦理学观点意味着什么？您的作品很多都是关于德性的。设想一下，有一个这样一个人，他眼下并不具备这些德性，但是正在考虑努力培养这些德性。您在《伦理学与哲学的限度》中说，亚里士多德对于这样的人有一个回答（尽管他可能无法领会这个回答的真谛，假设他本身不是个好人的话）。亚里士多德认为，每一种存在都有发挥其本性的最佳形式，且天然地会向这种最佳形式发展。对于人类而言，发挥人类本性的理想形式，就是一种良好生活的状态，一种需要具备那些德性的状态。但是我们如今已不再相信亚里士多德这种关于每种事物都会朝着自身的完满去发展的设想了。那么我们该怎么回答这个在考虑要不要追求德性的人呢？

威廉斯：嗯，这是个好问题。我觉得这涉及现代性的众多特点。我们的见解更多了，知识更丰富了，更会讽刺了，但是我们对这个整体运作的世界却变得越来越不满意。实际上，我在《伦理学与哲学的限度》中已然提到了这一点，尽管我当时的讨论本来可以写得再清晰一些。我认为，《尼各马可伦理学》（*Nicomachean Ethics*）中出现的对于德性的那种相当圆满的阐释，体现的是亚里士多德自己的一种惊人的文化愿景。因为他写的东西绝对不可能是公元前4世纪雅典的真实写照。你只要想一想柏拉图描绘的那个雅典，那是一种更真确和现实的图景，尽管也带有一些偏见，你只要想一想当时的雅典可是已经走在民主制度崩溃的末路，那么认为那些人当时都漫游在这种浩大光辉的自我实现中的想法，认为他们漫游在这种宇宙、城邦以及他们自身欲望的和谐之中的想法，就是彻头彻尾的荒唐念头！亚里士多德不过是一个因为某种保守观念而头脑发热的乡巴佬。

福尔霍夫：在《伦理学与哲学的限度》中，您指出我们不再信赖亚里士多德的设想，这削弱了我们在伦理上的信心。但是真的如此吗？假如像亚里士多德所说的那样，获得那些德性是一个以特定的方式被教养长大的问题，不是一个认知层面上的任务，假如我们承认，如果我们具有那些德性所需的某些禀赋,这些德性对我们来说就是有吸引力的,那么为什么为这些德性辩护的某种外部理由不成立,就要影响我们对这些德性的价值的看法?

威廉斯:您问的问题非常好。我觉得,为了理解这件事,您需要把我说的这些话放回到那个探讨的语境中,在该语境下,对于伦理问题的外部论证被假设为确实会影响到我们对这些伦理观念的信赖。在那本书前面的部分,在第二章,我质疑了这种假设。我当时说,如果这种假设是真的,我们的道德品格确实依赖于外部的论证,那倒会是奇怪的事。我还说:"当一个伦理学教授被强行拽出课堂的时候,他的论证能有什么作为?"但是如果我们假设对于伦理观念的外部论证确实会产生一定影响,那么在某种程度上这个教授的论证可能还真有些作用,这是一种假设的用途。

好,亚里士多德承诺他要以一整套吸引人的论述来呈现所有德性是和谐一致的,但我不认为他兑现了这个承诺。不过由于我并不认为,以哲学论证证明伦理道德的客观性这个问题,在那个讨论中有着根本的或者说决定性的作用,所以你说这个外部视角似乎无关紧要,我觉得你说得很对。但是我在这里要提一点,因为在道德哲学中,人们常常会围绕这一点打转。这一点是,如果你碰到一个说法,强调德性本身的统一性,强调德性和幸福等诸般事物之间的统一性，以此呈现道德说教中对于伦理的理想化阐述，这种说法反而可能激发出它的辩证对立面。当人们首次发现，对于绝大部分人来说，各种德性相互之间并不一定融洽，并且具有某些德性反而是巨大的劣势（实际上这不是什么新鲜事——德性反而对你有害，像苏格拉底这样的人对此早就一清二楚了），就导致一种强烈的倾向，宣称"什么狗屁仁义道德，都是假的！"于是我们就碰上了我花了大部分功夫处理的问题：既然我们不可能拥有理想化的伦理学，那么就要尽力让伦理问题多少能说得通，而不是所有伦理全部扔掉。

福尔霍夫：《伦理学与哲学的限度》贯穿着一个主题——人的自我认知、智识性的批判以及知识，先后毁掉了古希腊人的和近代启蒙运动的理想。但是古希腊人思考道德的那种方式所遭受的破坏，似乎还是要比当代人的要小一点……

威廉斯：确实在一定程度上，古希腊的一些观念相比于更晚近的观念而言更加坚实，对于我们来说更加切实可感。在这个意义上您说的是对的。究其原因，在于希腊人受野心过大的自由意志观念的影响较小。我认为现代观念中最易受批评的部分——最不堪的部分——就是跟基督教相关的部分。然而话虽这么说，要宣称希腊人的观念更经得起审视，得附加相当多的限定条件。希腊思想的问题在于，一套出现于两千多年前、对于我们来说完全陌生的历史时代的观念，它在现代世界是完全不合时宜的。现代世界出现了一些概念，尤其是关于权利的概念，对于我们而言是不可或缺的。那种认为我们没有这些概念也能正常生活的看法，是非常荒诞的。一旦意识到这一点，我们就必须试着给这些不可或缺的观念以另一种形态，使它们在形式上不再像在康德等近代哲学家的思想中那样依赖形而上学。

福尔霍夫： 目前倒是有一种道德观念不那么依赖于形而上学，那就是契约论，比如说托马斯·斯坎伦阐释的那种。契约论在面对你所说的其他启蒙思想面对的批判时似乎没那么脆弱。斯坎伦甚至开玩笑说，他的道德观念是"经济适用的康德式目的王国"……

威廉斯：（大笑）那我觉得他这话说得也太谦虚了！

福尔霍夫： 斯坎伦阐述了一种有意思的观点，认为我们的道德动机来自渴望向他人证明自己的欲求。按他的说法，我们之所以有理由做道德的事情，就是因为我们有理由避免将自己置于其他人或明或暗的敌意之中。在《真理与真诚》中，您探究了真诚这一德性的起源和价值，花大力气强调了一种类似的观点。您举了一个例子，人们会善意地欺骗一个老妇人来为她好。您说，尽管康德关于说谎所讲的很多东西都是错的，但是康德所说的正确的地方在

伯纳德·威廉斯：多猜的动物

于，我们与她的关系在我们对她撒谎的时候发生了改变。您写道：

> 这破坏了信任。我引导这个听者相信我所说的，而她有很好的理由这么做，我滥用了她的信任，因而滥用了基于这一信任建立的关系。即使这是出于照顾她的利益的理由，在这个特定的意义上，我也没有给她一个机会，让她自己对于事实做出反应……就此而言，我把她置于我的掌控之下，夺走或者至少侵害了她的自由。

由此您做出论断，真诚的价值就在于因真诚而成为可能的信任关系的价值。

威廉斯：就像人们说的，小同志呀，没什么是无缘无故的。我在《真理与真诚》讨论说谎的这一章里确实深深赞同并且受教于斯坎伦的书。而且我觉得斯坎伦的作品遭到了误解和不公正的对待。您想必记得他那条准则，当且仅当一个行为遵从一套没有人可以合理地反对的原则时，这个行为在道德上就是可以允许的。有些人批评说，斯坎伦没有给出一个标准来判定究竟什么是一个人不能合理地反对的。但是我觉得斯坎伦想表达的不过是，我们应该问的恰恰正是这个问题——什么是一个人可以合理地反对的，这才是我们应该思索的问题。

所以我挺赞同这个公式的。当然，它并不需要背负（康德需要背负的）那些形而上学担子，而且它也具有作为一种道德思考的公式应该具有的样子，因为某种意义上的平等对于我们来说毕竟是很核心的道德观念。我们一定得在平等的基础上去理解需要满足什么样的前提才能成为目的王国的一员——也就是成为这样一群人中的一个，这群人的行为服从契约论的检验标准，而我们对待他们的行为必须也能通过这标准的检验。相反地，如果你想一想"旧秩序"的世界观甚或希腊人的世界观，你会发现，这种认为道德的核心在于没有人可以合理地拒绝的行为的观念，完全是从未有过的。在那些古人的观点中，我们的一些行为或者制度会被某些阶层或者某些人合理地拒绝，完全不是一个问题。毫无疑问，古代秩序中的那些下等人不会愿意接受某些由上等人颁布的规则，但是从这些上等人的视角来说，这种不情愿没有任何意义：下等人根本不重要（或者不如上等人重要）。当然，问题是我们关于平等的观念，其本身作为一种道德观念，在多大程度上是根本的或者事实性的（假如它是根本的或事实性的话），在多大程度上是这种对待人的方式所表达出来的愿景。

福尔霍夫：关于平等的观念怎样才算是"事实性的"？

威廉斯：嗯，我觉得这个问题确实值得琢磨。因为当

伯纳德·威廉斯：多猜的动物

你让人们思考歧视的各种基础时，你就进入了事实性的领域。可以这样说：在过去，人们曾经因为某些人是有色人种或者是女性而歧视他们，不会在一种斯坎伦式的或者康德式的意义上平等对待他们。但是，真正的理由其实并不是"因为她是个女人"或者"因为他是个黑人"。不平等根本就不是通过这种方式明确表达出来的，不平等就直接是内在于他们的制度中的。可一旦有人发问，为什么这些人会受到歧视，歧视者就必须给出证明，比如"黑人笨"或者"女性不具有某些职业所必备的技能或者品格"。但是这些其实只不过是合理化的说辞，实际上是虚假的观念，仅仅是用来支持这些遭到质疑的制度。这些主张是虚假的，并且他们知道是虚假的，这非常重要。就拿起草《权利法案》的奴隶主举例。这里面就存在着大量虚假观念，因为当这些奴隶主占女性奴隶的便宜时，他们并不觉得自己是在兽交；他们很清楚，自己是在跟人类发生性关系！

福尔霍夫：我原以为您对契约论的态度会更具批判性……

威廉斯：嗯，我认为契约论确实惹出了一堆关于人与人的关系的问题，尽管说它惹出这些问题可能并不是在批评它，因为这些问题总归是有待回答的问题。契约论的问题在于，它很容易就会引起我所说的"想得太多"（one thought too many）的问题——因为，比如说，毫无疑问，对于一个男人应当将自己的夫人从一场沉船事故中救出来这样的规则，不会有人合理地反对。但是我们不会期望说，**这**就是让这个男人去拯救他夫人的真正理由。所以说，这里面始终有一个问题，涉及的是道德思考和关于非反思性或者非道德的中介性因素的思考之间的关系。不过我觉得你可以说这样的问题不论如何都是存在的。

福尔霍夫：我其实不是很懂您提到的这个"想得太多"的问题。难道这不是两个不同的问题吗？一个问题是，"在这样的情境下，人们是如何行动的，他们是怎么考虑的"；另一个问题是关于我们行动习惯的反思性问题。提出这个反思性问题似乎是完全说得通的，因为我们不可能永远都只遵从友谊或者爱情的要求，而且我们需要一种视角，来审视出于友谊或者爱情这样的动机来行动，在多大程度上是道德上可以被接受的……

威廉斯：嗯，某种程度上是这样。您说得这些都非常合理，但是如果您顺着这个思路再想下去，就会想到那种对辩护理由和动机的区分那里去。这种区分是伪命题，亨利·西季威克和其他高水准的效用主义者拿这个很当回事。这个区分是说，甲可以为按照某种方式行动提供辩护，并不意味着甲一定就是人们这样做的动机。我会觉得这种区分观念导向了一个荒谬的异化问题。我是说，在一定程度上这种情况是有可能的，但是归根结底，一个人还是需要在行动的话语和思想与反思的话语和思想之间实现统一性。

福尔霍夫：在您的观点跟契约论的冲突中，似乎存在一个更深的问题。您在《道德运气》中讨论了一种道德一致性的理想，这种理想在契约论中似乎有着重要的地位。按照契约论，"一个行为在道德上得到辩护，意味着没有人可以从道德角度出发正当地谴责这一行为。"而您认为这一理想要求过高了，您部分提到了一些政治案例，您声称，在这些案例中，即使某个会因为政治领袖的决定而蒙受无妄之灾的人可以合情合理地从自己的角度出发拒斥这一决定，这个决策也依然有可能得到辩护……

威廉斯：确实如此，在政治问题上，我觉得你不可能总是说，为政治抉择承担后果的人没有正当的理由抱怨——说这些人没有被亏欠，因为他们应该站在国家理性的角度思考问题。

福尔霍夫：那么在个人道德问题上呢？似乎在个人层面也存在一些情况，某个人可以做一件道德上正确的事情，但是依然没能正确对待某些人。比如说，一个人有可能为了实现某种善的目的而打破某个庄严的承诺，这个善的目的重要到足以为他打破承诺的行为提供辩护——即便如此，他做出承诺的对象依然可以合理地认为，这个行为者对自己做了件错事。您是否认为，这类情况让斯坎伦的契约论显得说不通了，因为契约论似乎是不允许这个人这么做的？

威廉斯：我说前面那一点的时候就在想这个问题。这里的困难在于一种常见的"描述层级"（level of description）问题。没有人可以在斯坎伦的意义上合理地拒绝像承诺这样的道德机制。而且，也没有人可以合理地反对，在一些情况下打破承诺是可以得到辩护的。可您准备顺着这个思路往下走多远？比如说，如果我打破了一个承诺，这是否意味着我应该向被我闪了一道的人提供补偿或者提出道歉？如果是这样，如果"应该"，因为似乎确实应该，那么这似乎就意味着没有人可以合理地反对要求我给予补偿、道歉等的规则。但是我得说，我认为比较显而易见的是在此种情况下做出补偿是合适的，相比之下，是否存在一种没有人可以合理地反对的原则规定此种情况下一个人应当做出补偿，则没有这么显而易见。我们是从直觉出发来理解斯坎伦的公式。好，假如说真的有这种斯坎伦式的关于道歉的原则，规定打破承诺的人必须道歉，且没有人可以合理地反对这个原则，那么它是否就意味着被承诺的一方应该接受道歉？答案是很不明确的。另外，斯坎伦式的原则是否意味着，被道歉的一方要么应该接受道歉，要么应该表示这样的异议：他无法合理地反对道歉者行动所基于的原则？

福尔霍夫：我认为斯坎伦的说法确实会产生这样的

伯纳德·威廉斯：多猜的动物

推论。

威廉斯： 嗯，在我看来，一旦您顺着这个思路想下去，您就会趋向于认为，每一个人的回应都应该以某种方式和谐地融入"目的王国"（要我说的话，倒是称之为"目的共和国"更加妥当！）。那么我们就回到了契约论由来已久的问题，契约论提出了过高的要求，要所有人的所有道德情感都能非常和谐地共处。而我们都知道，有一些情况下人们会拒绝参与这个给出支持或者反对各种普遍规则的游戏，而这完全合乎情理。[1]

福尔霍夫： 最后我想问几个关于您在真诚和现代文化上的研究的问题。尼采说："人类是一种虔信的动物，但也是一种多猜的动物；而我们所猜中的事情里最确凿的，大概就是这个世界原本配不上我们所信的那些。"尼采还说："人越是多猜，就会有越繁荣的哲学。"您是否认为多猜（而什么都不再虔信了）正是现代社会的特征？而这又是否意味着哲学的繁荣？

---

[1] 威廉斯在《道德运气》中讨论的保罗·高更（Paul Gauguin）的例子，在这里或许可以作为一个基本的例子。让我们假设，高更知道，当且仅当他抛弃自己的夫人和孩子跑到大溪地去的时候，他就能创作出超凡脱俗的作品。再让我们假定，从一种不偏不倚的立场来看，他的作品的价值高到没有人（甚至包括他的家人）能够合理地反对他的这个行为动机。在这样的前提下，契约论似乎将不得不提出，高更夫人不应该反对他抛弃家庭跑掉。但是在我们看来，在这个情境中，高更夫人此时拒绝如此克制她的道德情感，似乎是非常可以理解的。

威廉斯：我对这两个问题的回答都是肯定的，但是要施加非常严格的条件：当代的娱乐、通信和"信息"饱和，或许会使得有效的批判和反思不再可能。小报痴狂地追逐着当天的丑闻，互联网则被类似的"新消息"主宰着。我们的自我省察和发问，有可能退化为虚浮的装模作样，而且现在指导人生该何去何从的臆想太多了，没有人质疑它们，这真的相当令人不安。如果要明确表示的话，我不认为人们真的会相信它们。但是他们没有不信的选择，只能被牵着鼻子走。所以我觉得，如果人的"多猜"指的是真正有效的批判和自省，那么我要给这个现代人变得多猜而不易盲信的判断打上一个大大的问号。当然，当人们想起社会批判的时候，往往会想到那些保守的社会批评家或者自由主义的辩护者。而这种非常激烈、非常严肃的批判形式，正是在更早一点的时候，由现代性本身塑造出来的。那时，思想者们还能得到一些往昔遗存的建制的庇护。然而现如今，这样的建制已尽数坍圮，淹没在信息市场的一片汪洋里，至于是否还可能有任何人坚持这种高度针对性的思考，我是不抱太大希望的。以至于，需要留出一片空间，让哲学和相关的批判和追问活动能够继续存活下去，这种观念本身都已经遭到威胁了。

福尔霍夫：在《真理与真诚》中，您同样指出，我们

伯纳德·威廉斯：多猜的动物

的怀疑文化在威胁着我们对真理的信念。您从尼采关于真诚的理想状态的讨论起笔，尼采总结说，真诚是最后一个有形而上学内核的概念，而由真诚推动的探索过程到头来会瓦解真诚本身。

威廉斯：尼采在《快乐的科学》和《道德的谱系》中确实说过，在我们的各种探究活动中燃烧的火焰，跟在柏拉图的灵魂中燃烧的火焰，完全是同一把火。但他这是在刻意激怒那些在他辱骂基督教会时一直都欣欣然点着头的自由派们。我觉得，尽管真诚的价值看上去依然笼罩着形而上学的影子，他当然还是想要赋予这种价值以一种充分自然化的理解。而我在《真理与真诚》中的愿望，在一定程度上，就是通过构建一套真理的谱系学，来实现这一点。一套谱系学，就是一种叙事，这种叙事尝试通过描述一种视野或者价值是怎么来的，或者有可能是怎么来的，或者可以被设想为是怎么来的，来理解这种视野或者价值。人们可能会对于谱系学提出这样一个有趣的问题：关于一种价值的谱系学是否是成败判然的，也就是说，如果一个人正确理解了这种谱系学，这个人对于此种价值的信心就会要么增强，要么减弱。成败判然的谱系学会让某些特定价值说得通，尽管并不是让它获得其他人所描述的那种崇高意义。由此，为了树立人们对于真诚这种价值的信心，就不一定非得要找一个形而上学的基础不可。

我希望我在某种程度上为真理和真诚给出了这样一种成败判然的谱系学。那么再进一步的问题当然是问,我们对于真诚的执着究竟是会走向以悲剧收场,还是会让每个人都过得更好。尼采就思考过这个问题,它也确实值得人花费心思。我在书中对于将真诚的价值自然化的可能性还是比较乐观的。但是我对于这个更进一步的问题究竟是乐观还是悲观,这就要留给您自己判断了,答案就在书的最后几页。

福尔霍夫: 我在读的时候感觉您的书是在对于真理和真诚之价值的一种虔诚希望中收尾的……

威廉斯: 肯定不是什么**虔诚**的希望!我在《真理与真诚》的最后一段引文出自康拉德(Conrad)的《黑暗之心》(Heart of Darkness)。就像纽约人爱说的,"想想吧!"[1]

参考文献与扩展阅读

伯纳德·威廉斯对黑尔提出的问题所作的回应源自巴吉尼(J. Baggini)的《对体系进行打击》('Beating the Systems', *Philosophers' Magazine*, 21 [2003]: 29)。威廉斯对"素朴的自在"和"自由"这一对概念的区分,见其文章《从自在走向自由:对于一种政治价值的构建》('From Freedom to Liberty: The Construction of a Political Value', *Philosophy and Public Affairs* 30 [2001]:

---

[1] 让我感到非常遗憾的是,伯纳德·威廉斯不能校订这篇采访手稿了。——原注

3–26）。"想得太多"的说法见其文章《个人、人格与道德》（'Persons, Character and Morality', *Moral Luck*, Cambridge: Cambridge University Press, 1981: 1–19）。西季威克在《伦理学方法》第四卷第五章第三节对人们行为的道德正当性不需要依赖其行为的动因这一观点进行了论证。

对尼采的引用来自他的《快乐的科学》第346则。威廉斯在《真理与真诚》的末尾以源自《黑暗之心》（London: J. M. Dent and Sons, 1946）这本小说中的一段文字作结，在这段文字中，叙述者讲述了库尔茨及其临终遗言：

> 这就是为什么我可以断定，库尔茨是一个伟大的人。他是真的有话要说。他说出来了……他作了总结……也作了判断。"是恐惧啊！"他的的确确是一个伟大的人。毕竟，这是基于某种信仰才会说出的话；在其中，有坦率，有笃信，在他的轻语之中，却有着振聋发聩的反抗；在其中，有着独属于真相的面孔，见之者无不惊诧，可惜，也只是惊鸿一瞥。（151）

威廉斯在伦理学领域的主要作品包括：斯玛特与威廉斯合著的《功利主义：赞成与反对》；《道德》（Cambridge: Cambridge University Press, 2nd edn 1993）；《道德运气》（Cambridge: Cambridge University Press, 1981）；与阿马蒂亚·森共同编著的《超越功利主义》（*Utilitarianism and Beyond*, Cambridge: Cambridge University Press, 1982）；《伦理学与哲学的限度》；《羞耻与必然性》（*Shame and Necessity*, Cambridge: Cambridge University Press, 1993）；《真理与真诚》（Princeton: Princeton University Press, 2002）。

如果想了解对于威廉斯伦理学作品的评价，可参见托马斯·内格尔的《此时此地之见》（'The View from Here and Now', *London Review of Books* 28, 9 [May 2006]），以及蒂莫西·查普尔（Timothy Chappell）编写的"伯纳德·威廉斯"词条，见《斯坦福哲学在线百科全书》，链接为https://plato.stanford.edu/entries/williams-bernard/。

第五部分

爱与道德

哈里·法兰克福
爱的必要性

在《探求真理的指导原则》（*Règles pour la direction de l'esprit*）一书中，勒内·笛卡尔（Rene Descartes）将他关于获得具有确定性的知识的方法总结如下：

> 这整一套方法全部是由特定对象们的排序和编配所构成，如果我们想要探知真理，那么就必须将我们的内在之眼聚焦在这些对象上。我们应该严格遵循下面这个方法：首先，要一步一步地把复杂且晦涩的命题还原为更简明的命题，而后，要从所有命题中最简明的那些所带有的直觉出发，尝试按照同样的步骤向上攀登，直至获得所有其余的知识。

普林斯顿大学的哲学家哈里·法兰克福的作品就是运用上述方法的一个当代典范。他被笛卡尔的作品体现出的清晰性和严谨性所深深吸引，法兰克福以研究笛卡尔的作品开启了他的学术生涯。从 1960 年代初开始，法兰克福的作品中囊括了对道德责任（moral responsibility）、自我同一性（personal identity）、自由意志（freedom of the will）、自治性（autonomy），以及其他主题的研究。在他的每部作品当中，法兰克福的研究方式是，首先，试图找到一些简单直白的观念，这些观念被他认为是处在上述那些晦涩难懂且令人困惑的概念的核心之中的，然后运用简单的观念来得出对于这些复杂概念的更精准的认识。通常情况下，法兰克福的研究结果会表明，关于这些概念问题的现存见解是有误的。因此，他众所周知地反对过关于道德责任的惯常见解，这种见解认为，只有当一个人在实施某种行为时本可以做出不同的选择，这个人在道德上才需要对该行为负责。他还认为，对于人类意志的限制在某些情况下非但不会危及人的自治性，反而对其而言是必要的存在。

法兰克福还曾将他的注意力投向过实践规范性（practical normativity）的问题，该哲学分支领域所关注的问题是：我们应该如何生活？在法兰克福访问伦敦大学学院期间，我与他见了一面，针对上述问题进行了探讨，他于 2001 年的秋天在伦敦大学学院授课。

哈里·法兰克福：爱的必要性

*

福尔霍夫：当初是什么致使您开始学习哲学的？

法兰克福：您问的这件事，可有好些年头了……我想是因为，当时发现，自己很难去做哲学之外的那些事情，并且我当时抱有这样一种想法，觉得如果学习哲学的话，自己什么都不需要放弃——就是说，不管我感兴趣的问题是什么，我都可以理所当然地对其进行全神贯注的研究。

福尔霍夫：您是如何对笛卡尔的作品产生兴趣的？

法兰克福：他一看就是那种头脑非常清晰、思维非常严谨的思想家。以及，他宣称自己想要找到一种能够区分真实与虚假、善行与恶行的方式。而这些也是我当时的兴趣所在。最后，他的书都不是很厚，这就让我动了念想，认为自己有可能充分掌握他的作品。接着，我越是深入地研究笛卡尔的作品，越是发现自己被他深深吸引。事实上，我觉得我在笛卡尔这里学到的哲学比在其他任何地方学到的都要多。

福尔霍夫：他的作品中的哪些方面让您收获甚丰？

法兰克福：对于理性以及探求理性能力之必备条件的事业的执着。对于我而言，笛卡尔最重要的几样东西是，他对于严谨性的追求，以及他对于找寻无懈可击的信念——不管多么激烈的怀疑论都无法将其击倒的信念——所抱有的渴望。我不知道我现在是否还相信这个理想是否可以被实现,或者是否合理,但在当时,它是十分令我神往的。

*

据说,哲学产生于对自然现象的惊奇,以及对某些逻辑问题或概念问题的困惑。然而,法兰克福察觉到,"我们应该如何生活"这个问题并非来源于这类惊奇或是困惑。确切地说,该问题之所以会产生,是因为我们对于自己想要做什么以及自己要捍卫什么,感到无所适从。法兰克福认为,哲学家们设法解决这个问题时普遍采用的方法是有误的,这些人将问题的重心放在了道德原则所要求或认可的事物上。他认为道德考量提供的答案并不充分,其中的一个原因是,道德原则都是客观中立的(impartial)。与之相比,能够帮助我们解答"我们应该如何生活"这个问题的,是基于主观和个人的考量。但是,道德真的就像法兰克福所说的那样,一点主观和个人的成分都没有吗?

*

福尔霍夫: 您在第二节讲座的开头,点出了"严格普遍的［道德］原则"（strictly universal［moral］principles）对人们提出的要求和人们对亲友以及自身的偏爱之间存在的不同。但这二者之间的差异真的像您说的那样鲜明吗？我们是能够为个体主观性的存在提出中立而普遍的理由的。举例而言，我们与自己的亲人和朋友之间所保有的那种亲近的情感联结对于我们而言，显然是无比重要的。如果我们对于所有人提出的要求都必须做出同等程度的回应，那么这些弥足珍贵的联结将不复存在。同理，普遍而言，我们每个人都需要私人空间来做自己想做的事情。所以，我们需要空间来追求那些被我们认定为重要的事情，这之中是可以有中立而普遍的理由的。

法兰克福： 只有当我们都有相似的目标时，您提到的这些理由才会是普遍和中立的。在那些情境中，人们支持的规则似乎是，"我过好自己的生活，并且不干涉你的生活。"你想要掌控你自己的生活，我也想掌控我自己的生活，所以我们达成共识，在这些问题上对彼此的利益保持尊重。但是，只有当每个人都想能够不被干涉地待着的时候，在此情境中才能产出生普遍而中立的理由。然而，也许我并不想要私人生活的安宁。你也许会很希望我能节制自身的行为，但我对你是否能节制自身的行为，也许并不是太在乎。我也许会认为我能逍遥法外。我可能就像柏拉图的《高尔吉亚篇》(*Gorgias*)中的卡利克勒（Callicles）[1]一样。关于卡利克勒针对该问题[2]所提出的挑战，苏格拉底的回答似乎是，即使对于盗贼来说，他们也需要尊重彼此的利益，不然的话，他们就无法一起合作以实施盗窃活动。

至此，也许为了实现我自己想过的生活，我确实需要与他人进行合作。然而，我当然并不需要和**所有人**都合作。所以，您提到的这个所谓的普遍而中立的理由并不必然成立——它们并不是天道，也不是那些被我们用理性推理所确认的，恒成立的真理。他们只是某种基于实践考量的约定，并且对它们的需要是因人而异的。

福尔霍夫：尽管如此，不管人们有没有意识到，难道我们不能认为所有人都有行道德之事的理由吗？因为这样做的话，人们就能与别人处在一种特定的关系当中：能够遵循那些对于他人来说是合理的规则来生活。密尔将此观念称为"与我们的同类共在"。

法兰克福：关于这个神神叨叨的表述，它到底在说什么，我实在摸不着头脑。对于人们遵循道德行事的动机，我会认为是，我们都不想被抛弃。在刚出生的时候，我们

---

[1] 卡利克勒在《高尔吉亚篇》中主张的是强人统治和现实政治（Realpolitik），他以此与苏格拉底展开辩论。——译注
[2] 指上述关于是否应当遵守普遍且中立理由的问题。——译注

哈里·法兰克福：爱的必要性

对于外界是极其依赖的，并且在我们长大的过程中，我们或多或少对外界仍旧保持依赖。而那种依赖感对于我们的影响是非常强有力的。所以，如果我们认为自己好像无法再指望任何人，必须全靠自己的话，我们会感到极其焦虑。我这里说的依赖，不仅仅指生理和物理上的依赖，还有心理和精神上的依赖。处在孤独当中是一种很痛苦的状态——对于很多人来说，孤独会严重威胁到他们自身的真实感。我们多大程度上能有真实的感觉，往往取决于他者回应我们的方式。我们是从他者的身上认识自身的，是从他者对我们所做出的反应、回应当中获得自我认识的。如果我们得不到这样的回应，我们关于自身的真实感就会变得极不稳定。所以孤独是一种会让人感到极其紊乱的状态。

福尔霍夫： 出于对这种孤独的恐惧，我们因此想要至爱之人能够常伴左右，想要友谊能够地久天长，想要和每天打交道的人处好关系。但这一切似乎都和道德没什么关系，因为道德规范的是我们面向所有人时的行为，而不仅仅针对那些我们亲近的人。

法兰克福： 嗯，在很大程度上，我确实认为，对于这种不愿与他人疏离的意愿而言，其在个人层面或亲近关系的层面要强得多。在哲学当中人们碰到的这种具有普遍性和客观中立性的道德观念……我不清楚它在我们所处的哲学圈外流传得有多广。但我想，我们之所以会朝着具有普遍性的道德的方向前进，是因为我们不想让自己与任何人处于敌对关系当中。而这种具有普遍性的道德就其自身而言，就已然获得了生命力。它被规范化和制度化了；我们基于此，创建了那些普遍的原则，因为相比于在和每个人接触时都得考虑要不要和这个人处好关系，依凭普遍的原则对我们而言是更加轻松的。

福尔霍夫：您的言下之意似乎是，和别人处好关系是我们唯一在乎的事情。然而，即使我和别人相处得很好，这也并不排除我们之间的关系可以是带有剥削性质的。

法兰克福：这也许在个案中是可以成立的，但普遍而言，它并不能成立。所以，如果我们可以合理地认为，遵循规范行为的普遍原则能够达成有序、和平和友好的关系，那么遵守这些规则即可，这于我们而言是最轻松的事情。

福尔霍夫：我想从另一方面质疑您关于道德与个体目标之间存在冲突的观点。托马斯·斯坎伦在《我们彼此负有什么义务》这本书中认为，许多有价值的追求和珍贵的关系都并不必然和道德要求相冲突，因为这些追求和关系对于道德要求都有某种内在的感知力。例如，斯坎伦认为，我们理想当中的友谊包含了对于朋友**作为**个体所提出的道德主张的认可，换言之，这些人对我们提出的道德主

哈里·法兰克福：爱的必要性

张独立于我们与他们之间的特定关系。这类对于友谊的构想绝对不会要求我们为了友谊而侵犯他人的正当权利。其他关乎个人的价值也可能以类似的方式与道德的要求相调和……

法兰克福：我无法理解那种认为道德考量总要高于一切的观点。斯坎伦和其他一些学者认为道德一定与我们对待他人的方式有关。但是为什么这件事就是我们生活当中最重要的事情？为什么**这件事**就应该比任何其他事都更重要？这些事也许确实可能比其他事物更重要，但我不明白，在我与别人的关系当中，到底是什么因素表明了道德考量必须要优先于任何其他考量。毕竟，世界上的绝大多数人在我的生活当中根本就没那么重要。

*

总结而言，法兰克福认为，哲学家们应该认识到，道德无法对实践规范性的问题给出一个令人满意的答案。此外，对于"我们应该如何生活"这个问题，他认为应该放弃从理性主义的角度对其进行回答的构想，试图通过发掘某种理性的指令以回答该问题的尝试是行不通的。他主张，我们应该转而从研究意志开始我们对于该问题的探索。

在法兰克福看来，一个人的意志就是驱使其行为的欲望。法兰克福认为，我们作为人类的一个核心特征是，我们在乎自身拥有的是何种类型的欲望。对于将其他欲望作为自身对象的那些欲望，法兰克福称为"二阶欲望"（second-order desires）。其中的某种二阶欲望是特殊的，它属于人们想要决定其意志的构成部分的某种欲望。法兰克福将这种二阶欲望称为"二阶决断"（second-order volitions）。他主张，之所以会存在这样的二阶决断，是因为人们能够对自身行为的源头进行反思，并扪心自问，自己到底想要怎样的行事动机。

从上述这些有关意志的简明观点开始，法兰克福尝试借由这些观念来进一步达成对于自我同一性、道德责任、自由意志和实践规范性等复杂问题的某种认识。法兰克福主张，人们的自我同一性中，有很重要的一个部分是由我们认可的那些二阶欲望所构成。设想这样一种状况，我既想在我的学术生涯中功成名就，又想在生活中像学生一样悠闲自在。更进一步，让我们设想，我对此的二阶欲望是，我想要让我追寻学术成就的欲求成为我的意志——让其驱动我的行为。法兰克福写到，如果我全心全意地接受并认同这个二阶决断，我的意思就会是，我想要被我对学术成就的渴求所驱动。因此，按照他的说法，我认识到自己做了这个二阶决断，下定决心让自己成为这种特定类

哈里·法兰克福：爱的必要性

型的人。

这类决心不只是能够形塑我们的自我认同。法兰克福认为，它们在人们对道德责任的归因中也是至关重要的。当某人下定决心要基于某种特定的动机来行事，这里讨论的动机就全然变成他自身的一部分了——它们并非像那些被迫要做的事或是自身并不想产生的冲动一样与自身不相容，恰恰相反，它们代表了自身经由反思后所认定的那些正确的欲望和追求。这是因为，如果某种行为的根源是某个人充分反思后所认可的动因，那么毫无疑问，该行为可以被归因于这个人，法兰克福也由此认为，人们应该对这类行为承担全部的责任。

法兰克福的这套针对自我同一性和道德责任的分析，有些部分会让人觉得一听就很有道理。毕竟，我们在自我介绍时会采用的一种重要方式就是提及我们认同和支持的那些事物，以及我们想要落实到行为的那些动因。并且，如果说我们必须对自身想要诉诸实践的动因负起责任，这听起来也是很正确的。尽管如此，他对于这些概念的解释还是会引发另外一些问题。

*

福尔霍夫：您认为，我们的人格同一性是被自身认同的欲望所界定的。但是，我也可以用我宁愿自己能舍弃的那些欲望来描述我自己。比如说，我也许想要多行好事，但我的自私念头会阻止我实现这种欲望，然后我就会对自己说："就这样吧，这不才是真正的我吗！"

法兰克福：嗯，我认为您说的这些是对的。人格同一性这一概念本身就是极为模糊不清的。如果想要说清楚你到底是怎样的一个人，其实存在好几种方法，其中的一种就只是描述你所具有的某些特征。基于此，这些问题之所以会产生，一部分的原因是，在我描述人们找寻自己所认同的欲求并为此负起责任的过程时，我使用了"认可"（endorsement）这个词，但实际上，这里的选词是不合适的，我应该用别的概念进行表达。"认可"这个概念意味着某种赞同，或是对于所认可对象的某种赞许的态度。但我想表达的从来都不是这些。我想说的事情类似于，接受自己的内在本质。我也许会发觉自身确实是具有某些特质的，并且放弃与它们作斗争，因为我意识到这些特质的的确确是我自己的一部分，尽管我好希望它们与我无关。所以，即使我对它们的接受并不意味着我觉得它们很好，我接受它们确实意味着我认识到了，或者说我接受它们确实是自身的一部分了——就像一张签了我名字的支票一样。我所想要表达的意思其实一直都类似于"将它占有"，或者是"投身于它"，抑或是"认同它"，而不是任何形式的认可。当然，认可经常会在这个过程当中出现，因为我们在自己身上认识到的事物，通常而言也是我们认可的事物。但这并不总是会发生；比如说，我能够认识到自己的意志是很薄弱的，并且承认自己确实存在意志薄弱的问题，我并不认为它是外在于我而存在的。这就是我真实的样子，并且我不会反抗它的存在。

福尔霍夫：那么，如果我就是反抗它的存在呢？

法兰克福：嗯，那就意味着我并不真的在自己身上认识到它。我并不真的就是那样的——我在努力尝试证明自己的意志力没有那么薄弱。事实上，我确实还是会顺从并屈服于某些事情，但我会认为，这是我正努力尝试要去摆脱的状态。在某种意义上，这确实是我的一部分，但我对此并不愿意予以承认。

福尔霍夫：您认为，一个人在道德上，只需要对他承认是自身一部分的那些念头负责。但我们可以很轻易地就设想出这样一个人，他很努力地在与自身拥有的某些特质作斗争，尽管如此，他仍然认为，这些特质可以是道德谴责的合理对象。举例而言，有些人可能会对自己的为人感到负罪，尽管他们确实并不想成为那样的人，也并没有接受自己会永远都是那样的人。所以，道德责任似乎并不仅适用于人们已经接受自己脑海中的欲望是自身一部分的情况。

法兰克福：当然，我们对于自身拥有的很多特质都并不负有明确的责任，但这些特质是有吸引力的或者令人厌恶的，并且它们是别人对待我们的基础，是我们自处的基础。关于道德责任的问题是极其含糊不清的，而我也确实不太清楚这里面的问题都是怎么回事。通常来说，如果我们因某人的行径而责怪他，这单纯只是对他表示愤怒的一种方式——就像罪责是我们对自己感到愤怒以及自我惩罚的一种方式一样。因某事而责怪某人——在道德上对其进行羞辱——是伤害这个人的一种方式。

嗯，我实在不太确定责怪某人究竟有什么意义。也许它没有任何意义；也许它只是我们都会自然而然去做的事情。我们并不会因为动物做出了伤害性的行为而责怪它们。也许我们只是预设人们都应当能够控制住自己。但是我想，如果人们发现某人并不能控制自身的行为，我们往往是不会生气的。我们反而往往会用对待动物的方式来对待这个人：对他的行为进行防卫，并且也许会将他监禁起来。在这类情况中是不存在道德谴责的空间的。

我还认为，相比于一个认识到自己有伤害性倾向的人来说，我们会对并不认为自身具有这种伤害性倾向的人抱持不同的态度，因为当一个人想要摆脱自身具有伤害性倾向的那个部分时，他和"我们"就站在了一边，而不是站在了"敌人"那一边。当我们认识到这个人和"我们"是站

哈里·法兰克福：爱的必要性

在同一边的，我们对他的敌意就会相应减弱。所以，如果一个人对于其所做出的恶行尚存些许悔意，如果他宁愿自己没有那样做，事发之时也并不真的想那样做，但最终还是发现事与愿违，那我们对他的态度就会不那么严苛，因为从某种方面来说，他和我们是属于同一阵营的。毕竟，他过去也曾尽力阻止事情发生。

*

法兰克福提出的二阶决断，除了在道德责任的问题当中扮演一定角色，在法兰克福提出的自由意志的观念中也处于核心的位置。正如一个人能够自由**行动**的充分且必要条件是她可以自由自在地做任何她想做的事情，在法兰克福的解释下，一个人拥有自由**意志**的充分且必要条件是她能够自由自在地拥有任何她想要拥有的意志。换言之，当一个人能够自由地让自己的意志与自己的二阶决断相契合时，她就享有意志的自由。反过来讲，如果一个人无法自由地拥有她想要的意志，她的意志就是不自由的。

为了进一步阐明自由意志的概念，我们可以举一个例子：如果一个人想要多行好事，然而他发现自身行为皆受其自私自利的欲望所驱使，那么这个人就并不拥有自由意志。与之相比，如果另一个人的善行皆受其善念所驱使，并且这是因为他有想多行好事的想法，那么这个人就拥有自由意志。这里的重点在于，她拥有自己想要的意志，是**因为**她想要这个意志。为什么这样说？设想这样一个人，不管他发现自己将不可避免地拥有何种意志，他都总是让自身的二阶决断与那种意志保持一致。如果一个人这样做，并且还声称自己拥有自由意志，那么他就和埃克苏佩里所写的《小王子》中的那个自封为宇宙之王的人一样，都被错误的观念蒙蔽了。小王子请求这位"宇宙之王"用他的权力来让太阳落山，"宇宙之王"查阅了一下他的太阳历，而后回复道："我将于晚上七点四十分下达我的指令，那时你就会看到宇宙中的万物对我是多么服从。"可太阳落山并非对"宇宙之王"所下达之命令的反应，所以这位所谓的王其实没有实际的权力。同样的道理，只有当一个人的意志能够对自身的二阶决断做出反应时，他才真正享有意志的自由。

由此构想的话，意志的自由与在二阶决断上施加约束性限制就并不矛盾。举例来说，设想这样一个人，她除了想要多行好事之外，不能够有任何其他的想法。对于这样一个人来说，她在这方面的二阶决断已经完全被决定了。但是，如果实际上她的行事动因确实是良善的，这个人的意志仍然可以是自由的。因为这一针对其二阶决断的限制，并不影响她仍然可以使她的行事动因对她的二阶决断做出反应，所以如果她原本是想要依据其他的动因来行事的，她也可以那样做。

如果一个人同时享有意志的自由和行动的自由（能够依据其自身的想法来行事），法兰克福声称，这个人就享有了"我们所能设想的最广泛的自由"。然而，我们真的就无法再设想出一种比这还要更广泛的自由了吗？

*

福尔霍夫：如果自由意志这个概念如您所界定，那么即使某个人被洗脑了，他仍然可以具有自由意志——别人可以通过各种手段来操控这个人的欲望，使得他所以会拥有这些欲望，只是因为别人的诱导与影响。您不觉得这违反直觉吗？

法兰克福：我不确定您说的"洗脑"具体指的是什么。如果真的存在洗脑这种事的话，那它也只不过是在费尽心机地试图影响人们思维的结构与内容。然而，总有某些事或某些人会对我们造成这样的效果。我们诞生到这个世界上时便是极度可塑的，我们的思维受到各种力量与影响的作用，是它们将我们塑造成现今的样子。我们一般不会用"洗脑"这个词来形容这种过程，除非这过程是经由某个别有用心的人刻意操控的。但是，在结构上，这其实是一回事——都是外界的种种力量在形塑我们的人格。

福尔霍夫： 可是，如果我们设想这样一个人，他因为遭人虐待并且承受了过大的心理压力，变成了极端低自尊的人，认为自己应该具备某种奴性。让我们进一步假设，他确实养成了他想要的这种奴性，并且他最终能够侍奉自己的主人，获得了依循自身由衷的心愿来行事的机会。您会认为，他已获得了他可能获得的最大程度的自由。但这与我们常识当中对于自由的认识是相冲突的，常人认识中的自由的概念会对我们设定目标和形成欲望时所处的环境提出特定的要求。

法兰克福： 对此，我的回答很简单，尽管我不确定是不是只有我认为这个答案是有说服力的。您提的这类案例只是说明了，除了自由之外，还存在着其他的价值。我在这里想要表达的全部观点就只是，对于一个人来说，如果他做了他想做的事情，并且他所满足的也是他希望自己拥有的欲望，那么这个人就享有了在我们理解范围内最大限度的自由。他的生活仍然可能在以下几个方面是有问题的：他也许是愚不可及的，抑或是目光短浅的，也正因此，他也许过得并不会很好。但自由绝不是此人所缺乏的东西。通常来说，我们会有一种近乎盲目的冲动，想要把所有好的事物都塞进自由的概念当中。但这么做只是在透支自由这个词在修辞上的力量。于我而言，将自由和其他概念区分开，并且认识到除了自由以外还有众多其他好的事物，是很明智的想法。

哈里·法兰克福：爱的必要性

*

法兰克福从他对于我们的欲望结构的分析当中又提炼出了一个更加惊人的结论：他主张，"我们应该如何生活"这一令人恼火的问题解答起来十分简单，答案就在我们拥有的欲望之中，以及我们最热切地想要保持以及满足的欲望当中。法兰克福将我们的意志在拥有这些欲望时的状态称为"在意"（caring）：当我们在意某件事的时候，他写到，我们会认为这件事是有价值的，并且会发自内心地认可我们对这件事的评价倾向。因此，当我们真的在意一件事的时候，我们就不再会对是否要做这件事感到犹豫不决。那么，正是那些我们在意的事物在指引着我们，为我们要追求哪些事、成为哪种人点明了方向。然而，对于"我们应该如何生活？"这样一个应然层面的问题，如果我们的回答是直接诉诸一个直白的事实——我们应该追求我们最在意的事物——那就显得有些奇怪了。难道我们就不能问问自己，我们真的**应该**在意我们在意的事物吗？

*

福尔霍夫：您在您的讲座课中谈及了"我们应该在意

自己在意的事情吗？"这个问题，您认为我们容易被这个问题绕晕。可是在日常生活当中，这个问题确实可以是有意义的。我们会问自己："对于我为之有所付出的事物，我真的应该在意吗？它们真的值得我付出我的全身心吗？"

法兰克福：在我评估某个我可能会在意的对象时，我当然可以基于另一个在某个意义上更根本的对象，或是另一个我更在意的对象，来对其进行评估。所以，如果我想用这个问题来表达的意思是："假定我确实想要过某种特定的生活，它是否是值得我在意的良好生活，它是否值得我倾力追求？"那么该问题就十分有意义了。

而如果我想要它来表达的意思是"我是否**真**的那么在意它？"，那么这个问题也可以很有意义。举个例子，如果我问自己"我是否应该对活着感到在意？"，那么除非在我看来，我的生活只是为了达成其他目标的工具（比如我子女的幸福），如果不是的话，我想表达的就一定是"我真的那么在意这件事吗？"并且，在这个问题上，我唯一能够获得的肯定性答案就是："我就是没法不在意它。"那么，"我是否应该在意它？"这个问题在此就不成立了，因为我别无选择。

在任何情况下，我都无法在不涉及**我确实**在意的事物的前提下，问出"我是否应该在意自己在意的事？"这个问题。因为如果我要判定哪种生活是最值得过的，我一定需要参照的标准。举例而言，如果我要判断，一种会和道德

哈里·法兰克福：爱的必要性

律令发生冲突的快乐生活是否比其他生活更值得过，我就需要这样的参照标准。并且，获取这些标准只不过**就是**知晓自己在意的事物。

福尔霍夫：我们都知道，萨特用这样一个例子展现了"根本抉择"（radical choice）的概念（在这种抉择中，人们不得不选出对于自己而言最根本的价值是什么），一个年轻人必须在两种选项中做选择：要么去抵抗德国军队的侵略，要么陪在急需陪伴的年迈母亲身边。只能选一个，不能都选。您的意思是不是，这一根本抉择的概念是有问题的？

法兰克福：这个嘛，这个年轻人总不能**凭空**创造出他想要追求的价值吧，他是不能**无中生有**（ex nihilo）的。所以如果这就是"根本抉择"这个概念的意思，那么它当然就是有问题的。至于要如何解决这个年轻人所要面临的抉择，他能做的就只是尽可能找出对他而言更重要的事。如果他发现无论如何都无法告诉自己，一个选项比另一个更重要，那么也许这时他应该做的就是扔一枚硬币。否则，他就只会像布里丹的驴[1]一样，呆坐在那里，哪条路

---

[1] 以14世纪法国哲学家布里丹命名的悖论。如果将一只完全理性的驴子恰好放置于两垛等量等质的干草的中间，这头驴子就会饿死，因为它无法对究竟该吃哪一垛干草做出任何理性的决定。这两垛干草对这头驴子来说的效用是完全等同的，它无法通过收益比较来做选择。不过严格说来，布里丹的驴的情况跟萨特谈的这个法国年轻人面临的抉择很不一样，因为两垛干草是同类事物，只涉及量的比较，而保卫国家和照顾母亲则是不同类的事物。——译注

都走不了。

在这一类的问题当中，通常来说，我们会尽全力找出更加牵动我们心弦的那个选择。并且，我们这样做有可能的确是错误的。因为我们其实并不在意当下的暂时冲动，我们关心的是对未来生活状态的构想——我们在做的是努力尝试去想象，自己到底要过哪种生活。而在这件事情上，人是很容易犯错误的。

福尔霍夫： 那么，您的建议是不是，当我们对于自己在意何事感到困惑时，自我认识（self-knowledge）在这当中会起到关键的作用？

法兰克福： 是的，确实是这样。自我认识在这里起到的作用是极其根本的，因为正是在认识自己的过程当中，我们才能发现什么是自己真正在意的事物。其余的都只是细枝末节：在追求自己所在意的事物时要合乎理性，并且尽可能地去避免与它们发生冲突。

福尔霍夫： 那么，对于我们所致力于追求的目标，我们也需要十足的信心来排除自己的疑心和内在的不协调。您认为，如果要获得这种信心，我们不应该通过搜集在理性上具有说服力的证据来佐证我们态度的正确性。您认为，这种信心的来源是*爱*，您将爱定义为一种在意的状态，并且在这种状态中，对于任何这类理性的证据或是论调我们都会满不在乎，它甚至完全超越了我们的自主控制。您在课上说:"在关爱自己的孩子和自己的生活时所拥有的信心,究其根源,是因为我们爱自己的孩子、爱自己的生活。我们对于这些人与事物的爱,并不会因为我们有时会因其失望而消失,并且即使有时我们认为这种爱是不合乎理性的,它也仍然会存在。"但是,我们产生这样的爱,难道不需要认识到我们爱的原因吗?

法兰克福:嗯,如果是为了理解我们到底是因为什么才会在意我们在意的对象,确实需要理性探究的参与。有时候答案是显而易见的,然而有时候,我们到底是因为什么才会爱上我们所爱的对象,答案却并不明晰。所以,我也许会好好研究一番,以此来提升对自己的认识。但是,一旦我已经对我在意的对象有所理解,那么我被其吸引的这个事实就不是我自己能够解释的了。

福尔霍夫:对很多人来说,对于自己的孩子和生活所产生的爱,可能的确是就是本能性的,并且也是无法逃避的。但是,当我们将朋友、恋人或是某个目标当作自己爱的对象时,我们肯定会在意我们决定去爱的这些人与事物所具有的价值。

法兰克福:爱是一种自然而然就会产生的现象;这就是会发生在我们身上的事情。并且,正如自然界当中会发生的其他事,它的产生是有原因的。在我的理论当中,没有任何一部分排除了您方才所说的那种可能性,也就是我们是因为在意所爱对象的价值才会产生对其的爱。我只是在强调，这不是一个必不可少的条件，因为爱也可以因为很多别的因素和条件而产生。

福尔霍夫：所以，按照您的观点，我们是有可能在没有事先察觉到所爱对象身上的任何价值的情况下，仍然爱上那个人或那件事物。的确，您将基于价值认可的爱的概念做了翻转，您认为我们所爱的对象之所以是有价值的，是因为我们对其的爱——也就是说，我们全心全意地为在意的对象付出，给了我们对自身目标的信心，也因此就赋予我们的生命以方向与意义。举个例子，您先前提到了孩子，而您认为，这些孩子对于父母的价值就来自父母对其的爱。

这引出了一个问题：我们是否有可能爱得不明智？我们可以说，一个人对某人或某事的爱是不明智的，或者用一个老式的说法，就是他"错付了"。然而，在您的理论当中，说一个人"错付了"似乎没有意义。如果某人爱上了特定的人这个事实会让他所爱的人对他而言变得有价值，那怎么还能说，他爱那个人是不明智的？

法兰克福：嗯，他的爱意味着他在意他爱的人要经历的事情——他想要他爱的人过得好。然而，有些人几乎完全不会照顾自己——他们总是会让自己陷入一个又一个的麻烦。而我听说，有些母亲会建议她们的女儿，为了钱而结婚是不好的，去有钱的地方**则是**好的，因为这会增加她们的女儿自发爱上的人是有钱人的概率。这就是需要智慧的地方。

福尔霍夫：有一种说法是，这个人或是这件事也许不值得我付出我的爱，您如何看待这种说法？比如说，如果我发现，我的孩子们的行为或性格与我在意的某些其他事物已经处于无法调和的矛盾之中，那么我可能会由此判定，我的孩子们不值得我付出我的爱，因此我会认为我对孩子们的爱是一种错误。

法兰克福：如果我对一件事物的爱，与我对其他于我而言更重要的事物的爱发生了冲突，那么这本身其实并不直接意味着前者是不值得我付出我的爱的。这也许只能推出，我对前者的爱是并不审慎的，或者爱上前者对于我来说代价太大了。我不否认，如果我对某些人和事物的爱有损我的尊严，那就不值得我去爱，这种说法有一定的意义。但是，正如您所说的，这之所以会有损我的尊严，是我对其他事物的爱导致的。

*

总而言之，对于法兰克福来说，实践规范性的来源是爱在人们意志当中的必要性。比如，对于路德而言，当他说出"这就是我的立场，我别无选择"时，应当如何生活这个问题是无法困扰到他的。如果套用法兰克福的概念，一种对路德这个例子的理解就是，他不仅发现自己不可能做出任何不同的行为，也发觉自己不可能**想要**做出不同的行为——换言之，路德是发自内心地热爱捍卫以及传播（他眼中的）宗教真相。

依照法兰克福的观点，爱会对我们提出要求，并且这些要求会给我们的行为造成限制。但是，这些限制并非是外在于我们的——它们并非某种突然袭来的情绪或冲动。就像对路德一样，它们是在我们的内心起作用的，是基于我们最深刻的信念。所以，寻找应当如何生活这个问题的答案的旅途，在我们发现自己**一定**会想要做的事情之后，就告一段落了。在这里，法兰克福的答案与他描述的笛卡尔的目标遥相呼应，即"无懈可击的信念——不管多么激烈的怀疑论都无法将其击倒的信念"。

*

福尔霍夫：笛卡尔想要寻找人在面对一切怀疑意图时都能坚持的信念，这是否与您对意志的研究有相通之处？

法兰克福：确实有相通之处。笛卡尔寻找的是人们禁不住相信的事物，并且他认为，人们会禁不住相信的，是他清楚明白地感知到的事物——他的认同受限于清楚明白的感知。而我感兴趣的是人们禁不住被驱动着去做的事情——我想知道，是什么因素在限制着行动中的意志，而不是信念中的意志。

参考文献与扩展阅读

哈里·法兰克福关于笛卡尔的著作是《恶魔、梦想家和疯子：笛卡尔〈沉思集〉中对理性的辩护》(*Demons, Dreamers, and Madmen: The Defense of Reason in Descartes' Meditations*, Indianapolis: Bobbs-Merrill, 1970)。法兰克福的论文收录在《我们在意的事情的重要性》(*The Importance of What We Care About*, Cambridge: Cambridge University Press, 1988)和《必要性、意志和爱》(*Necessity, Volition, and Love*, Cambridge: Cambridge University Press, 1999)。本书提及的讲座已出版，见《爱的理由》(*The Reasons of Love*, Princeton: Princeton University Press, 2004)。

对话开头引用的笛卡尔的《探求真理的指导原则》出自《哲学著作选》(*Selected Philosophical Writings*, trans. and ed. John Cottingham, Robert Stoothof, and Dugald Murdoch, Cambridge: Cambridge University Press, 1988: 5)。对约翰·斯图尔特·密尔的引用出自《功利主义》详见第三章第十段。小王子的冒险经历出自圣·埃克苏佩里的《小王子》(*The Little Prince*, trans. T. V. F. Cuffe, London: Penguin, 1995)。让-保罗·萨特关于那个年轻人面临的道德两难的讨论出自他的讲座《存在主义是一种人道主义》。

大卫·魏勒曼
看见真实的彼此

爱这种情感，真是让人捉摸不透。人们渴求别人对自己的爱，而当我们被爱着的时候，我们希望别人的爱是因为珍视我们本身而非我们的身外之物才产生，并且还会希望自己是独特而不可替代的。然而，当人们开始追问这种爱的根基时，一个难题就随之诞生了。希望我们能感受到自己是被爱着的人们会对我们说，他们之所以爱我们，是因为"我们是独一无二的"，以及"并没有人能真的和我们一样"；他们还会说，他们之所以爱我们，是因为我们身上具有的种种特别之处：因为我们的红发，因为我们古怪异常的笑点，因为我们"是全家人的掌上明珠"，以及其余各种各样的特质。我们可能会自然而然地得出结论，别人对我们的爱是基于我们独一无二的宝贵个性特征。

细想之下，这说法似乎是经不起推敲的。首先，认为我们是独一无二的人，通常也会承认每个人都是独特的。既然我们都不比无数的他者更独特，独特性这个单一条件就很难解释，对于爱我们的人而言，我们为什么是尤其珍贵的。

其次，如果爱我们的人之所以珍视我们，是因为我们所具有的种种特质，那么似乎由此就可以推出，那些有着"更好的"特质的人——例如，更具幽默感的人、有着更加靓丽的红发的人——会更值得被别人爱。然而，即使存在一个人在这些方面比我们都要更好，这也不意味着我们就更不值得被爱；如果有人真的很爱我们，他是不会去将我们"换成更好的人"的。

第三点，在很大程度上，我们是否爱一个人，应该和这个人具有的特质是无关的。人们会期待父母爱自己的子女，"不管孩子们之后有没有出息"，而对于被捧为"全家人的掌上明珠"的那些人而言，即使父母之后又生了小孩，这个人依然还是会被爱着，至少这个人自己会希望是这样！此外，在人们关于爱的另一条预设信念当中也会体现出，爱一个人和这个人具有诸多特质这两件事是相互独立的：就算我们挚爱之人的某些特质发生了改变，就算我们发现挚爱之人有着某些很难被接受的地方，我们对其的爱仍将如初。举例而言，在罗曼·波兰斯基（Roman

Polanski）导演的电影《苔丝》（*Tess*, 改编自托马斯·哈代的小说《德伯家的苔丝》[*Tess of the D'Urbervilles*]）中，苔丝的丈夫发现她有过未婚先孕的经历，遂将其抛弃，我们就会因此怀疑，苔丝的丈夫到底是否真的爱过她。相比之下，在尼尔·乔丹（Neil Jordan）导演的电影《哭泣的游戏》（*The Crying Game*）中，弗格斯（Fergus）作为一个全然的异性恋，发现他所爱的迪尔（Dil）是一名变性人，而迪尔也发现弗格斯和自己的前任之死有关系，即便如此，二人仍然维持着对彼此的爱，这就能够说明这份爱是很纯粹的。

第四点，爱我们的人宣称因为某些特质所以爱我们，这些特质和我们真正所是的那个人之间，相对而言似乎并没有多么重要的关联。比如说，如果别人在意我们仅仅是因为我们的红头发和幽默感，那他就是把注意力放在了错误的地方。（同理，如果有一些特质在我们自己眼中是无足轻重的，可别人发现了我们身上的这些特质后，对我们的爱就岌岌可危了，那他也属于关注错了地方。正如当弗格斯发现迪尔"不是女孩"之后，第一反应是要收回他对迪尔的爱，可迪尔对他说："不重要，宝贝，不重要……"）

最后，认为一个人被珍视的原因是他的种种特质使他显得独特而珍贵，这个观念和爱一个人的实际经验并不相符。因为，即便在我的朋友之外还有更适合做我朋友但并不是我朋友的人，我还是可能更在乎我真正的朋友；同样，即使我觉得我的孩子并不比别人家的孩子们更值得爱，但我依然可能更爱我的孩子而不是别人家的孩子。

于是，一个关于爱的难题就此诞生了：如果我们具有的种种特质并不构成别人爱我们的基础，那这个基础到底是什么？

还有一个关于爱的难题：爱与道德之间的关系到底是怎样的？如果站在一个中立客观的道德立场上，一个遵循这种道德观的人就应该对所有人一视同仁。然而，如果我们爱一个人，这似乎就意味着我们会认为他比旁人更重要。我们可能就会由此得出，一个真正道德的人是无法全心全意爱上别人的，因为他对于所爱之人的偏袒，与他对于无偏私之道德的追求，是背道而驰的。伯纳德·威廉斯就曾颇为人称道地用一个情境将这组冲突表现出来：一个男人的老婆同其他几个人一起掉进了河里，情况十分危急，这个男人只能救出其中一个，最后他选择救了他老婆，但这只是因为他认为"在这类情况当中救老婆在道德上是可被允许的"。正如威廉斯所言，如果站在他老婆的角度上来考虑，像她丈夫这样的人实在是"想得太多"。

尽管爱与道德的本质之间存在着这样一个明显的冲突，似乎爱在人们的道德教育当中仍然起到了举足轻重的作用。我们在童年通过爱他人与被爱他人的体验逐步习得了道德；而我们长大之后，与我们的爱人和朋友之间所建立的亲密关系让我们更深地意识到、更能回应别人——包括与我们并无亲密关系的人——关注的事情。于是，第二个关于爱的难题也随之产生了：一种与道德的无偏私性如此相悖的情感何以起到了这样的作用？

大卫·魏勒曼是纽约大学的哲学教授。他的文集《我与我》(*Self to Self*) 收录了几篇文章，尝试解决这些围绕爱展开的难题。这一整部文集处理的都是人们视野中的自我在不同背景下的问题：有自传式记忆和展望的背景，其中呈现出的是我们与过去和未来的自己会保持一致性；有自我认识的背景，我们在这种背景下会将特定的动因认定为"我们是谁"抑或"我们的立场是什么"的一部分；有自主能动性的背景，我们在这类背景下会认为自身的行为是被自己所统摄的；还有包含诸如耻与爱等元素的情感背景，我们在这类背景下有时会对自身的种种感到羞耻，也会希望别人对我们的爱是因为对我们本身的认可。这些背景下的各种自我之本质，激发了魏勒曼的学术兴趣，他以与之相关的问题作为证明从康德的道德哲学、精神分析理论和社会心理学中提出的种种观念的基础。但同时，他关注的这些主题也指向了我们在意的事物以及我们的自我认知的核心之处，并且虽然魏勒曼写这些文章时是站在专业学者的超然立场，充满微妙的幽默感，但很明显的是，他希望能够找到这些问题的正确答案，这和他个人息息相关。例如，2006年5月，我们在他的办公室中对谈，谈话一开始，他介绍了自己围绕爱这个主题写出的作品，其中就体现出了这种相关性：

在我关于爱的作品当中，我最主要的关切是想要了解，当人们渴望被爱时，他们想要的到底是什么。这和我自身的经历多少是有些相关的，我这样做是为了理解兄弟姐妹之间的恩恩怨怨。我们家中有三个男孩，我排行老二，夹在中间，而兄弟之间的争斗对于被夹在中间的那个人而言往往是最严重的。兄弟争斗的问题就在于："我的父母到底如何才能以我想要的方式来爱我，并且同时还能保持对其他两兄弟的爱？要考虑到，我自己是想被父母格外关照的，那除我之外的两个孩子到底如何才能获得同样的关爱？"这些问题会导致争斗，因为你会认为，你想要的是某种比你的兄弟更受父母宠爱的地位，于是你们都会去争夺这样的评价。

那么，在我看来，爱与康德式道德在本质上的潜在冲突和这种矛盾仿佛如出一辙。认为爱与康德式道德确实存在冲突的哲学家们会站在渴望被爱的那个人的角度，提出这样一个问题："如果一个人严格遵守康德式道德的要求，对所有人都一视同仁，给予同等尊重，那么另一个人怎么可能成为对他来说很特别的人？"这就是兄弟相争问题的放大版！因为，如果有人对道德要求产生了担忧，害怕道德的存在会致使他无法获得自己想要的爱，那么真正使他感到困扰的是其中存在的一个比较关系——如果需要比较所有人在道德上的重要性，以确定他们都是平等的，那么这将使他无法再被格外珍视。

所以，除非我们能够解决兄弟相争的问题，否则的话，这个深层次的问题就会一直存在于人类的生活状况之中。由此可知，倘若兄弟相争的问题真的存在解法，我们就必须发现，别人并没有真的在其中做过比较——要能理解，父母并非看到我们比其他兄弟更优秀或更有价值才会爱我们。这就意味着，我们处理的是关乎价值的问题：到底是你身上的什么既使你和其他人一样重要，同时又保证你是珍贵的、不可为他人所替代的？到底是怎样的价值既能引起对其自身的欣赏，又可以规避与他人的比较？为了回答这些问题，我相信，我们得理解康德的一个观念：作为目的本身的人具有一种与其他诸价值不可通约的（incommensurable）价值，且这种价值与其他人的价值也是不可比较的。

大卫·魏勒曼：看见真实的彼此

为了理解康德关于人的价值的观点，我们首先需要了解的是康德关于人格的看法。对于康德而言，人之为人的重点在于人是理性的生物，不仅在认知上是理性的，在行动上也是理性的。在《我与我》这本书中，魏勒曼阐释了这一观点。个体之所以是理性的主体，一部分因素在于他能够搁置他自身的冲动，反思自己究竟应该如何行动。所以，举例而言，如果一个人在想要睡懒觉和想要坚持执行他设定的锻炼计划之间犹豫不决，在这种状况下，一个理性的主体能问自己，享受睡懒觉能否作为不锻炼的一个合格的理由。这个问题不仅是针对这个具体场景；毕竟，让他最后做出决定的理由，同样可以适用于众多类似的场景。此外，如果想让这个决定适用于所有时刻，他就必须把问题当作已经被解决了，直到他有了重新考虑的理由。一旦他意识到，他能采用这种恒定的视角来审视自身的欲望，魏勒曼写到，他就不可避免地被推动着这样做，做出那些他认为有着最充分理由的行为。换言之，他将不可避免地开始实现自治。

但是，魏勒曼解释说，康德关于人格的观念涉及的不仅是采用一种稳定的个体视角看待人有理由做什么事的能力和意愿。理性生物能够站在一个更具包容性的视角认识到特定的事物，并且认识到这些事物是**所有**理性生物都能认识到的。例如，任何做算术的人不仅能够认识到 2

加 2 等于 4，还能认识到，只要有人给 2 加上 2，也能得出结果是 4，同时还能认识到，**那个人也会跟自己有完全相同的认识**。康德认为，正如所有的理性生物在算数上都能拥有共通的视角，所有理性主体在何种理由能构成其行事动因这一方面，也拥有共通的视角。康德声称，通过探问他们的行事准则是否可以被普遍化，他们就能够获取这个视角。简言之，这就意味着，人们要检验的是在类似的处境当中，他们能否一贯地让每个人都认为这些理由是成立的。

在此意义上遵循普遍、共通的原则来行事，在康德看来，这就是道德法则，或者说定言命令："只依据你愿意让其同时成为普遍法则的那些准则行动。"康德还相信，一旦某个人意识到了遵循道德法则行事的可能性，他就会被其吸引，从而开始依其行事。康德之所以会这样想，有好几条理由。其中一条大概是说，之所以遵循所有理性存在都能接受的那些理由去行事会对人们有吸引力，是因为这是一种达到全然自治的方式，在这个意义上，人们关于何种理由能构成行事动因的判断，成了主宰自身行为的唯一因素。（事实上，康德认为，这也是达到全然自治的**唯一**手段；遗憾的是，如果要讨论他这一方面的看法，那我们就离题太远了。）另一条理由则大概是说，如果一个人行事遵循的是所有人都能理性接受的原则，那么此人就为与其他人建立一种和谐的关系出了自己的一份力，因为其他人于是便可以支持此人看待他们的方式和面对他们的行事方式。于是，如果依照康德对于人格的定义，便会得到一个令人震惊的结论：他理解的人格概念必然包含某种行道德之事的渴望。

*

魏勒曼：我认为，人格在某种意义上是存在向好的可能性的，这既是康德观点的一部分，也是我的观点的一部分；也就是说，其中存在某种向好的力量，所以当你将别人当成人本身来看待的时候，你就在其中看到了某些良善的东西。当然，你看到的并非已全然实现的完善。你看到的是理性的能动性，其中包含的是对于道德法则传达出的理念的尊重之源。所以，尽管拥有理性的能动性并非意味着就会全然遵从道德律的要求，但它也不只是渴求这些理念的能力；这份渴求本身必定是存在的——至少在某种程度上是存在的。因此，当我们将某人看成一个人，那就意味着我们认为他们心中存在这份渴求。也许一个人对这份渴求的存在缄默不言。也许别的一些动因会将这份渴求遮住。但它一定是存在的。

福尔霍夫：康德声称，对待理性生物的正确态度就是将其当作"目的本身"来看待,并且同样也要将其当作"尊重的对象"来看待。这些词汇听起来让人觉得云遮雾绕、不知所云。将某人当作目的本身来看待意味着什么,这与尊重他又有何关联?

魏勒曼: 目的这个概念本身就很难理解,这是因为它与"希望达到的结果",以及"手段-目的推理"都存在紧密的关联。许多人会把**目的**这个概念等同为**目标**,于是如果将某事看作一个目的,就等于将其当作某种目标来加以实现。但这二者并非等同。对于一个目标来说,我们会**为了达成**它而去行动;而如果我们把某人当作一个目的,我们就会想要**为了他好**而去行动。为了进一步展现这二者的区别,考虑一下为某人好而去做某事这一概念。当你如此行事的时候,你就将他当作了你的目的,但显然,你的行动并非为了让他出现!而是,你的行动会考虑到他。

当康德将个体称为"自在的目的"(self-existent end)时,他自己心中所存有的这种"目的"概念已然明晰。这种"目的"的价值非但并不依赖被我们认可,反而影响了我们必须以怎样的观点对待它,影响了我们能允许自己在思考这种目的时思考些什么,还影响了我们能允许思考自己以何种方式来在实践当中向着这个目的而行。

福尔霍夫: 那么,这里体现出的思想就是,当我将某人当作目的来看待后,这就会涉及我对其价值的欣赏,并且会进一步影响我对他的看法，以及我对于在可能发生的事情当中何为好事的认识，还有对于何为良好的行事方式的认识。举个例子，设想一下，我可以取笑一个体面的人，讲一个他的极其尴尬的故事，以此博大家一笑。如果我将他当作目的来看待，我就绝不会认为，以让他尴尬为代价来博取别人的笑是一件好的事情。我在心中就绝不仅只会在意取笑别人会带来的"好的结果"，并且相比于让自己的机智被别人赞赏的渴望，我会更在乎可能发生的"坏的结果"，即别人会得知他的这则令人尴尬的故事；所以，正是将他当作目的来看待，才使人认为以这种方式来博大家一笑不是一件好事。

魏勒曼：正是如此。将别人看成目的本身，并尊重他们，确实能够将某些想法和考虑排除出去；这些想法和考虑会直接变得并不作数。这里要表达的思想是，对别人的尊重会将一些想法从你心中剔除出去；它会使得你认为这些想法与你毫无关系。这就是将别人当作目的来看的意思：你对待他的方式会受到这种态度的激励性影响。

换言之，在康德的观点当中，当你尊重一个人的时候，你会以某些特定的方式来看待这个人，并且你也会不允许自己对其采取某些特定的态度。而当你尊重他的时候，这份尊重也会让你完全无法对这个人做出某些特定的行为。但是，在这里要存在一个很重要的方面：首先就要注意到，它并不会让你倾向于为这个人主动做些什么，或带来什么结果。恰恰相反，尊重起到的效果是，你反而会停止介入这个人的生活，放开你干涉的手，因为这个人本身而欣赏他。

福尔霍夫： 对于您刚才所说的这些内容，它们如何能够帮助我们理解康德关于个体拥有不可比较[1]之价值的观点？

魏勒曼： 对于我们在此所探讨的尊重，我从伊丽莎白·安德森（密西根大学安娜堡分校的一位哲学教授）那里学到了一个很值得重视的点：被他人尊重就意味着成为某种欣赏态度的对象，并且，每一个值得尊重的对象都有其适合得到的欣赏态度。

在这里，我们确实应该采取比较的方式来对某些对象做出赞赏：这些就是可以根据我们的好恶来决定是否想

---

[1] 需要澄清一下不可通约的和不可比较的在这个语境和其他语境中的含义。在本章中，魏勒曼使用的措辞始终是"不可通约的"，而福尔霍夫在这个问题中使用的是"不可比较的"。就此处的语境而言，这两个词被对话者当作是可以互换的，他们的不同措辞并没有影响彼此理解对方。在他们的讨论中，"不可通约的"或"不可比较的"指的都是：每一个个体的价值都应当被当作独立个体的价值、作为"自在的目的"的价值而得到尊重，因此在任意数量的个体之间做出数量上的、像是在可以相互替代的东西之间那样的比较，是不应当的。在选择理论和实践理性理论中，不可通约性的本质是有争议的，但是其含义大体上是不同种类的价值之间"类"的差别。依据一些理论，不同价值因为"类"的差别而不可通约，并不妨碍我们比较这些价值，但是也有一些理论不同意这个观点。在科学哲学等领域，不可通约性有另外的含义，在此不一一赘述。——译注

要拥有的事物，比如一次假期，或是一辆车。我们可以对这类事物的价值做出比较，并且在不使得总体价值受到减损的前提下，选择将其中一种事物替换为另外一种。然而，还有另一种情况，针对某些对象的欣赏态度当中的一部分，就是**应该聚焦在这个对象本身**，而非去思考有无替代品，或者将其与别的对象进行比较。康德所说的"自在的目的（个体）"就应该以这种方式来欣赏。然后你就会发现，拥有不可比较的价值到底意味着什么。这**并不是**在说会拥有某种**不能够**被比较的价值；这里在说的其实是，拥有这种价值意味着，在对其进行恰当的欣赏时，所采取的态度应该是，将注意力放在这个对象本身，并且排除所有的比较和摒除所有对于替代品的考量。

我认为，这样就能够让你通过这样一种方式来理解不可通约之价值的含义：当某种对象具有不可通约之价值时，这就要求人们只欣赏其本身。然后，大多数人对于理解不可通约之价值的尝试在这里就走偏了。因为在大多数人的理解当中，价值这个概念就是具有进行比较的可能性的。接着，当你以这种理解价值的方式来进行推演的话，你就会假定，如果一个对象拥有不可通约之价值，就意味着，其所拥有的价值比其余所有价值都要**更高**，其余价值都比不上它。但是，不可能每个人都具有这种其他人都比不上的，更高的价值吧！所以，人们到底能够如何拥有不可通约之价值呢？答案就是，对于每个人所拥有的价值而言，对其正确的回应方式就是，将他当作他本身来对待，并且排除那些与别人的比较。而我们是能够对不止一个人抱持这种态度的。

福尔霍夫：我觉得有点难以理解将一个人的价值与其他人的价值进行比较是不合适的这种想法。设想一下，假如你在一个救生艇里，现在有三个人溺水，你只有两个选择，要么救一个人，要么救两个人（你无法将三个人全都救走）。在这个情况当中，你似乎应该救两个人；并且你之所以会得出这个判断，是因为你将其中一个人的生命价值与另外两个人的生命价值进行了比较，最终判定两个人的价值比一个人的价值要更高。

魏勒曼：当然，在这个救生艇的案例中，你不得不做出一个抉择。然而，正是因为对待别人的正确态度是将他们作为其本身来欣赏，你在这个场景当中不得不做出的抉择才会是不合适的。这类情况是极具悲剧性的，或者是极其荒谬的，因为它们逼迫人们不得不以一种违反个体价值的方式来对待他人。我们何时能够理解到道德的精髓？并非当我们认识到这些决定是如何做出的时候，是当我们意识到自己不得不做出这些决定，并从中发现自己不得不违背个体的真正价值的原因时。如果有一种道德理论，它只教导我们如何在这类情况当中做出正确的选择，却没有揭示出为何这些情况是悲剧性的或是荒谬的，那么这种道德理论就是有缺陷的。

福尔霍夫：您居然认为，我们决定应当如何作出这些抉择无关道德的本质，这让我感到很惊讶。我想说的是，很多伦理学理论都在致力于分析这种救生艇案例，分析我们必须决定自己要去救谁，或者像所谓的"电车难题"，其中存在一个由失控的电车制造的道德危机，我们必须抉择，是否要牺牲一部分人去救另一部分人。

魏勒曼：您看，我们是想为自己生活的世界构建一套伦理。您说的那些救生艇案例和电车难题通常都是基于高度不真实的前提假设。人们基本上很少真的会身处一艘救生艇中。就电车难题来说，从没有人真的被绑在铁轨上，或是要操纵那辆失控的电车。对于这类场景，如果有人说它们是很荒诞的，那我很乐意接受这样的说法。如果按照实际情况来说，人们的日常生活就是由人际关系构成的，在这些关系当中，对于他人本身的欣赏是合情合理的。但是，如果历史开了个玩笑，让救生艇案例和电车难题这样与日常生活极度不同的情况变成了人们生活的主旋律，使人们不得不在这些情况中做出抉择，那么我们当下构建出的生活方式似乎就不够了，因为它们并不能有效指引我们做事。认为伦理学能给所有可能存在的生物在所有可能发生的情况中提供指引，是错误的想法。

福尔霍夫：可是，这似乎就是康德对于伦理学的定位，至少是针对所有可能存在的理性生物的定位。比如说，康德声称，诸如"你不应该撒谎"这样的道德律就是人们日常思考的道德律的一部分，对于所有理性存在都应该适用，无论他们处在怎样的实际情况当中。

魏勒曼：康德认识当中的理性存在是什么样的？

福尔霍夫：我不确定……也许是像天使那样的？

魏勒曼：（大笑）天使？**拜托**……这些天使住在哪个世界当中啊？我们对于天使一无所知，不知道他们住在哪里，不知道他们面对的是怎样的问题。在我看来，伦理学是一门处理实际问题的学科。这门学科要解决的是我们要如何生活的问题，而人们正是通过试错来在实践当中回答这个问题。当然，正如您指出的那样，如要从这方面来看，那我的观点确实和康德主张的那一套是大相径庭的。但是我仍然认为，康德关于道德能带给人们何种教诲的观点，是可以与这种非康德式的观点相结合的，后者关乎人们要如何实现以及如何学会应用这套道德律。并且在我看来，这套道德律正是用来解决我们真实面对的问题的。

*

当然，在这些问题当中，关于爱的难题的轮廓才刚刚被勾勒出来。那么，上述的这些康德伦理学当中的要素如何能帮助我们解决爱的难题？

我们前面已经说过，对于康德来说，对个体的尊重就意味着我们必然要意识到其作为目的本身的价值。这就代表着，我们不能将其看成是我们达成自身目的的绊脚石，也不能将其单纯看成是某个可以被我们利用的人，与这些视角相关的一整套动机和目标将不复存在。我们若真的尊重一个人，就能够意识到我们应该以他在理性上所能接受的方式来对待他；换言之，我们要遵循道德的要求来对待他。

对于魏勒曼而言，爱和尊重一样，也必然能让我们认识到个体作为目的本身的价值。然而，他认为，爱对尊重的超越就在于，爱会让我们放下自己在面对别人时很容易在心里产生的那种自我保护。一般而言，在面对别人时，我们都会倾向于将自我封闭起来。而魏勒曼则认为，爱会让我们"卸下这些心理防备，它让我们在面对别人时更加脆弱了"。因此，爱这种情感是能够将众多积极的情感反应释放出来的，例如与别人共鸣、为别人着迷和被别人吸引。然而，爱也让我们极易受到诸如痛苦、愤慨与怨憎等情感的折磨和伤害。

魏勒曼认为，爱之所以能让我们将心中的防备尽数卸下，是因为我们认识到了别人具备理性自治的能力。我们意识到，别人是能够以尊重的态度回应我们的，并且他们也很渴望以这种态度来回应我们；我们也许还会发现，他们是能够用爱来回应我们的。正是因为意识到了别人具有这种向好的可能性，我们才会认为自己在心中设下的重重防备变得多此一举了。

尽管这个说法乍一听确实会让人震惊，但这种对于爱的理解，即因为不可避免地意识到对方向好的可能，而在对方面前变得无比脆弱，还是似曾相识的。我们可以再一次拿《哭泣的游戏》这部电影来举例。迪尔发现弗格斯是前北爱尔兰共和军特工人员，并且参与过对她曾爱过的那位士兵的绑架与谋杀，在发现了这些之后，她对弗格斯的爱仍未消散，是因为她也认识到了弗格斯的本性是向好的。（在这部电影当中，弗格斯被塑造成一个好人的形象，而他的好人本质与他前北爱尔兰共和军特工人员的身份是不相符合的。）类似地，在《死囚漫步》(*Dead Man Walking*) 这部电影当中，海伦·普雷金修女 (Sister Helen Prejean) 对于犯了杀人罪和强奸罪的马修·庞斯莱 (Matthew Poncelet) 的爱，似乎也符合魏勒曼构想当中的爱的概念，这份爱的产生也是因为，普雷金修女在庞斯莱野蛮好斗的外表之下，发现了他仍然存在的向好之心。然而，同样地，似乎也存在不符合这个解释的爱情故事。例如，爱娃·布劳恩 (Eva Braun) 之所以会爱上希特勒，真的是因为她发现了希特勒的向好之心吗？

*

魏勒曼：其实，"爱"这个字眼包含的意思很多。我想讨论的并不是那种浪漫的爱情——那种"恋爱中"的感觉。我也并没有要讨论依恋这种情感。除此之外，人们还会有一种博爱的感情，它的对象不仅可以是人，也可以是宠物，是花园，甚至是集邮，当我们在与这些人事物交融的时候，会展现出一种关爱的情感。我也不是在说这种爱。

而至于爱娃·布劳恩和希特勒之间的爱……最近，我读了很多与希特勒、大屠杀和邪恶相关的书。我认为，在希特勒的本性当中，是存在向好的能力的。而正是因为这个能力的存在，才使得他能够犯下如此滔天大罪。如果他整个人就全然是恶的化身，他就不可能拥有向好的能力，并且他也就无法用这种能力达成那些邪恶之事。

福尔霍夫：所以，您的意思是，爱娃·布劳恩对于希特勒的爱其实可以符合您构建的爱的模型吗？

魏勒曼：也许真的可以。但请让我再补充说明一点。爱的一个部分和知觉有关。当我们**知道**别人确实是人时，我们就会对其予以尊重。可是，我们如果要爱上一个人，就必须**看见**对方真实的模样——真正地碰触他、悦纳他，因他而放下自己的防备。这里的一个前提性的想法是，从外表上来观察的话，人类的机体并不一定能反映出这个人真实的面貌。所以，一定存在一些特质是能够让我们真的看见对方本身的。当人们说，他们之所以会爱上一个人，是因为他的言行举止，他们所要表达的就是这个意思：正是这些表征让他们能够看见一个人的内在，从而让他值得被爱。他们正是**透过**这些特征来爱上一个人的，但他们爱的其实是这个人本身。而我认为所有充分了解希特勒的所作所为的人，都难以看到这个人的内在。（我先前说过，希特勒心中向好的部分可不只是被掩盖住了那么简单；它是被埋藏在由仇恨与残忍堆积的高山之下。）所以，在我看来，希特勒没有任何值得被爱的地方。尽管如此，有人会爱上他，我认为仍然是可以理解的。一个人若是认识到了他的全貌，就会发现很难爱上他，但爱上希特勒仍然是一件可能发生的事情，部分原因在于他管理信息的方式，部分原因在于他的追随者们在欺骗自己。

福尔霍夫：您认为，爱是在我们精准地认识到某人身上的某种东西后所产生的反应，然而在人们的常识当中，爱是盲目的。您的观点似乎违背了这个常识……

魏勒曼：唔，您说的盲目性是处在爱的状态当中会产生的问题。当人们处在爱的状态当中，就会出现各种误解，弗洛伊德将其成为移情（transference），这会导致人们看重的可能并非对方本身具有的特质，而是（也许是想象出来的）过往生命经历中的人具有的特质，例如你的父母。比如，如果你是一名老师，那么你就可能会成为你的学生移情之爱的对象。这名学生可能有着某些对于智慧的长者或者女强人的幻想，或者是别的什么幻想。他其实并不爱你——你只是他的迷恋对象。

这一系列爱都不是我想要讨论的。我认为<u>艾丽丝·默多克</u>（Iris Murdoch）在这方面的观点真的很对。默多克说，爱是一种**真正看见**对方的能力。存在这样一种爱，它既不是过高地评价爱人，也不是幻想，它依赖于不受蒙蔽的双眼，是**如实地看见**爱的人。要理解默多克这个观点的魅力，就要从我们希望自己如何被爱的角度来思考。我们会希望被对方过高地评价吗？我们会希望成为对方幻想的对象吗？我们会希望对方将别人的形象——包括他父母这种在过往中被他过度理想化的形象——投射到我们身上吗？我认为不会。我们会希望对方看到的就是我们真实的样子。当我想让你爱我时，我希望你看见**我**。我希望你感受**我**。摆脱那些幻想，剥离那些过高的评价，看见我真实的样子。

福尔霍夫：这是否是因为，如果你是因为那些你实际上并不具有的特质而被对方爱上，会让你浑身不自在？因为倘若你的爱人看见了你真实的样子，你就有被他抛弃的风险？

魏勒曼： 真正的问题并不在于这种不自在的感觉。毕竟，对于某些人来说，如果别人爱上他，真的是因为看见了他们真实的模样，这同样会让他们浑身难受。举个例子，斯坦利·卡维尔（Stanley Cavell）[1]对《李尔王》这部作品有过一种解读，他认为驱动这个故事发展的关键点就在于，被那些爱你的人看透之后的痛苦。

福尔霍夫： 既然如此，那如果一个人被别人以您描述的方式爱上，这种爱吸引人的点在哪里？

魏勒曼： 嗯，我先前说过，回到康德的理论，我认为，对于每一个个体来说，我们的本质当中都存在着某种可以驱使着我们向好的力量。并且我认为，不管我们对于自身有着怎样充满着矛盾和纠葛的情感——就算我们真的对自己十分憎恨——我们还是能认识到，在内心深处，仍会残存着些许良善。我还相信，人们是希望别人能够看到自己内心当中良善的那部分的，并且人们会认为那个部分才能代表自己真实的样子。真实的自我就是那个更好的自我——人之为人的关键正是这一股向好的力量。并且，我们希望别人能够认可和看重我们心中**向好的力量**。

---

[1] 哈佛大学教授，专注于伦理学、美学、日常语言哲学与普遍价值理论的研究。——译注

说到这里，如果你认为，你自己真实的样子是不值得被别人爱的，那我们先前讨论过的那种爱的方式——也就是你因为错误的原因被人爱上——就是你能期待的最好结果。而且，即使这样想会让人觉得很沮丧，你心里还是会想："好吧，这也许就是最好的安排了。"但是，通常情况下，如果别人爱上了你，但并不是真的因为你本身的特质，你会希望纠正他这份错误的爱意，因为你会认为："对于爱上我这件事而言，明明就存在着那些极佳的原因，因为在我的本性当中，明明就存在着那些非常值得被爱上的部分，这些部分是人们不用去诉诸幻想，就可以看见的。"

福尔霍夫：那么，对于先前提到的那些爱的难题，那些因为我们认为自己在爱人心中独一无二而引发的难题，您的理论是如何解决这些难题的呢？

魏勒曼：我相信，这种独特性并不是我们真正渴望的东西——或者至少我可以说，即使在爱当中缺乏这种独特性，我们仍然可以被其他东西所满足：我们被别人爱上，只是因为我们作为人本身的存在，而其中包含的是，被当作目的本身来尊重，并且对方真心关注的只是我们本身，而不会去考虑替代方案的问题。有时候会出现这样的情况，你起初想要追求一样东西，而最终你得到的是另一样东西，而后你才发现，其实你得到的就是你一直以来都想要的，而爱的发生就是这类情况当中的一种。一开始，你会认为，如果要被你的爱人视作那个特别的人，对方就需要将你当作所有人当中最珍贵的那个人，然而接下来你就会发现，你其实想要的是，对方对自己的珍视并不是通过比较来得出的。回到先前提到过的兄弟相争的案例：你逐渐发觉，你并不希望自己得到宠爱的原因是自己和其他的兄弟**不同**，或者是自己比别的兄弟都要**更优秀**。你希望父母对你的重视单纯就是因为你本身的存在，而没有将自己与其他人进行比较。所以我解决了自己提出的问题！（大笑）

以及，你知道，我认为这个问题之所以会*产生*，是因为我们先前在讨论不可通约性时我提到的一个东西——人们认为所有价值都是可以互相比较的。这个认识是有误的。正是因为人们抱持着对价值的错误理解，所以才陷入了某种特定的困境。他们太过于争强好胜了。他们为了让你和他们产生你与别人没有产生的纽带而无所不用其极，这是因为他们相信，你对他们的爱是基于某些独特之处，而正是独特之处使得他们在你心中是特别的，例如你过往的共同经历。所以，他们用尽一切办法，去与你建立你与其他人之间并不存在的共同之处，并且如果你开始与其他人有了一些共同之处，他们就会开始羡慕嫉妒。他们其实是误入歧途了。

福尔霍夫：他们真的误入歧途了吗？如果我们爱某个人是因为我们只与他有某些共同经历的话，那就意味着没有任何其他人可以拥有这个他身上被我们珍视的特点。因此，与他共有的经历就会使得他对于我们而言变得独特而珍贵，而这终究是维护了基于特质之爱的模型的正确性。比如说，这就可以解释，为什么恋爱中的人通常并不会担忧"被别人比下去"的问题，因为没有任何别人可以拥有在我们所爱的对象身上最为珍贵的部分。再举一例，也就是在《小王子》这本童话书中被提出的爱之理论。在书中，小王子对于一朵独自生长在他家附近的玫瑰极为关心和爱护，因为他相信，她就是世界上最美丽的玫瑰。然而，当他要离开自己的家时，他碰见了一座花园，里面有着五千多玫瑰，每一朵都和他的玫瑰一样漂亮。当小王子认识到他的玫瑰并非世界上最美丽的那一朵后，他遭受了极大的冲击，他因此经历了一次危机，开始怀疑自己对那朵玫瑰的爱是否有任何意义。最终解决了这场危机的是一只友好的狐狸，她成功向小王子指出，他的玫瑰就是"世界上独一无二的那一朵"，而这是因为小王子与这朵玫瑰共同度过了许多时间。小王子聆听了狐狸的教导，回到那座种了五千多玫瑰的花园，对那些玫瑰说：

　　我很确定，如果一个普通的路人看见了我的玫瑰，他一定会认为我的玫瑰与你们别无二致。但对于我而言，她单单作为她自己，就已经比数以千百计的你们都更重要：因为我浇灌的是**她**；因为被我放在玻璃罩之中的那一朵是**她**；因为，被我找到的屏风保护着的那一朵是**她**；我之所以要把那些毛虫都杀死，还是为了**她**；因为，在她自怨自艾、自吹自擂的时候，哪怕在她沉默不语的时候，我所聆听着的那朵花，始终是**她**。因为，她是**我的**玫瑰。

魏勒曼：噢，我关注的并不是小王子经历的那次危机——我是从玫瑰的角度来思考问题的。我想说的是，她也许会这样想："我很清楚，那座花园当中的所有玫瑰，都和我没有区别。他到底如何才会以我想要的方式来爱我？我并不比其他任何一朵玫瑰要更好！"我认为，小王子对于这个问题的回答，是基于一种非常自我中心式的爱，他对他的爱人这样说："你之所以会值得我付出自己的爱，是因为你**对于我**而言的存在；是因为你一直以来**与我**经历的种种；是因为你在**我的**生命当中所扮演的角色；是因为**我**所投入的那一切。"对于玫瑰的问题，一个更好的回答是："作为一朵玫瑰，你值得我对你纯粹的欣赏，我在乎的只是**你**，而不去把你同任何别的玫瑰作比较。"

福尔霍夫：倘若人与人之间相互关心的联结并非爱的

基础，那么，爱与这类联结之间的关系又是什么？

魏勒曼：在我看来，关心和依恋通常会伴随爱这种情感的诞生而出现，但爱与关心以及依恋又是不一样的。虽然，如果要通过我描述的这种方式来看见一个人，确实可以通过与其处在亲密关系当中来达成。在这样的关系当中，你能看见对方的脆弱；你也能看见他的内在人格。我所讨论的这种爱，通常来说只会在一段亲密关系之中出现。有些时候，一段已经确立的亲密关系也会因为缺乏我所说的这种爱而最终分崩离析。所以，爱与依恋是相伴相生的，并且，有时候它们各自的成立也需要彼此的参与。但是，我仍然不认为，渴望一段亲密关系是爱这种情感的关键。

你知道，在我的生命当中，有一些人我已然认识许久，但我与他们并不真的处于一段关系之中。在这些人之中，有一个人是我妻子的同事，她的孩子与我的一个孩子一起上过学。我与她之间并不存在实质性的关系。但是，**我真的很爱她**。当别人听闻这件事之后，他们就会对我说："你是不是**疯了**？你爱的这个人，她于你而言只不过是你妻子的同事，是与你的孩子一同上学的另一个孩子的家长，你怎么会爱上她？"我认为人们之所以会有这个反应，是因为在他们的观念当中，如果你爱一个人，那么与你爱的人在一起，并且对其悉心照料，就是必不可少的，但在我看来，这只是时有时无的事情。依我之见，爱这种情感，并不一定会包含那样的渴望。与此不同，正如我所尝试描述出的那样，爱这种情感在现象上所会展现出的态度，是一种类似于惊奇与佩服的感觉。它会体现出某种悬置和坦诚。在我爱上对方之后，这个人经历和遭遇的一切都将深深地影响着我：我就会很容易被各种由其而来的情绪所影响，比如对其产生的同情，并且我认为，相比于别人而言，我会更容易被他激怒——因为我对他已然卸下了防备。我真的很**在意**这个人，而这并不意味着我就会**关照**他，也不意味着我就会想要**照顾**他。人们有时会爱上一个人，但是并不会渴望与他们真的在一起，或是一定要为了他去**做些**什么，这样的情况是很多见的。举例而言，如果在你的学生当中，有人真的爱上了你（而不是单纯地迷恋），这对于他们来说，并不意味着就要和你在一起，或是照顾你。

当我向别人说起这个结论时，人们就会发现我关于爱的真实想法，他们会认为，如果要以我的这种方式来理解爱，那么未免也太过于泛滥了。因为我会爱上**各种各样的人**。但是，一旦你认识到爱的本质，我认为听起来就不会让人觉得不可思议了，尽管这在某一刻会让你的情感耗尽，这是当然的。你确实无法爱上每一个人。

福尔霍夫：如果一个人被爱上，仅仅是因为他所具有的人格，而如果这个人格又是恒常不变的话，那么您的理论要如何解释爱的消散？

魏勒曼：这就不得不说到，如要严格按照这种方式爱上一个人并如实看见他的话，那真是一件难事。我们总会因为某些特点而爱上一个人。正如我先前所说的那样，这些特点**并不是**我们看重这个人的地方；我们对他的爱是**透过**这些特点的。说到这里，尽管你真正被人们看重的内在是不会改变的，然而别人是通过观察你的那些特点才能看见你的价值的，而那些特点是**能够**改变的。所以人们对你的爱是可以消失的。这是因为，你的自我在外界展现出的部分当中，人们不再能看见他们先前所看重的东西。

福尔霍夫：一个经历过失恋的人似乎并不会这样描述自己的经历。他也许会说，他曾深爱着的那个人变了，变成了一个不同的人。如要坚持您的观点，您好像就不得不对他说："实际上你在说的是，你从来都是通过她所表现出的那些特征如实看见这个人的，你是通过这些特征而对其敞开心扉，然而现在的情况是，这些特征改变了。但你看重她的那些地方并没有变。"但我认为，他会这样回应您："根本不是这样。我已经把她看得一清二楚了。只不过，对于我所见之种种，我已经不再爱了。"

魏勒曼：其实，在您描述的这个故事当中，有可能它并非是我所说的那种爱的消失。它可能是依恋的消失，或是一段亲密关系的消失。并且，即使我仍然爱着对方，我还是有可能不再想要和对方在一起了，也不再想要照顾她了。但是，如实地看见一个人，对其敞开心扉，是极其困难的，并且使得一个人能做到这一点的那些外部表现也是可能改变的。

福尔霍夫：最后，我想要将话题转到刚才提到的第二种爱的难题，它涉及的是爱与道德的关系。很多人都会认为，康德式的道德要求我们对所有人都采取一种全然一视同仁的态度，而这就会与全心全意地爱上一个人发生冲突。为什么您会认为，以这种角度来理解康德的思想是有误的？

魏勒曼：我们先前讲到，我认为，爱与尊重都包含对于同一种价值的认识，而在认识到了这种价值之后，我们的反应就会是，要将所有人都当作目的本身来看待，并且我们欣赏的也应该是别人作为其自身的存在，而不将其与其他人进行比较。所以，在对待他人的态度的层面上，我们对所有人都持有的尊重并不会妨碍我们爱上具体的人，并且，爱上具体的人也不会影响我们对所有人都保有尊重的道德态度。

现在让我们重新考虑一下伯纳德·威廉斯提出的那个案例，那个男人只能将掉进河里的几人中的一人救出，而他选择救出了他的妻子。绝大多数人会认为，那个男人应该出于自己对其妻子的爱去救她。如果在这个语境当中，所谓的"爱"实际上指的是依恋、互相照顾、共同经历，以及所有被我与我所感兴趣的那种情感所区分开的其他东西，那没问题，我同意。但如果我们在谈论的是那种情感——那种在如实地看见了对方真实的样子后，会感到惊奇和佩服的爱——那么我会认为爱并不是形成这些偏好的基础。设想一下，如果小王子的玫瑰发现，小王子对花园中的那数千朵玫瑰的命运都漠不关心。她也许就会对小王子说："如果你是真的爱我，那么你所看见的和珍视的，应该是我本身，而**我也是一朵玫瑰**啊。所以，你怎么能对那些玫瑰都漠不关心呢？"

这样的讨论也会让我们回想起兄弟之间的互相竞争。我从家庭生活当中学到的东西是，我的父母对于我兄弟们的爱，非但没有与我的父母对我的爱之间产生竞争关系，反倒是巩固了二人对我的爱。如果相比于我的兄弟们，我的父母更喜欢我，我就会忍不住思考：这两个人爱的真的是我吗？是我真实的自我吗？我的内在当中所存在的优点，就是一个思考着的、感受着的自我会存在的优点——我在我兄弟们的身上也能找到这些优点。如果我的父母并没有在我兄弟们的身上发现这些优点，我就会忍不住去好奇，这两个人到底在我身上看见了些什么。我并不希望我的父母偏向我的原因是"我有金黄色的头发，比我兄弟们的头发都要更加明亮"（这是叶芝的诗句），因为过不了多久，我们所有人的头发都会变得灰白。

所以，其实爱与对他人的尊重是相辅相成的关系。爱上一个人的经历正是发展出道德情感的经历。并且，如果某个人理解之中的爱是会有损于道德的，那么这就会让事情变得完全无法理解：试问，这个人要如何解释，在缺乏关爱的家庭环境当中长大的孩子，最终很容易在道德上也存在缺陷，而在充满关爱的家庭环境之中长大的孩子，最终往往会有很强的道德内核？爱是一种道德教育。人们需要一种观点来解释这种关系，并且在这种观点当中，爱与道德需要是相辅相成的关系，而非互相减损的关系。

福尔霍夫：对于爱是一种道德教育这个观点，您能再展开说说吗？

魏勒曼：在父母关爱自己孩子的过程当中，他们会潜移默化地让孩子理解什么叫作，将别人作为目的本身来对待，因为这二人会将孩子作为目的本身来对待，由此，这个孩子就会发现，在其父母为其考虑的时候，这二人是如何将许多特定的事物都排除在二人的考量之外的。对孩子的爱会使得很多事情在父母心中变成是根本无法设想的。而后这个孩子就会想道："哇，人就是那种会让这些事情都变得无法设想的存在。"所以，孩子在被爱的过程当中，就学到了人之为人的可贵之处。

除此之外，在此过程中，另一件事也会发生：在孩子对于父母的爱与仰慕之中，孩子会逐渐钦佩自己父母的意志，这个意志会将孩子看作目的本身，也会将其他人看作目的本身。然后，出于对这种因自己的孩子和别人所具有的价值而产生的不逾矩之意志的钦佩，孩子就会敬重和内化一套与道德律等同的理念，这套理念要求我们受到个体价值的约束——永远将别人看作目的本身。

这是我认为弗洛伊德说得对的一点。并且我还认为，弗洛伊德在爱这个主题之中的观点，提供了一种理解康德思想的方式。在康德的理论之中，存在着这样一种张力，一方面，人们会将道德法则看成一种外在的约束，而另一方面，他们会将其当作为自身所立的法则。那么问题就来了：**你**，独立自主地，将自己置于某种约束之中，并且这种约束也同时是外在的，我们要如何理解这件事？如果人们想要弄清楚道德运行的机制是怎样的，你就必须先搞明白，这种将道德意志的外部性和内在性以某种奇怪的方式进行结合，是如何做到的？

说到这里，弗洛伊德对此的答案是，这是通过将某种外在的权威形象进行心力内投（introjection）[1]而达成的。我认为，这个说法是很有道理的。当我对自己说："你不能那样做！"的时候，我听到的是我父亲的声音——我控

---

[1] 在精神分析当中，"心力内投"的意思是，将父母的形象与其价值观内化，良知就是这样形成的。——原注

住不住！我确实是在对自己说话，然而我是通过我父亲的声音来对自己说话的。所以，说到底，我还是在给我自己施加某种外在的约束。

当我们成为一个道德主体的时候，这就意味着良知的声音对于我们来说，就不再是作为一个**纯然**外界的声音而存在了——父亲、犹太教的拉比，诸如此类——我们会自主地运用这些人的声音，将其当作我们自身的一部分，而这是出于对这些声音的来源所代表的理念的钦慕。这就是良知的声音。

并且，这些良知的声音会被我们吸纳，这是因为它们代表了某种我们钦佩的理念，某种知行合一的方法。我们的父母有着将我们作为目的本身来对待的能力，而我们爱这一点，并且通过对于这一点的爱，我们开始渴求这项能力，我们开始将这项把人看作目的本身的能力当成某种理想范型。然后，将别人当作目的本身来看待，正是道德对人们提出的要求。所以，正是通过爱与被爱的结合，我们才会最终变成一个个具有道德的主体。

参考文献与扩展阅读

大卫·魏勒曼的作品《我与我》已由剑桥大学出版社于 2006 年出版。他还撰写了《实践反思》(*Practical Reflection*, Princeton: Princeton University

Press, 1989)、《实践理性的可能性》(*The Possibility of Practical Reason*, Oxford: Oxford University Press, 2000) 以及《我们如何相处》(How We Get Along, Cambridge: Cambridge University Press, 2009) 等作品。

我描述的爱这种情感令人费解的本质,以及其在数部电影当中的体现,来源于吕克·博文斯的作品《爱的恒常性和尼尔·乔丹的〈哭泣的游戏〉》(Love's Constancy and Neil Jordan's *The Crying Game*, unpub. ms, 2008)。"想得太多"这句话来自伯纳德·威廉斯的作品《个人、人格与道德》。对话中提到的所有的康德道德理论都来自《道德形而上学的奠基》。魏勒曼还提到了伊丽莎白·安德森(Elizabeth Anderson)所著的《伦理学与经济学中的价值》(*Value in Ethics and Economics*, Cambridge, Mass.: Harvard University Press, 1995)、斯坦利·卡维尔的文章《爱的规避:对于〈李尔王〉的解读》('The Avoidance of Love: A Reading of *King Lear*', Stanley Cavell, *Must We Mean What We Say?*, Cambridge: Cambridge University Press, 2nd edn 2002: 267–356),以及艾丽丝·默多克的《善的权威性》(*The Sovereignty of Good*, New York: Routledge, 1970)。

如要探索小王子的奇遇,可阅读安托万·德·圣·埃克苏佩里所写的《小王子》。关于小王子的爱,若想阅读其在哲学上的一种类似解释,可参见罗伯特·诺齐克所著的《爱的纽带》("Love's Bond", Robert Nozick, *The Examined Life: Philosophical Meditations*, New York: Simon and Schuster, 1989: 68–86)。

鸣谢

很多人都对这本书做过贡献。我首先需要感谢我采访的那些人。他们无一例外地把接受采访当成一次机会，可以用非专业听众可以听懂的语言坦率探讨他们思想的优点和缺陷。受访者都在结束最初的访问后继续大方地投入了更多时间，保障我的稿子正确传达了所有内容。

其次我要感谢斯蒂芬·派克（Steve Pyke）提供的那些生动而有冲击力的摄影作品。我也很感谢给我鼓励而又富有耐心的编辑彼得·蒙奇洛夫（Peter Momtchiloff）；感谢凯瑟琳·贝莉（Catherine Berry）、尼尔·埃亚尔（Nir Eyal）、安娜贝勒·莱佛（Annabelle Lever）和克莱拉·佩雷斯-亚当森（Clara Perez-Adamson），他们设计了封面；感谢马克·费舍（Mark Fisher）帮忙转写我与丹尼尔·克尼曼和阿拉斯代尔·麦金泰尔的采访；感谢巴泰尔（T. W.

Bartel)、本·弗格森(Ben Ferguson)、朱迪·雅菲(Judy Jaffe)和珍·麦克威(Jean McVeigh),他们润色了手稿并改正了很多错误;还要感谢乔·马泽尔(Joe Mazor)和艾琳·斯卡利(Elaine Scarry),他们为引言提供了建议。哈佛的萨弗拉伦理学中心在2008—2009年提供的一笔资助让我有时间完成这部手稿。

以下部分基于此前发表过的材料:

第一场对话基于一个早先版本"In Search of the Deep Structure of Morality: Frances Kamm Interviewed"修订而成,见 *Imprints* 9(2006):93–117。

第四场对话基于一个早先版本"The Grammar of Goodness: An Interview with Philippa Foot"修订而成,见 *Harvard Review of Philosophy* 11(2003):32–44。

第六场对话在一个早先版本的基础上做了实质性的修订和拓展,较早版本见"The Good, the Right, and the Seemingly: Ken Binmore Interviewed",见 *Philosophers' Magazine* 21(2002):48–51。

第八场对话基于一个早先版本"T. M. Scanlon: Kant on the Cheap"修订和扩充而成,见 *Philosophers' Magazine* 16(2001):29–30。

第九场对话基于一个早先版本"A Mistrustful Animal: Bernard Williams Interviewed"修订而成,见 *Harvard Review*

鸣谢

of Philosophy 12（2004）: 81–92。

第十场对话基于一个早先版本"Harry Frankfurt on the Necessity of Love"修订而成，见 *Philosophical Writings* 23（2003）: 55–70。

非常感谢这些原版的出版方允许使用这些材料。

多年来，吕克·波文斯（Luc Bovens）和迈克尔·大冢一直是我卓越的导师、出色的同事和忠实的朋友，他们都曾就这本书的手稿提出过锐利的批评。克莱拉·佩雷斯-亚当森给过我支持和启发。这本书是献给我父母的，献给我们之间关于道德和政治议题的所有激烈讨论。

译后记

本书英文版出版那一年，全世界都在处理金融危机，奥巴马刚上任美国总统，北京才办完奥运会，上海期盼着世博会。菲莉帕·富特、哈里·法兰克福和丹尼尔·卡尼曼还在世，伯纳德·威廉斯已经离开五年了，而他的名字在中国还几乎不为人所知。亚历克斯·福尔霍夫初出茅庐，刚晋升高级讲师。本书的两位译者，一个在读初中，一个在读小学，不可能想象未来会在伦敦政经受教于同一批老师并因此相识。我们翻译这本书主要是在疫情期间，初稿译完，战火已经回到了欧洲大陆。后续推进也颇多波折，幸得肖海鸥、魏钊凌两位老师以及其他同事不懈努力，这个新译本才得以问世。此时距离原书出版已经过去十六年了，两位译者一个正在赶博论，另一个即将开始读博。

世事在星辰下翻新，形势在海陆间变易，思潮被提出、发展、追捧和抛弃，学者被培养、选拔、讨论和追忆。文字是思想的标本，而这样一本书尤其会面临种种挑战：一些人会鄙视分析的道德哲学是"易简工夫"，不足以回答最古老最深刻的问题；另一些人则会嘲笑上世纪的遗老已经跟不上时代了——全书竟然只提到了"互联网"一次，而"中国"和"AI"一次都没有。一些人嫌弃扶手椅哲学家空谈无用，无力面对世界前所未有之变局；另一些人可能熟稔这些作者的大部头，觉得对话推进的层次不够深入、不够过瘾；还有一小撮人会咋舌于作者竟然采访了十一个人生轨迹都缠绕在伦敦、牛津、波士顿和普林斯顿的白人，全都说英语而且只有两位女性。那么为什么现在还要读这部对话集子？为什么我们要把它第二次翻译成中文出版？

我们的回答基本上是把这些挑战颠倒过来再说一次：在已经成为经典的哲学家里面，他们是最新的；在当今的前沿进展中，处处可以看到他们投下的影子。在一贯不食人间烟火的扶手椅哲学中，他们处理的话题几乎是最可能与现实发生关系的；在非专业研究者能接受的范围之内，这部作品最能展现哲学家如何层层深入地诘问哲学家。最后，正是在这个时代的氛围下，不汲汲于展现如何能紧扣时代脉搏的老派作品尤其显得可贵。福尔霍夫教授在全书

译后记

开头便讨论了柏拉图《斐德若篇》中关于对话和书写的比较,他指出书写给了让对话沉淀、成熟、流传的机会,而这正是他通过把与这些哲学家的对话写下来所试图做的。他和这些前辈共同追问的是两千五百年来无数人问过的问题,在一问一答中带出来的,则是独属于这一代哲学家的回答。

在哲学中,"问"比"答"更重要。要先问出切中要害的问题,才能勾出言之成理的回答,而对于同一个问题,永远都有不止一个答案,在这些答案之间又会有更多的问题阐述。哲学家之间相互诘问的时候,"问"是战争,也是游戏。一个人自己问自己的时候,"问"既可能是向上的梯子,又有可能是向下的漩涡。谁不会问问题呢?谁不曾或多或少思考过这本书所处理的问题呢?这本书的价值,在我们看来,相比于作为"答"的展览,更重要的是在于作为"问"的演示。

我们将 Conversations on Ethics 翻译为《善哉问》,语取《论》《庄》:

> 樊迟从游于舞雩之下曰:"敢问崇德,脩慝,辨惑?"子曰:"善哉问!"
>
> ——《论语·颜渊第十二》

> 广成子南首而卧，黄帝顺下风膝行而进，再拜稽首而问曰："闻吾子达于至道，敢问治身奈何而可以长久？"广成子蹶然而起，曰："善哉问乎！"
>
> ——《庄子·外篇·在宥》

我们的用意有四：首先，关于伦理学的对话问答，所问当然是关于广义上的"善"的问题；其次，这些最重要的问题在每个时代都需要有人去问，有人在继续问，有人在继续答，有人在继续追问，足称"善哉"；其三，在哲学中不仅要注意问那些"好问题"，还把问题"问好"，而本书中的发问和反问都颇可称善；最后，不论是哲学家还是一般读者，追问如何为善、为何为善归根结底是因为人心或多或少都有向善的一面。就此而言，读者有心发问、有心跟着这些问题往下走，便是在向善。

图书在版编目（ＣＩＰ）数据

善哉问：伦理学的十一场对话 / （英）亚历克斯·福尔霍夫著；王康予，夏子明译. -- 上海：上海文艺出版社, 2025. -- ISBN 978-7-5321-9125-3

Ⅰ. B82

中国国家版本馆CIP数据核字第2024RS5886号

© Alex Voorhoeve 2009
Conversations on Ethics, First Edition was originally published in English in 2009. This translation is published by arrangement with Oxford University Press. Shanghai Literature & Arts Publishing House is solely responsible for this translation from the original work and Oxford University Press shall have no liability for any errors, omissions or inaccuracies or ambiguities in such translation or for any losses caused by reliance thereon.

《善哉问：伦理学的十一场对话》最初于2009年以英文出版。此中文版经牛津大学出版社授权出版。上海文艺出版社独家负责此版的翻译，牛津大学出版社对其中的任何错误、遗漏、不准确或歧义不负有责任，也不对因其产生的任何损失承担责任。

著作权合同登记图字：09-2021-0377号

策划编辑：肖海鸥
责任编辑：魏钋凌
装帧设计：左　旋

书　　名：	善哉问：伦理学的十一场对话
作　　者：	［英］亚历克斯·福尔霍夫
译　　者：	王康予　夏子明
出　　版：	上海世纪出版集团　上海文艺出版社
地　　址：	上海市闵行区号景路159弄A座2楼 201101
发　　行：	上海文艺出版社发行中心
	上海市闵行区号景路159弄A座2楼206室 201101 www.ewen.co
印　　刷：	苏州市越洋印刷有限公司
开　　本：	1092×850　1/32
印　　张：	11.875
字　　数：	207,000
印　　次：	2025年5月第1版　2025年5月第1次印刷
ＩＳＢＮ：	978-7-5321-9125-3/B.117
定　　价：	78.00元
告　读　者：	如发现本书有质量问题请与印刷厂质量科联系　T：0512-68180628